Gyula Illyés
Die Puszta

Nachricht aus
einer verschwundenen Welt

Aus dem Ungarischen von
Tibor Podmaniczky
Mit einem Nachwort von
Ernő Kulcsár-Szabó

Suhrkamp

Die ungarische Originalausgabe erschien unter dem Titel *Puszták Népe*
1936 bei Szépirodalmi Könyvkiadó in Budapest,
die deutsche Übersetzung von Tibor Podmaniczky
unter dem Titel *Pusztavolk. Roman einer Volkskaste* zuerst
1947 im Willi Weismann Verlag, München.
Das Nachwort von Ernõ Kulcsár-Szabó wurde
für diese Ausgabe geschrieben,
aus dem Ungarischen übersetzt von Péter Kain.
Umschlagfoto: Max Galli/Look

suhrkamp taschenbuch 3054
Erste Auflage 1999
© Willi Weismann Verlag 1947
Suhrkamp Taschenbuch Verlag
Alle Rechte vorbehalten, insbesondere das
der Übersetzung, des öffentlichen Vortrags sowie der Übertragung
durch Rundfunk und Fernsehen, auch einzelner Teile.
Kein Teil des Werkes darf in irgendeiner Form
(durch Fotografie, Mikrofilm oder andere Verfahren)
ohne schriftliche Genehmigung des Verlages reproduziert
oder unter Verwendung elektronischer Systeme
verarbeitet, vervielfältigt oder verbreitet werden.
Satz: Wallstein Verlag, Göttingen
Druck: Nomos Verlagsgesellschaft, Baden-Baden
Printed in Germany
Umschlag nach Entwürfen von
Willy Fleckhaus und Rolf Staudt

1 2 3 4 5 6 – 04 03 02 01 00 99

Die Puszta

I

Bei dem Wort »Puszta« denkt man an die unendlichen Weiten der ungarischen Steppe und an die Weidegründe mit ihren Herden, Hirten und Ziehbrunnen. In Westungarn jedoch, wo es keine Steppen gibt, bedeutet »Puszta« eine dorfartige Anhäufung von Gesindewohnungen, Stallungen, Remisen und Getreidespeichern, die, im Gegensatz zu einem Hof, auf dem ein bis zwei Familien leben, hundert und zweihundert Familien unter ihren Dächern beherbergt. Auf solch einer Puszta bin ich geboren, und das bedeutet, daß ich vom Leben der Dörfer, von den Sitten, Gebräuchen und der Gedankenwelt ihrer Einwohner nicht viel mehr wußte, als wenn ich in einer Großstadt das Licht der Welt erblickt hätte.

Auf diesen Pusztas gab es eine Schule, eine Kirche oder zumindest eine an den Schloßflügel angelehnte Kapelle. Es gab auch das inmitten eines herrlichen Parkes gelegene Schloß, mit Tennisplätzen, künstlichem Teich, Obstgärten, herrschaftlichen Alleen und einem dies alles einfriedenden hohen schmiedeeisernen Gitter, ja sogar meist einen aus Pietät belassenen tümpelartigen Burggraben. Nach dem Schloß war das imponierendste, ja es manchmal sogar übertreffende Gebäude der Ochsenstall. Das Haus des Verwalters war aus unbekannter Tradition gewöhnlich mit Zypressen und Tannen umstanden, während die Inspektorswohnung und die noch bescheidenere Behausung des Obermaschinisten weit weniger dekorativ wirkten. Jedes dieser Gebäude stand für sich allein.

Die Gesindewohnungen dagegen waren ganz unansehnlich. Das Gesinde lebte nämlich in langgestreckten ebenerdigen Gebäuden, in denen die einzelnen Wohnungen, ähnlich wie in den Proletarierkasernen einer Großstadt, nur durch dünne Wände voneinander getrennt waren. Diese langgestreckten Massenquartiere waren so eingeteilt, daß zwischen je zwei Zimmern eine Küche mit offener Herdstelle lag. Nach einem am Anfang des Jahrhunderts gegebenen Gesetz sollte in jedem Zimmer nur eine Familie wohnen. Diese Vorschrift wurde auch auf manchen Gütern eingehalten, es gab aber immer noch genügend Güter, auf denen sie nicht befolgt wurde. In manchen Gegenden des Somogyer Komitats sah ich Gesindehäuser, auf denen es nicht einmal einen Kamin gab, so daß der Rauch durch die Küchentüre entweichen mußte, während in jedem Zimmer mehrere Familien hausten. Man kann sich von diesen Zuständen erst dann ein richtiges Bild machen, wenn man den Kinderreichtum des Gesindes bedenkt, bei dem eine Familie sechs bis sieben, ja manchmal sogar zehn und zwölf Köpfe zählte.

Vor und hinter den in wahlloser Anordnung zwischen den Ställen und Remisen hingestellten Gesindehäusern reihten sich die Schweine- und Hühnerställe des Gesindes aneinander, die auch heute noch, nach den aus der asiatischen Urheimat mitgebrachten Bauregeln, aus einigen Latten und einem Gemisch von Lehm und Häcksel errichtet wurden. Auf jeder Puszta gab es drei bis vier von diesen unendlich langen Gesindehäusern, eins für die Ochsentreiber und ein zweites für die Kutscher, die in der gesellschaftlichen Hierarchie der Puszta höher standen als die Ochsentreiber, obwohl ihre Arbeit wie auch ihr Lohn gleich waren. Den niedrigsten Rang nahmen, erstaunlicherweise entgegen der dörflichen Einschätzung, nicht die Schweinehirten, sondern die Tabakarbeiter ein.

Fast die Hälfte von Ungarns gesamter Anbaufläche wurde vom Gesinde der Pusztas bestellt. In ihren Sitten und Gebräuchen, in ihrer Weltanschauung, ja selbst in ihrem Gang und der Art und Weise, ihre Arme zu bewegen, unterschied sich diese Volksschicht scharf von allen anderen. Selbst in der Nähe eines Dorfes lebten sie gleichsam versteckt in vollkommen abgeschlossener Isoliertheit. Da sie den ganzen Tag, ja selbst an Sonntagen beschäftigt waren, verließen sie die Puszta sozusagen nie; andererseits war es infolge der großen Entfernungen, der schlechten Wege, der spezifisch ungarischen Verhältnisse und ihres angeborenen Mißtrauens ein schwierigeres Unternehmen, bis zu ihnen vorzudringen, als einen mittelafrikanischen Eingeborenenstamm zu erforschen. Die große Öffentlichkeit begann sich erst nach dem Ersten Weltkrieg mit ihnen zu beschäftigen. Sie lebten in einer merkwürdig stagnierenden geistigen und materiellen Gemeinschaft, die in manchen Zügen eher mit dem Zusammengehörigkeitsgefühl von Fabrikarbeitern als mit dem von Dorfbewohnern zu vergleichen war. In ihrem Wesen stachen sie natürlich völlig von jenen ab. Sie bildeten eine individuelle, abgeschlossene Welt, deren Wortschatz und selbst deren Traumwelt einzigartig dastanden – wie es ja auch gar nicht anders sein konnte. Ich erinnere mich noch des bestürzten und herzbeklemmenden Staunens, das mich überkam und wochenlang gefangenhielt, als ich im Alter von acht Jahren zum erstenmal ein Dorf besuchte. Ich konnte mich nicht genügend darüber wundern, ja erschrak, daß es Straßen gab mit symmetrisch nebeneinander gebauten Häusern, dazwischen freie Plätze, deren Bestimmung ich nicht verstand und auf die man mich erst nach Wochen mit Drohungen hinaustreiben oder an der Hand hinführen konnte, so sehr war ich von dem auf diesem engen Raum sich abspielenden Verkehr von Wagen, Menschen, Kühen und Kindern benommen. Die Straßen mit ihren Zäunen, Toren und mit den hinter den Toren lauernden Häusern beeindruckten mich ebenso, wie die Symmetrie, die Disziplin und das Geheimnisvolle der Gefängnisse das Gemüt bedrückt. Und da es ein deutschsprechendes Dorf war, wohin mich die Eltern geschickt hatten, damit ich die deutsche Sprache lernen sollte, war ich lange Zeit des Glaubens, all dies sei eine deutsche, von den Bewohnern des Dorfes aus ihrem Mutterland mitgebrachte Erfindung, womit ich ja nicht ganz unrecht hatte.

Die bedrückenden Gefühle, die diese für mich gefängnisartige Wohnart in mir auslöste, waren vielleicht die Ursache, warum ich die deutsche Sprache so schwer erlernte, doch mischte sich außerdem noch eine Art erstauntes Erschrecken darein. Denn wie ich schon erwähnte, war daheim nur das Schloß umzäunt, an dessen Einfriedung die Bewohner der Puszta nur lautlos, ohne Gesang und, ich weiß nicht, nach welcher althergebrachten Verordnung, auch ohne zu rauchen, vorbeigehen durften. Diesen Vorschriften konnte natürlich bei der Jugend nur durch Anwendung von disziplinarischen Strafen und körperlichen Züchtigungen Achtung verschafft werden. Meine kindliche Vorstellung verband mit dem Begriff Zaun und den dazugehörigen Verboten außerdem noch den Hund. Die Angestellten durften nämlich Hunde nur mit besonderer Genehmigung und Begründung halten; einmal, damit sie im herrschaftlichen Bereich keinen Schaden anrichteten, und dann, um die reine Rasse der Tiere des Schloßhofes zu erhalten. Es ist verständlich, daß in meinem kindlichen Gemüt die Vorstellung wachgerufen wurde, hinter diesen Zäunen und in den noch dazu von bissigen Hunden bewachten Häusern wohnten lauter unnahbare und stolze Grafen, Herrschaften, die keinen Spaß verstanden, womit ich, wie sich später herausstellte, nicht im Unrecht war.

Lange Zeit sah ich das Volk der Puszta, instinktmäßig oder aus Scham, als nicht zur ungarischen Nation gehörig an. Ich konnte es in meiner jugendlichen Phantasie nicht dem heldenhaften, kriegerischen und ruhmreichen Volk gleichsetzen, als das uns das ungarische in der Volksschule der Puszta hingestellt wurde. Ich stellte mir die ungarische Nation als ein fernes, glückliches Volk vor, in dessen Mitte ich gerne leben würde. In meiner traurigen Umgebung sehnte ich mich nach ihm wie nach den Helden der Sagen und Märchen. Jede Nation schafft sich ein schimmerndes Ideal von sich selbst, und da ich dieses Ideal nirgends fand, verleugnete ich die Ungarn mehr und mehr. Nach vielen Jahren im Ausland, in Deutschland und Frankreich, begann es in mir zu dämmern. Mein Erwachen war, trotz meiner übernationalen Gesinnung, gleich schmerzhaft und beschämend.

Ausländer, die Ungarn bereisten und die ich über ihre Ansicht befragte, meinten, das einfache, ackerbautreibende ungarische Volk sei ein untertäniges, stilles, dienerndes, sofort strammstehendes und eben deshalb etwas unterdrücktes Völkchen, dem man auch eine gewisse Verschlagenheit nicht absprechen könne. Diese Charakteristik traf mich unerwartet, bestürzte mich und trieb mir die Röte ins Gesicht. Es stellte sich dann heraus, daß sie alle die geradezu sprichwörtliche Gastfreundschaft der Schlösser und ihrer Herren genossen, das Volk in der Nähe der Schlösser beobachtet und die Bekanntschaft mit einer Schicht des Ungartums gemacht hatten, die ich sowohl hinsichtlich ihrer Vorzüge als auch ihrer Schwächen gründlich kenne.

Nichts liegt den Pusztabewohnern ferner, als das stolze »Aufsichthalten«, das nach weitverbreiteter Meinung eine wesentliche Charaktereigenschaft unserer Rasse ist und das in jedem ungarischen Bauern steckt. Das Volk der Puszta – ich weiß es aus eigener Erfahrung – ist ein Dienervolk. Es ist untertänig, aber nicht aus Berechnung oder Überlegung. Sein Blick sowie sein ganzes Wesen drücken diese Geistesverfassung aus, als Beweis dafür, daß es sich um eine seit Jahrtausenden durch Vererbung fest verankerte Eigenschaft handelt. Die neueste Theorie über den Ursprung der Ungarn wirkte auf mich im Zusammenhang mit dem eben Gesagten wie eine wahre Erleuchtung. Danach kamen die Ungarn nicht mit Arpad, sondern als die bescheidenen Gepäckträger und Treiber eines Attila, wenn nicht schon vor dessen Zeit, ins Land. Jedenfalls konnten sie es ihrer stillen Unterwürfigkeit verdanken, daß man sie weder mit den Hunnen, noch mit den Awaren zusammen totgeschlagen oder vertrieben hat. Sie dienten nacheinander und abwechselnd den Hunnen, den Awaren und Franken oder einem anderen Herrschervolk, das sich ihrer eben bemächtigte, so zuletzt den stolzen turkmenischen Kriegern des Arpad, mit denen sie, bei Wahrung ihrer klangvollen ugrischen Sprache, endlich zu einem Staatsgebilde verschmolzen.

Zweifelsohne paßt alles, was man Gutes und Schönes über einen Diener sagen kann, haargenau auf das Volk der Puszta, das in seiner Sprache, in seinen Sitten und Gesichtszügen im ganzen Land fast unverfälscht die uralten Formen einer Rasse bewahrt. Es hat sich nie durch Heirat mit Angehörigen anderer Völker, ja nicht einmal mit den Dorfbewohnern gemischt, hauptsächlich darum, weil Außenstehende keine Ehe mit einem Pusztabewohner eingehen wollten. Sie sind bedürfnislos und so folgsam, daß man ihnen nicht einmal mehr zu befehlen braucht, denn sie spüren gewissermaßen durch Telepathie jeden Gedanken ihres Herrn und führen den Wunsch sogleich aus, wie es ein guter Diener vermag, dessen Vater, Mutter, Großvater und sämtliche Ahnen auf derselben Scholle denselben Herren gedient haben. Instinktiv kennt er die Gebräuche des Hauses, ist immer dienstbereit, um nach vollbrachter Arbeit auf einen Blick hin aus dem Zimmer ebenso wie aus dem Leben oder der Geschichte zu verschwinden. Selbst das geheime Wahlrecht zum Beispiel würde bestimmt keine Überraschungen bringen, denn es gibt für sie nichts Geheimes, es sei denn den geheimen Befehl, Wunsch oder Rat ihres Herrn, selbst wenn dieser aus weiter Ferne, sagen wir aus Paris, herkäme. Sie werden ihm auch in Zukunft folgen, wie sie es fast immer in der Vergangenheit getan haben. Denn hätten sie es nicht getan, so wären sie heute nicht hier und wären auch keine Diener mehr. Zu jeder Handlung muß man sie zwar anspornen, dies steht jedoch nicht im Widerspruch zu ihrem instinktiven Gehorsamkeitsgefühl. Ist es nicht gerade das Charakteristische einer Volksschicht, aus Widersprüchen zusammengesetzt zu sein? Darum können wir sie im ersten Augenblick auch nicht verstehen, und darum müssen wir ihr Wesen von allen Seiten beleuchten. Der wirkliche Diener ist nur in großen Dingen gehorsam. Der Arm ist vielleicht träge, aber die Seele unterwirft sich demütig.

Meiner Überzeugung nach war es zu Zeiten des *cuius regio eius religio* gar nicht notwendig, Gewalt anzuwenden, damit das Gesinde der nicht selten wechselnden religiösen Überzeugung seiner Herren folgte. Bereitwillig stimmten sie dem Glaubenswechsel ihres Herrn zu und pilgerten aus freien Stücken, die Verwalter an der Spitze, singend und voller Begeisterung einmal in die evangelische und dann wieder in die katholische Kirche. Es ist zugleich schmerzlich und beschämend, einzugestehen, daß ich auf die Religion meiner Familie weder stolz, noch von ihr besonders überzeugt bin, da mir die Gründe bekannt sind, warum die gräfliche Familie, und daher auch wir, nach mehreren im 17. Jahrhundert erfolgten Glaubenswechseln schließlich bei einer Konfession blieben.

Das bisher Gesagte schließt natürlich nicht aus, daß dieses Volk klug ist. Es ist klug und besitzt einen untrüglichen Instinkt; sein historisches Ahnungsvermögen ist geradezu unheimlich. Wie gute Diener überhaupt, ist es in der Tiefe seiner Seele grausam, rachedurstig und in seiner Rachsucht hemmungslos, wie es das einzige Beispiel in der ungarischen Geschichte, der Bauernaufstand unter Dozsa, zeigt. Daß dieses Volk die damals erhaltene furchtbare Lektion nie vergessen hat und es sich seitdem dreimal überlegt, ob es sich, politisch gesprochen, in »die Sache der Herren« einmischen soll, stellt seine Gelehrigkeit unter Beweis. Der Erfahrungsschatz der Jahrhunderte funktioniert tadellos, auf der Puszta ist es grabesstill; doch hat das – geben wir es zu – neben der Klugheit auch noch andere Gründe. Denn die Ernährung und Bekleidung der Pusztabewohner ist, mit dem Maßstab eines Städters gemessen, geradezu katastrophal. Weder das Zähneklappern noch das Magenknurren kann den Pusztabewohnern irgendwie Anteilnahme verschaffen, denn sie haben keine Abgeordneten, keine Partei, keine Zeitung, nicht einmal Freunde, die in ihrem Namen das Wort ergreifen könnten, obwohl das Schicksal des Landes mit seinen großen Anbauflächen von Zehntausenden von Morgen auf ihren Schultern ruht.

Das Volk der Puszta ist untertänig und deshalb staatserhaltend im wahrsten Sinne des Wortes. Die Achtung vor der Obrigkeit ist im Grunde genommen eine Frage der Erziehung, die in Fleisch und Blut dieses Volkes übergegangen ist. Sie ist deshalb auch eher eine instinktmäßige als eine verstandesmäßige, oder man könnte auch sagen, sie ist atavistischer Natur. Nicht ohne Verwunderung hörte ich im Familienkreise, selbst bei sehr vertraulichen Gesprächen, von dem Grafen als dem »Hochwohlgeborenen Herrn« sprechen. Ein Brief, in dem sich mein Vetter über die ungerechte Behandlung durch den Verwalter des Gutes beschwerte, beleuchtet schlaglichtartig diese sonderbare Einstellung des Gesindes. »Jetzt stellt sich heraus«, lautet der Satz, »daß der Hochwohlgeborene Herr ein niederträchtiges Aas und ein räudiger Hund ist.« Ich kann mich noch der tadelnden Blicke erinnern, die mich trafen, als ich – ebenfalls im trauten Familienkreis – von jungen Schloßgästen als von »dieser Wenckheim ... dieser Wimpfen« sprach. Die Gesichter der Anwesenden wurden gleich unruhig und nervös, und ich merkte sofort, daß ich in ihren Augen etwas Ungebührliches gesagt hatte. Dabei ist man in der Achtungsbezeugung keinesfalls wählerisch in bezug auf die Persönlichkeit. Man braucht weder im Besitz eines historischen Namens noch einer hohen gesellschaftlichen Stellung zu sein. Es stimmt nicht, daß die Neureichen mit Hohn empfangen werden. In unserer Gegend haben eine ganze Anzahl bürgerlicher Familien Güter erworben. Am zweiten Tag nach ihrem Einzug wurden sie mit derselben Achtung und ängstlichen Rücksicht umgeben wie ihre Vorgänger, als ob der Augenblick, in dem sie durch den pseudobarocken Torbogen fuhren, sie zu anderen Menschen verwandelt hätte, was auch tatsächlich der Fall war. Vielleicht gaben die Angestellten den Neuangekommenen der Einfachheit halber, gewissermaßen zum Hausgebrauch, einen Spitznamen; persönlich sprachen sie zu ihnen mit der gleichen befangenen und stotternden Hochachtung wie zu der alten Herrschaft.

Zu den streng eingehaltenen Formen gehörte es auch, jedem Gesellschaftsgrad seine ihm gebührende Achtung zu erweisen. Einer meiner Verwandten arbeitete sich wie durch ein Wunder bis zur akademischen Laufbahn hinauf. Er wurde Richter und brachte es durch Fleiß, große Begabung und Ausdauer sogar bis zu einem ziemlich hohen juristischen Rang. Als junger Bursche war ich Zeuge eines seiner Besuche im Elternhaus. Am Familientisch getrauten sich sein Vater und seine Brüder, sonst harte und unerbittliche Vorarbeiter, kaum ein Wort zu stottern. Die Mutter besah sich ihren Sprößling voller Ehrfurcht und Befangenheit, als wäre er etwas Überirdisches, ein Himmelsbote; am verwunderlichsten benahm sich der Sohn. Er empfing und empfand die Huldigung als selbstverständlich. Die atavistische Überlieferung gebot ihm, seine eigene jetzige Persönlichkeit zu achten, und dementsprechend gab er sich. Seine Tischmanieren waren formell und tadellos, seine Sprache klang gewählt. Erst später wurde ich – allerdings mit Scham – gewahr, daß ich mir seinen Ton zu eigen machte und die ganze erbärmliche Komödie mitspielte, der ein Publikum ohne Verständnis, aber deshalb mit einer fast religiösen Glückseligkeit zuhörte.

Die je nach Ranghöhe dosierte Achtung konnte ich besonders gut an meiner eigenen Familie studieren, denn in drei Generationen waren sowohl die niedrigsten, als auch die höchsten erreichbaren Gesellschaftsschichten vertreten. Am weitesten brachte es mein Onkel, der Obernotar in einem Komitat war. Er war das Hirn der Familie, unser Stolz, dessen Name unter uns von Mund zu Mund ging. Er war der mächtige Schutzherr, bei dem wir Rat suchten und an den wir uns klammerten. Seinen Aufstieg hatte er, außer seinem Talent, der Tatsache zu verdanken, daß er »ein Kind des Volkes« war. Bei Wahlen gaben die Bürger begeistert ihre Stimmen für den einst barfüßigen Jungen ab und gafften ihn dann wie hypnotisiert an. Sie wußten, daß er bei den »Herren« beliebt war und in ihrem Kreis seinen Mann stellte.

Als Student besuchte ich ihn einmal auf der Reise durch D. in seinen Amtsräumen. Ich näherte mich seinem Zimmer auf dem breiten Gang des Gemeindehauses. Der Tür seines Amtszimmers gegenüber lagen auf dem ausgetretenen Ziegelsteinboden an der Wand entlang schön nebeneinander ausgerichtet eine Anzahl Hüte, Lammfell- und andere Mützen. Ich blieb verwundert stehen und konnte mir kaum das Lachen verbeißen. Als ich noch dastand, näherte sich vom Eingang her ein Mann der Puszta, nahm seinen Hut ab und legte ihn, ohne nach einem Haken zu suchen – obwohl es in jedem Bauernhaus Kleiderhaken gibt – mit einer Gebärde der Selbstverständlichkeit neben die anderen auf den Boden.

Im Zimmer meines Onkels standen dichtgedrängt – wie draußen die Hüte – ältere Gesindeleute, anscheinend eine Deputation von einer in der Nähe gelegenen Puszta. Sie trugen ihr Anliegen verlegen stotternd und mit den Stiefeln scharrend vor. Das Kuriose war, daß sich ihre linkische Ängstlichkeit auch auf mich übertrug. Mein Onkel blickte sie nicht an, sondern kritzelte in seiner Schreibmappe. Er tat dies wahrscheinlich aus Herzensgüte oder aus Erfahrung, denn hätte sein Blick einen der Sprechenden getroffen, so wäre von der gestammelten Rede nur wenig übrig geblieben. Sie sprachen von der Rückerstattung irgendwelcher von ihnen verauslagter Begräbniskosten, da der oder die Toten eigentlich auf Gemeindekosten hätten begraben werden sollen. Das Geld wurde ihnen nicht zurückerstattet, und diesen Beschluß teilte ihnen mein Onkel in kurzen, nackten Sätzen mit. Schon drängten sie hinaus, schnell, bescheiden und mit höflichen Verabschiedungen. Beim Hinausgehen erkannte ich unter den Bittstellern einen nahen Verwandten, einen Vetter meines Vaters, der sich noch untertäniger und tiefer vor meinem Onkel verbeugte. Ich war so verwirrt und so peinlich berührt, daß ich am liebsten mit der Schar das Zimmer verlassen hätte. Ich erhielt wie gewöhnlich ein Kronenstück, küßte meinem Onkel die Hand und drückte mich.

Es gab Zeiten, in denen ich noch weit davon entfernt war, mich mit dem Volk der Puszta überhaupt identisch zu fühlen. Wer aus einer Puszta den Weg in die große Welt antritt, muß zwangsläufig alles, was ihn an sein dortiges Leben erinnert, abstreifen. Wer die Luft der Puszta verläßt, muß ein anderer Mensch werden, sonst geht er in der neuen Atmosphäre zugrunde. Dorthin zurückzukehren bedeutet mehr, als eine Reise um die Welt.

Ich habe mich durch diese Wandlung durchgerungen, aber erst nach qualvollen Phasen und Stationen fühlte ich mich Manns genug, die Puszta wiederzusehen und zu versuchen, ihre Luft zu atmen. In der Natur gibt es nur Sprünge, und deshalb war meine Rückwandlung nicht ohne Übertreibungen. Ich mußte erst bis zum Volksredner einer farbigen Hafenarbeiterversammlung in Bordeaux herabsinken, ehe ich zur Besinnung kam und erkannte, wohin ich eigentlich gehörte; bis es mir gelang, nach manchen nicht immer freiwilligen Besuchen im Elternhaus, bei denen ich nicht nur die Stallungen, die Umgebung der Gesindehäuser, ja sogar den Sonnenuntergang auf der Puszta als trostlos empfand, meine Seele wieder mit der Heimat in Einklang zu bringen. Ohne jede gefühlsmäßige Beziehung, mit vollkommen neutralen Augen sah ich mir alles an. So wie die alten Ochsentreiber, die ich als Fremde ansprach und die mir vertraulich augenzwinkernd zuhörten, sich als Onkel Michael und Onkel Paul meiner Kindheit entpuppten, so kannten mich Hügel und Tal besser, als ich sie.

Gleich den im Frühjahr pfeilgerade zurückkehrenden Störchen, die stundenlang das alte Nest umkreisen, jeden Ast des Baumes untersuchen, so näherte ich mich meiner Heimat, und so untersuchte ich auch die Stätten meiner Kindheit.

2

Der Provinzler, der von seiner Heimat erzählt und früher oder später auf die »engere Heimat« zu sprechen kommt, denkt meist an ein Dorf, dann an einen Hof und weiter durch die Küche an ein Zimmer mit zwei kleinen Fenstern, wo er die Muttersprache erlernt hat. Unbewußt erlebt er rückblickend die Geschichte eines Wortes bis zu dem Tag, da Haus und Heimat eins bedeuteten. Die Heimat ist zuerst ein Haus und seine Umgebung, dessen Blickbereich sich langsam erweitert, sich auf andere Gegenden erstreckt, bis zuletzt das alte Haus auf ewig im Dämmerlicht des Vergessens versinkt.

Wenn ich an meine Heimat denke, so sehe ich auch ein kleines Haus vor mir. Ich erinnere mich nur an das Haus, an die zwei Zimmerchen und an die dazwischen liegende Küche mit dem Lehmboden. Der Hof des Hauses reichte so weit wie der Blick. Kaum daß es mir das erste Mal gelang, das schier unüberwindlich erscheinende Hindernis der ausgetretenen Schwelle zu überwinden, erstreckte sich vor meinen unsicheren Schritten sofort die unendliche Welt. Das Haus stand auf einem Hügel, unten im Tal erschien das immer gleiche Bild der Puszta: rechts in einem Gebäudeblock mit der Schmiede- und Wagnerwerkstätte die Wohnungen des Beschließers, des ersten Ochsentreibers, des Maurers und des Wagners; links in Reihen die langgestreckten Gesindehäuser, zwischen uralten Bäumen das Schloß und die Inspektorwohnung; gegenüber die Remise, dann auf einer kleinen Anhöhe der Kornspeicher und der Ochsenstall. Rundherum die große Weite der Felder und, kaum sichtbar in der Ferne verstreut, die weißen Flecken der Dörfer.

Die Urbewohner der Puszta blickten sehnsüchtig nach den Dörfern, um zu erraten, in welchem ein langes, unruhiges Leben, das schon ein Jahrhundert währt, endlich Frieden finden wird. Die Puszta wird von allen nur als Übergangsstadium angesehen. Wer sich an irgendeinem Dorfrand ein kleines Grundstück ergattern konnte, der fühlte sich schon dorthin gehörig.

In gewissem Sinne bedeutete es sogar eine Schande, Pusztabewohner zu sein, denn es hieß, besitz- und heimatlos auf ewiger Wanderschaft zu bleiben. So war es auch. Wem es nicht gelang, sich ein Stückchen Grund und Boden anzueignen, der schloß sich einem Dorf an, in dem sein Vater oder Großvater gewohnt hatten, oder wo sie gestorben waren. Gefühlsmäßig gehörte die Puszta nirgendwohin. Ein Zugehörigkeitsgefühl konnte sich auch gar nicht entwickeln, denn die Großgrundbesitzer, denen meist mehrere Pusztas gehörten, wechselten das Gesinde Jahr für Jahr, manchmal sogar öfter, von einer Puszta zur anderen. Jemand, der einem Esterhazy diente, konnte, solange es ihm gelang, sich das Wohlwollen seiner Herrschaft zu erhalten, genauso heimisch im Soproner oder Somogyer Komitat sein oder wo immer ein Esterhazysches Gut lag. Um die Zuständigkeit eines Pusztabewohners festzustellen, fragt man nicht, wo er geboren ist, noch weniger, wo er wohnt, sondern wem er dient. Meine Familie diente hauptsächlich den Apponyis, dann den Zichys, den Wurms, Straßers und Königs sowie deren Verwandten (denn die verwandten Familien tauschten gerne ihr Gesinde: einen besonders tüchtigen Schweizer, einen strammen Kutscher oder einen Beschneider mit besonderer Fingerfertigkeit; ja, sie verschenkten sogar ihre Dienstboten, die eine solche Verpflanzung als besondere Ehre empfanden). So wanderten auch wir mit unserm Hab und Gut hin und her, mitsamt den Kleintierstallungen, Hühnern und der Kuh. Manchmal besuchten wir auch Verwandte, von denen wir uns nach fünf- bis sechsjähriger Nachbarschaft plötzlich trennen mußten. Wir fuhren die ganze Nacht, oft auch den Vormittag hindurch, von Puszta zu Puszta und waren überall zu Hause. Mein Geburtshaus gehörte nicht dem Vater, aber die Heimat, die er mir hinterließ, war unbegrenzt: sie umfaßte ein halbes Komitat.

Dort, wo aus dem Norden kommend, die Sarviz sich zu der im Plattensee entsprungenen Sio gesellt, ohne sich aber je mit ihr zu vereinigen, sondern ungefähr einen halben bis einen Kilometer entfernt, wie zwei Arm in Arm gehende Verliebte, neben ihr herplätschert – da bin ich zu Hause, das ist meine Welt. Die zwei Flüsse durchpflügen ein Tal gleich einem großen, weichen Doppelbett, begrenzt und behütet von sanften, laubbekränzten Hügelzügen. Oben die Sarretebene; unten die Sarközniederung, in der fast jede Ortsbezeichnung mit Sar beginnt – hier ist mein Heimatland.

Vielleicht ist es anmaßend, so große Flächen, die sich sogar über mehrere Komitate erstrecken, als Heimatboden anzusprechen. Eben dieses Bewußtsein erfüllt mich mit Glück, und ich empfinde, was ein armer König seinem Land gegenüber empfindet: nicht eine Scholle Boden ist sein eigen, jedoch seine Liebe und Sorge gehören dem ganzen Land.

Laut Kirchenbüchern bin ich in Sarszentlörincz geboren. Stolz entdeckte ich dies am Ende eines Schuljahres in meinem Zeugnis. Die Angabe stimmt aber nicht, denn in Sarszentlörincz war ich zum erstenmal, als ich auf Schusters Rappen hinpilgerte. In Wirklichkeit habe ich auf der Puszta Felsöracegres das Licht der Welt erblickt. Die Puszta übersiedelte im Laufe der Jahre bald in dieses, bald in jenes Dorf, als ob sie sich in der Wahl nie entscheiden könne. Sie schenkte ihre Neugeborenen einmal dem einen, dann dem andern Ort. So kam es, daß meine Mutter, die im gleichen Haus wie ich geboren wurde, aus Palfa gebürtig ist. Die Post der Puszta kommt aus Simontornya, die nächste Bahnstation ist Vajta. Dieses bunte Gemisch erfreut mich.

Felsöracegres haben schon die Römer ... ich erzähle aber lieber nicht ihre Geschichte. Das Gesinde kennt aus der Vergangenheit der Puszta nur Legenden vom Hörensagen. Die Erinnerung an die Türken wurzelt so tief in den Seelen, als ob erst ein Jahrhundert seit ihrem Verschwinden vergangen wäre. Dann kamen Räuberzeiten; später die Grafen und zuletzt die Pächter. So lautet die Lokalchronik. In einer abgelegenen Gegend der Puszta am Ufer des Sio, »stinkende Ecke« genannt, stand ein Viehschuppen auf den Grundmauern einer Kirche aus Arpads Zeiten. An dieser Stelle förderten Ausgrabungen Kelche und Goldmünzen aus der Tatarenzeit zutage. Es ist anzunehmen, daß einst Racegres, wie alle Pusztas Westungarns, eine blühende Ortschaft war.

Jetzt erfüllt die sanften, vor Wind und Wetter geschützten warmen und fruchtbaren Hänge, wo selbst der Feigenbaum reife Früchte trägt, nur das Quieken der Schweine und Kinder, Ochsengebrüll oder das Schimpfen der Verwalter. Das sind die Lebensäußerungen der Puszta. Zwischen den hohen Gleditschiëbäumen versteckt, kann sie der in die Staubwolken der Landstraße gehüllte Reisende selbst aus nächster Nähe nicht entdecken. Dichtes Laub schließt die Puszta hermetisch von der Außenwelt ab. Ein steiler Weg führt von der Landstraße zu ihr hinunter.

Den Weg erklimmend, sah ich mich in meiner Heimat um: die hochgelegene Landstraße war eine fremde, verbotene Welt voller Gefahren; Zigeuner, Hochzeitszüge und Händler zogen ein- bis zweimal in der Woche vorbei. Auf der anderen Seite lag eine Viehweide, dahinter die dunkle Masse des gräflichen Fichtenwaldes.

Wie die Zeiselmäuse auf der Wiese ihre wachsamen Köpfchen herausstrecken und die wagemutigen sich sogar auf zwei Füßchen stellen, um weiter sehen zu können, so lugte ich aus dem sicheren, warmen Tal hinaus. Neugierig beschnüffelte und erforschte ich die Gegend mit Sehnsucht nach der Ferne im Herzen. So lebt dieser Zeitabschnitt meines Lebens in der Erinnerung.

Wenn ich an das gräfliche Herrschaftsgut und an die fünf bis sechs Dörfer im Umkreis denke, dann sehe ich, daß das Schicksal mir schon alles um meine Wiege gebreitet hat, was ich aus der Geschichte Ungarns für mein ganzes Leben lernen kann. Mein Blick schweifte zu den zwischen Hügeln und Wäldern herauslugenden Kirchtürmen, und meine Phantasie beschäftigte sich, während ich allmählich eins nach dem andern entdeckte, spielerisch mit den in ihrem Schatten Schutz suchenden Dörfern. Für mich war keines dem andern gleich. Jedes war eine kleine, abgesonderte Welt, von verschieden gearteten Menschen bevölkert; jedes hatte seine eigenen Sitten und Gebräuche. Spielend, wie gute Schulbücher, belehrten sie mich über Völkerkunde, über die Geschichte meiner Heimat, die ungarische Grammatik, Sozialwissenschaft und manches andere, worüber in der Schule der Puszta kein Unterricht erteilt wurde. Noch heute zehre ich von dem, was ich damals durch Anschauungsunterricht lernte.

Die Suche nach einem verlaufenen Kalb, die oft über zwei bis drei Dörfer führte, der Geburtstag eines Verwandten, eine Hochzeit oder gar ein Begräbnis, gemeinsame berufliche Fahrten mit meinem Vater nach entlegenen Pusztas, später auch selbständige und von Neugier getriebene Wanderungen erschlossen mir allmählich, Schritt für Schritt, wie das Kennenlernen des eigenen Körpers, die Umgebung: herrliche Hügelzüge, unübersehbare Weizenfelder, hohe, waldähnliche Maisfelder, in denen man sich verlieren konnte und stundenlang umherirrte, ehe man wieder herausfand. Sumpfige, weidenbewachsene Niederungen der Flüsse, da und dort ein Dorf, das ich im Kreis umstrich wie das Wild, zu dem ich mich mehr hingezogen fühlte als zu den Menschen. Die Hügel, Wälder und üppigen Täler sind Natur geblieben, sie waren mit mir noch nicht verbunden, und ihr Andenken sagte mir noch nichts. Erst die Bekanntschaft mit ihrer Geschichte erweckte sie zum Leben. Wie auf einer in die Entwicklungsflüssigkeit getauchten photographischen Platte, so zeichneten sich in meinem Bewußtsein allmählich aufgrund von Heldensagen, Räuberlegenden oder begeisternden historischen Ereignissen die Umrisse, Schattierungen und Farben der Landschaft ab. Ich erinnere mich noch ganz genau, wie es anfing.

Eines Morgens las ich, auf der Schwelle hockend, gierig und ahnungslos ein dickes Buch, das Großmutter sich zur Verkürzung der langen Winterabende von einem fahrenden Händler ausgeborgt hatte. Plötzlich überkam mich ein großes Glücksgefühl, das sich fast zur Wonne steigerte. Mir wurde ganz heiß, ich mußte aufstehen. Da stand es geschrieben, daß Petöfi (Alexander Petöfi, Ungarns größter Dichter. Anm. d. Üb.) jahrelang in Sarszentlörincz gewohnt und das Gymnasium besucht hatte.

Ich traute meinen Augen nicht, darum las ich es noch einmal... dann immer wieder... vielleicht zehnmal. Nicht in einem anderen Sar-Dorf, nein in Sarszentlörincz, dort hinter den Pappeln, da lebte er ... »Vom 28. September 1831 an besuchte er das Sarszentlörinczer evangelische Gymnasium in Tolnaer Komitat«, so stand es schwarz auf weiß gedruckt. Sarszentlörincz gewann plötzlich einen anderen Aspekt, begann von Goldstaub überschüttet zu glänzen. Nichts, kein Blitzschlag, kein Gotteswunder hätte das Dorf herrlicher und sehenswerter machen können. Ich sprang auf, und so wie ich war, barhaupt und barfuß, zog ich los. Nach zwei Stunden stand ich atemlos und staubbedeckt am Ende der breiten Hauptstraße des Dorfes. Das alte, rohrgedeckte, niedrige und langgestreckte Kollegium, vielleicht nur durch seine Länge von einem Bauernhaus unterscheidbar, lag, wie um mir entgegenzukommen, am Rande des Dorfes. Voller Verwunderung blickte ich durch das kleine Fenster, verzaubert trat ich in die kleine Stube, deren Lehmboden angenehm meine Fußsohlen kühlte. Ich wurde nicht enttäuscht. Der Genius Petöfis ließ alles erglänzen, selbst das Tischchen des Schusters, der das Haus bewohnte. Diese Torklinke hatte er berührt, unter jenem Vordach stand er einst ... Tränen traten mir in die Augen. Er war durch dieses Tor gegangen, sein Weg war der meine, vielleicht war er sogar nach Racegres gewandert – warum denn nicht, wenn seine Spielgefährten ihn lockten? Ich sah mich noch einmal um, und jedesmal, wenn ich in meinem Leben später an die wahre Vaterlandsliebe dachte, erwachten in mir die Gefühle dieses erinnerungsteuren Vormittags. Springend und pfeifend, dann im Laufschritt, eilte ich nach Hause, um das Buch so bald wie möglich weiterzulesen. Auf der nächsten Seite erfuhr ich dann, daß Petöfi sich auch in späteren Jahren hier aufhielt, ebenso wie in Cece und Ozora, und in Borjad mehrere bekannte Gedichte schrieb.

Die Gegend erschien mir nach diesem Erlebnis verschönt und beseelt. Gedichte belebten gleich Schwalben die Luft. Himmlisches Licht lag hingegossen über den traurig dahinziehenden Ochsengespannen, den verfaulten Wagenbrettern, den jauchebespritzten Rädern, den mageren, schwindsüchtigen Ochsen und ihren Treibern – durch Petöfis Gnaden, der sie besang, waren sie in die schimmernden Wolken der Poesie gehüllt.

So oft wir seitdem durch Sarszentlörincz und Borjad fuhren, überkam mich ein Gefühl der Spannung und Beklommenheit wie vor der Beichte oder dem Examen, als erwarteten die von weitem winkenden Pappeln ein Bekenntnis von mir. Das geschah öfters unterwegs nach Köles, wo die jüngere Schwester meiner Mutter, selbstverständlich auch auf einer Puszta, verheiratet war. Zum sanften Schimmer des Sio-Flusses und zum leichten Säuseln des sich über uns wölbenden Laubdaches gesellten sich aber bald, als Folge meiner Lektüre, kriegerische Töne und Phantasien, Schlachtenlärm und Blutrausch. Die Reise zu Tante Katica bedeutete für mich, daß wir auf der Hin- und Rückfahrt den Schauplatz einer der blutigsten Schlachten der ungarischen Geschichte durchwanderten. Da saß ich auf der Wagenbank, mit dem unvermeidlichen Kuchen im Schoß, den wir als Geschenk mitbekommen hatten, und das Rattern der Räder trommelte den barbarischen Rhythmus einer wilden Attacke in mein Ohr. Gedichte waren auch hier meine Lehrmeister und ließen mich nicht nur die Ereignisse mitfühlen, sondern auch den Schlachtenlärm, die Rufe der Kämpfer, das Klirren der Säbel, das Aufbäumen der Pferde und die verheerende Verzweiflung des Zeitalters.

»In der Köleser Schlacht, in der Köleser Schlacht,
da war ich auch, ganz vorne dran!
Drauf hieb ich vorne mitten in die Reihen,
wie der Schnitter, und mähte und mähte!«

Der warme Duft des Kuchens stieg mir in die Nase. Zerflatternde Worte aus dem Gespräch meiner Eltern tönten an meine Ohren. Ich roch und hörte nichts. Die aus den Zeilen strömenden Töne, Gerüche und Gesichte nahmen meine Sinne in Beschlag, erfüllten mein ganzes Wesen.

Ein erschütterndes, ausdrucksvoller schlachtenmalendes Gedicht habe ich seitdem nicht gelesen. Die geballte dramatische Kraft und der blutige Ernst der Strophen deuten auf ein großes Erlebnis:
»Als Adam Balogh sein Schlachtschwert hob,
Laszlo Sandors Brigade dahinstob,
biete dem Feind nur tapfer die Brust,
zeige Mut in des Kampfes Lust!«
War mein kindliches Gemüt für diese Eindrücke besonders empfänglich? Während ich an meine Mutter gelehnt im Wagen vier bis fünf Stunden lang an schilfbewachsenen Morästen vorbeifuhr, durchlebte ich alle Phasen dieses fürchterlichen Kampfes bis zur letzten, in der sich der Sumpf vom vergossenen Blut rot färbte und das Gebrüll der im Morast Versinkenden die Luft erzittern ließ:
»Am Sio-Fluß gab es großes Geschrei,
von Simontornya kamen herbei
Fußvolk und Reiter mit Todesmut,
bis Szegzard floß des Feindes Blut.«
Die Generale der Kuruczen belobten nach dem Sieg das tapfere Verhalten der Bauernregimenter, die sich besonders bei der Verfolgung des Feindes auszeichneten. Sie warfen sich, nur mit Sensen und Dreschflegeln bewaffnet, wie ein Rudel ausgehungerter Wölfe todesmutig auf den Feind und schlugen ihn bis zum letzten Mann.

Während Westungarn zur Zeit der Kuruczenkriege eher zu den Kaiserlichen neigte und auch in dem Jahr der Freiheitskämpfe 1848-49 immer zur Vorsicht mahnte, vertrat meine engere Heimat stets den Geist des Wagemuts und der Auflehnung. Der silberblinkende Lauf der Flüsse Sio-Sarviz, von der Donau bis zum Balaton-See, erglänzte wie ein kampfbereites Schwert, so oft die Frühlingsstürme der Freiheit brausten. So lautet die übliche Redensart. In Wirklichkeit verhält es sich aber anders, es wurde gekämpft, so oft sich zum Blutvergießen, zur Entladung unterdrückter Gefühle, zur Rache und weiß Gott aus welchen Gründen Gelegenheit bot. Noch heute steckt an Sonntagen das feststehende Messer im Stiefelschaft, denn sogar zum Tanz wird diese Waffe mitgenommen. Selbst in zwei Abwandlungen eines unserer landläufigen Sprichwörter drückt sich dieser Brauch aus. Einmal »Das Messer ist auch in der Kirche gut«, und dann: »Der Ungar tritt ohne Messer nicht einmal zur Hintertür hinaus.«

Ich wollte eigentlich vom Grenzgebiet der Puszta, den Dörfern, sprechen. Wenn ich dies tue, so ist es schon um der Vollständigkeit willen unerläßlich, dieses Thema anzuschneiden, denn jedes Dorf hat seine eigene, charakteristische Art der Rauferei. Die Männer aus Palfalva stachen nur nach dem Kopf des Gegners; die aus Simontornya verstummten, sobald die Rauferei begann, und erledigten die Stecherei in fast weihevoller Stille, als ob es sich um einen Ritus handle. Das System der Ozoraer legte Zeugnis ab von genauen anatomischen Kenntnissen: sie stachen in den Hals des Gegners, genau in die Schlagader. In den Bauch und im allgemeinen in Körperteile unter der Brust stachen sie nie, eine Sitte, die man fast als arteigen bezeichnen könnte, denn es gibt auch Völker, die es besonders auf den Magen abgesehen haben. Der Grund hierfür liegt in der Art, wie das Messer gehalten wird: nämlich in der Faust, wobei der Daumen auf den Messerschaft gepreßt wird, wie mir schon als kleiner Junge meine Kameraden beim Gänsehüten genau erklärt und beigebracht haben. Mit diesem Griff kann man nur von oben nach unten stechen. In Racegres war neben dem Messer auch das Jocheisen sehr beliebt, eine ungefähr einen halben Meter lange Eisenstange mit einem kindfaustgroßen Knopf am einen Ende, die wie eine Keule entweder als Schlag- oder als Wurfwaffe verwendet wurde. Alle diese Einzelheiten sind bemerkenswert, um die Sitten, die ja durch die seelische Verfassung eines Volkes bedingt sind, zu erkennen. Sie sind auch mir eigen.

3

Es ist keinesfalls meine Absicht, mein eigener Biograph zu sein, und wenn ich persönliche Erinnerungen enthülle oder da und dort Episoden aus meinem Leben einschalte, so tue ich dies nur in dem Bestreben, mich mit ihrer Hilfe in die unergründlichen Tiefen einer Volksschicht zu versenken, die sich sonst eifersüchtig gegen jeden fremden Einblick wehrt. Dieses ängstliche Insichverkriechen ist wohlbegründet, denn würde das Volk der Puszta nur einen Zipfel der seltsamen Ordnung, in der es lebt, enthüllen, so müßte es alles, sogar sich selbst, verneinen, in solch krassem Gegensatz zu jeder anderen herrschenden Ordnung steht das Netzwerk dieses Systems. Es ist eine wilde und gefährliche Welt mit ihren Gesetzen, Gebräuchen, mit ihrer Einschätzung des Privateigentums, mit ihrem Liebesleben – kurzum allem. Nur jemand, der wie ich dort zur Welt gekommen ist, findet sich in ihr zurecht.

Über das Privateigentum zum Beispiel hat die Puszta, wenn sie es auch nicht offen zugibt, eine von der bestehenden Ordnung abweichende Ansicht. Es ist nicht meine Aufgabe festzustellen, welche der zwei die gerechtere und menschlichere ist; die der Puszta scheint mir jedenfalls ursprünglicher. Sie wahrt die Tradition einer einstigen Volksgemeinschaft, in welcher der Begriff von Mein und Dein hinsichtlich des Bodenbesitzes nicht so entscheidend getrennt war wie heutzutage. Die Puszta, dieses ein paar tausend, manchmal sogar zehntausend Morgen große Reich, ist nicht in kleine Parzellen geteilt. Der Anblick dieser gemeinsam bearbeiteten und bebauten unendlichen Weizen- und Roggenfelder, die sich unübersehbar in den Horizont verlierenden Weiten der wogenden gelben und grünen Felder sind dem Allgemeingut Himmel und Meer so nahe verwandt, daß der einfache Mensch nur die Kraft, den Segen oder die Launen des Bodens fühlt und nur zu leicht vergißt, daß die gemeinsam geleistete Arbeit auf Kommando geschieht und das Produkt nur einem einzigen zugute kommt. Die Pusztabewohner wissen es seit Arpads Zeiten am besten, wie kärglich die Natur die Arbeit belohnt. Es geht einem noch gut, wenn man nicht Hungers stirbt; das ist die Lehre der Jahrhunderte. Ob Hagel, ob der Feind, der Graf oder der Pächter des Grafen den

Überschuß an Weizen wegnimmt, aus dem mehr Brot oder sogar ein Fladen gebacken werden könnte, ist an und für sich nebensächlich. Sie arbeiten, und wenn die Entbehrungen sie nicht umbringen, vergessen sie sogar die Frage, warum denn ihr Anteil so empörend gering ist. Dagegen ist es schwer, ihnen glaubhaft zu machen, daß der Boden, dem sie alles in harten Kämpfen abringen, nicht in allererster Linie für sie da ist und daß Bodenprodukte kein selbstverständliches Allgemeingut sind. Wie es mir einmal die Frau eines Domänendirektors auseinandersetzte, neigen sie dazu, von den durch ihre Hände gehenden Produkten etwas verschwinden zu lassen. Man hat sie, erklärte mir diese reizende Frau mit bezauberndem Lächeln weiter, wie die Bienen zu behandeln. Man muß alles wegnehmen, damit sie weiterarbeiten. Wenn sie alles hätten, dann würden sie sich auf die faule Haut legen, und ihretwegen könnte in den Zuckerrübenfeldern das Unkraut bis zu den Hüften wachsen.

Sie haben aber gar nichts, deshalb arbeiten sie und stehlen wie die Elstern, wo sie nur können. Sie fühlen sich, sozialwissenschaftlich gesprochen, atavistisch noch einer großen Volksgemeinschaft mit gemeinsamem Produktions- und Verteilungssystem zugehörig, jedoch nimmt dieses Gefühl von Tag zu Tag ab.

Ich lebte noch in der alten Tradition, bald lernte ich aber die Macht der neuen Ordnung kennen. So holte ich, als ich als junger Bursch, um die deutsche Sprache zu erlernen, bei einem schwäbischen Bauern arbeitete, das frischgemähte Futter für die Kühe vom Feld des Nachbarn. Dabei war genügend Futter im eigenen Garten. Bei der dritten Ohrfeige wurde es mir erst klar, daß ich gestohlen hatte.

»Gehört es nicht der Herrschaft?« fragte ich empört.

Also herrschaftlich, dem Grafen gehörig, das heißt gemeinsames Gut, von dem jeder sich nimmt, ehe er sich den Luxus leistet, nach dem eigenen zu greifen.

Der gleiche Gedankengang führte mich dazu, die Tauben des Lehrers zu fangen und beim Onkel eines Nachmittags in einen fremden Weingarten einzusteigen, wo mich dann der Flurwächter überraschte. Noch als Gymnasiast versuchte ich eine Ziege vom Gemeindeanger zu stehlen, um sie meiner Herzenserwählten, die sich für Ziegen begeisterte, zu schenken.

Der Vermögenszuwachs meiner Familie könnte im Vergleich zu der Bereicherung anderer historischer oder neuzeitlicher Familien höchstens von dem Gesichtspunkt aus beanstandet werden, daß der kleinere Erfolg nicht so leicht zu rechtfertigen ist wie der große. Mein Großvater väterlicherseits war Oberschäfer. Wer nur halbwegs ahnt, was diese Beschäftigung in den sechziger Jahren bedeutete, wird ein verständnisvolles Lächeln nicht unterdrücken können. Er war nämlich Oberschäfer beim Fürsten Eszterhazy und diente später auch den Pächtern der Domäne.

Die Grundlage oder gar die Einzelheiten seiner Vereinbarung mit der Gutsverwaltung zu erfahren, war für mich ebensowenig möglich wie wahrscheinlich auch für den jeweiligen Fürsten. Wenn man Großvater befragte, so ließ er sich in langatmige und komplizierte Erklärungen ein und sprach stundenlang über Paarung, Schafschur, die Sterblichkeit bei Drehkrankheit, Schwänze und sonstige unverständliche Dinge. Am Ende hatte es dann den Anschein, als besitze er als »bettelarmer Dienstbote« überhaupt nichts, während man ebensogut glauben konnte, daß die ganze Schafherde ihm gehörte und es nur von seiner guten Laune abhing, wenn hie und da ein Schaf ins Schloß getrieben wurde. In Wirklichkeit erhielt er neben dem Deputat gewisse Zuwendungen, die im Verhältnis zur Vermehrung der Tiere standen. Die erste Herde, die er noch als Junggeselle vom Fürsten übernahm, vermehrte sich im Laufe der Zeit so gewaltig, daß am Ende fünf bis sechs Schafknechte unter seiner Aufsicht arbeiteten. Auch von der Schur bekam er seinen Anteil. Die Zahl der Würfe mußte gemeldet werden. Zum Beweis der Sterblichkeitsziffer waren nur die Schädel, später auch die Häute der gefallenen Tiere abzuliefern. Dann kamen die Herren auf die Idee, die Schafe zu melken und aus der Milch Käse zu bereiten, während früher der Schafkäse als Bauernspeise galt. Die Zeiten veränderten sich in erschreckender Weise. Bis es aber so weit kam, war mein Großvater der Besitzer eines Weingartens im Nachbardorf, eines Wohnhauses mit Grundstück in der nächsten Stadt, und ... noch von manchem anderen. Seine Kinder hatte er auch ganz gut untergebracht; ein Sohn zählte als höherer Beamter zu den Herren des Komitats, der andere leitete ein dem Großvater gehöriges Wirtshaus, die älteste Tochter war Gasthofbesitzerin, die zweite die Frau eines Küfermeisters, und die dritte lebte wohlbestallt an der Seite eines Dreschmaschinenbesitzers. Es reichte sogar für die Stiftung eines neuen Altars in der

Kirche des Nachbardorfes. All dies verdankte er der Tüchtigkeit meiner Großmutter, denn er selbst war von bescheidener, besinnlicher Natur und auf Bequemlichkeit bedacht. Bis zum Lebensende war sein Lieblingsbeförderungsmittel ein sanftes Eselchen, auf dem er nicht einmal rittlings, sondern seitlich mit dem rechten Arm auf den Kopf des Grauchens gestützt, wie in einem Lehnstuhl saß.

Dieser Zweig meiner Familie verdankte sein Aufblühen der Großmutter. Sie war eine hochgewachsene Frau, meinen Großvater um Kopfeslänge überragend, schwarz, mit energischen Zügen, und stammte aus dem Somogyer Komitat, natürlich von einer Puszta, die ebenfalls dem Fürsten gehörte. Sie vererbte in meiner Familie sozusagen das Gardemaß und den durch nichts zu brechenden Willen. Sie stammte auch aus einer Schäferfamilie, doch sind mir die Einzelheiten unbekannt. Nur von einem ihrer Großväter hörte ich sie manchmal reden, von einem gewissen Laszlo Börcsök, einem weltbereisten, »strammen, großen Mann«, der jährlich einmal dem Fürsten allein die Silbertaler nach Wien trug. Dieser Börcsök lebt von allen Ahnen am lebhaftesten in meiner Phantasie. Ich sehe seine schlanke Gestalt, sein ausdrucksvolles dunkles Gesicht, höre seine energische Stimme und stelle mir vor, wie er unterwegs bei einem Gasthof vom Pferde steigt und mit griffbereiten Pistolen eintritt. Er wurde mit neunundzwanzig Jahren am 3. Oktober in irgendeinem Jahr des 18. Jahrhunderts erstochen. Und da meine Großmutter eine bigott religiöse Frau war, beging sie den Trauertag mit Beten und Fasten. Wir Kinder mußten bei den Andachten zugegen sein und laut für das Seelenheil des verewigten Börcsök beten, der ohne Absolution verschieden war. Das nenne ich Tradition.

Im Grunde genommen hatten wir Enkel Angst vor der Großmutter, von der wir sonst wenig wußten. Am lebhaftesten blieb mir ihr eiskalter nackter Fuß in Erinnerung, den wir, als sie aufgebahrt lag, zusammen mit meinen Vettern und Basen der Reihe nach berühren mußten, um zu verhindern, daß ihr Geist im Hause herumspuke.

Als mein Großvater, der als Greis die letzten Jahre seines Lebens nur mehr mit Beten und im Alkoholdusel verbrachte, einmal neben mir auf der Bank vor dem Kelterhaus saß, öffnete sich sein zahnloser Mund zu einer Antwort auf eine Frage, die vielleicht vor 50 Jahren gestellt worden war: »Man empfahl mir ein Mädchen aus Gyulaj, eine andere aus Pula, die eine hatte sich mir schon versprochen. ›Die Tochter eines Schafhirten mit eigener Schäferei – die sollst du nehmen, Janos!‹ sagte man mir. Ich wollte sie nicht. Als Knecht soll man nicht in das Haus des Schwiegervaters gehen, man bleibt auch dort nur Diener, man wohnt lieber arm unterm eigenen Dach. Schönere und reichere hätt' ich haben können als die Nancsi, sie aber war die Richtige, denn schon als Mädchen brachte sie mir die reine Wäsche auf die Weide, selbst wenn sie den ganzen Tag lang wandern mußte. Ich hab's nicht bereut«, fügte er, den Kopf hebend, hinzu, mit starrem Greisenblick meine Augen suchend. Meine Großmutter war damals schon gut zehn Jahre tot, und so hörte ich zum ersten Mal ihren Rufnamen. Dieser Name verkörperte für mich die Gestalt des fleißigen Mädchens, später der tüchtigen Mutter, deren Leben für uns gewissermaßen das Symbol der harten Ausdauer, der erbarmungslosen Sparsamkeit und der alles ordnende Geist ehrgeizigen Vorwärtsstrebens war.

Großmutters strenge Gläubigkeit wurde auf Mann und Kinder übertragen. Nichts hätte sie verleiten können, nach fremdem Gut zu greifen. Wenn sie etwas holte, so geschah es mit reinem Gewissen und ohne Gefühl von Schuldbewußtsein. Großvater wohnte auf einer anderen Puszta, gut einen halben Tag Wagenfahrt von uns entfernt, und bei jedem Besuch kehrten wir reich beschenkt zurück. Das lebendige oder tote Lamm nahmen wir aber heimlich erst an der Grenze der Puszta in unseren Wagen, um es unter dem mitgenommenen Heu zu verbergen. Der forschenden Augen des Verwalters wegen? Keinesfalls, sondern wegen meiner Großmutter, die es nie erlaubt hätte, daß etwas mit ihrem Wissen heimlicherweise von der Puszta abhanden gekommen wäre. Innerhalb der Puszta aber betrachtete sie wie eine Königin alles als ihr eigen.

Sie herrschte über alle; die Schmiede, Gärtner, Beschließer und Flurhüter brachten oder fertigten ihr auf Konto der Herrschaft alles an, was sie verlangte. Sie regiere nicht infolge der Stellung ihres Mannes, sondern auf Grund des Prinzips der Tüchtigkeit, weil alle überzeugt waren, daß sie hierzu berufen sei.

In gewissem Sinne, wenn auch in einer andern Art, glich meine Großmutter mütterlicherseits der anderen. Vielleicht ist es kein Zufall, daß in beiden Linien meiner Familie die starken Hände zweier Frauen regierten. Denn in dieser gedrängten atavistischen Welt, die noch das warme Zusammengehörigkeitsgefühl der Sippen in sich trägt, herrscht zu Hause am Herd noch die Frau – die

Mutter. Sie regierte nicht durch Unterdrückung der Männer, die wochenlang in der Gegend herumstreiften und selbst im Winter nicht zu Hause schliefen – in diesem dunklen Loch, wo in jeder Ecke einer lag –, sondern in den Stallungen übernachteten, um die Tiere selbst in der Nacht im Auge zu behalten.

Die täglichen Sorgen und Klagen, das Geschrei, die Geburten und die fast ebenso häufigen Todesfälle bei den Kindern hielten sie vielleicht auch vom häuslichen Herd fern. Außerdem betrachteten sie mehr oder weniger alles, was sich im Haus selbst abspielte, als Frauenarbeit. Die Frauen übernahmen die Arbeit mit ungestümer Entschlossenheit. Im Vergleich zu den Frauen lebte der Mann das Leben eines freien Vogels. Von der Frau hing hier alles ab. Gedieh die Familie, so war es ein Zeichen ihrer Stärke; kam sie herunter, ein Versagen der Frau.

Meine Großmutter mütterlicherseits war ein Genie.

Da ich über den Sinn des Wortes im klaren bin, kann ich diese Behauptung auch verantworten. Die Mutter meines Vaters baute gegen die Fährnisse des Lebens Schutzwälle aus Guldenstücken und war bereit, für einen Groschen ihre eigene und die Gesundheit der Nächststehenden aufs Spiel zu setzen, während die Großmutter mütterlicherseits allein auf die Überlegenheit der geistigen Waffen vertraute. Sie war gebildet und verfügte über erstaunliche Kenntnisse. Ihre Belesenheit war einzigartig, nicht nur auf der Puszta, sondern im ganzen Bezirk, ja vielleicht auch im ganzen Komitat. Sie diente von ihrem neunten Lebensjahre ab als Dienstmädchen bei Metzgern, Wirten, Beamten und jüdischen Händlern, die letzten vier Jahre als Kammerzofe einer Brauereidirektorsgattin. Hier lernte sie, daß es auch ein anderes Leben gibt als das draußen auf dem Lande. Und hier verliebte sie sich sofort sterblich für das ganze Leben in meinen Großvater, in sein höfliches Wesen, sein gutes Aussehen und, wie ich persönlich glaube – in seine kindliche Unbeholfenheit. Großvater hatte man eben vom Militärdienst entlassen, und er blieb, statt nach Hause in das Heimatdorf zu gehen, in der Stadt, um in der Brauerei, bei deren Direktor Großmutter diente, zu arbeiten. Mein Großvater war Wagner von Beruf.

Ihre Ehe wurde durch die treue Freundschaft meines Großvaters zu einem Schmiedegesellen ermöglicht, der ihm zur Gründung des Hausstandes leihweise zehn Gulden und ein Bett zur Verfügung stellte. Dieser Schmied heiratete, gewissermaßen aus Freundschaft und Anhänglichkeit an meinen Großvater, am gleichen Tag, und selbst die Kinder aus den beiden Ehen kamen fast zur gleichen Zeit zur Welt. Der Unterschied war nur, daß der Schmied nach Hause in eine Stellung heiratete, denn er nahm die Tochter des Racegreser Schmiedemeisters zur Frau. Nach zwei Monaten trafen auch die Großeltern auf der Puszta ein. Der alte Wagner wurde nämlich durch Einmischung des Schicksals vom Blitz getroffen und aus dem Weg geräumt. Großvater nahm sodann die freigewordene Stellung ein.

Die Familie meiner Mutter begann also das Leben wie der kleine Sproß, der sich durch die Scholle zwängt, von dem selbst das geübte Auge noch nicht sagen kann, ob er sich mit der Zeit zu Unkraut oder in eine Eiche entwickeln wird. Der Samen aber war in diesem Fall edel. Großvater, dessen Schicksal bis zu jener Zeit der Distel glich, an jedem Wegrand zu Hause, schlug im heimatlichen Boden neben dem sicher stützenden Pfahl tiefe Wurzeln voller Kraft, Lebenslust und Unternehmungsgeist. An der Seite der auf sein Wesen abgestimmten Frau gewann sein Leben Sinn und Inhalt. Im Hasten des »freien« Wettbewerbs verloren, erhielten in der Unbeweglichkeit dieser Atmosphäre der Armut und des Sklavenlebens seine Besinnlichkeit, sein stilles, wortkarges Wesen, seine calvinische Starre wieder Lebensberechtigung und wurden sogar zu Quellen neuer Triebe. Auf dem Baum, der vor seinem Haus stand, ließ sich ein Bienenschwarm nieder. Er fing ihn ein, und ohne jede Kenntnis der Imkerei gewann er nach drei Jahren mit einer selbstangefertigten Zentrifuge vierzig Kilo Honig, die von der Großmutter selbstverständlich sofort bis zum letzten Tropfen zu Geld gemacht wurden. Freundlich zu jedermann, aber wortkarg, jedem lauten Wort abhold und voller Eigenheiten – das war Großvater. Er weigerte sich zum Beispiel, ein amtliches Schreiben anzunehmen, auf dem sein Name, der gleich lautete wie der eines alten Adelsgeschlechtes, mit Ypsilon geschrieben war. Ein Gärtner beschimpfte ihn mit den üblichen unflätigen Flüchen, in denen die Mutter und Großmutter des Apostrophierten eine große Rolle spielten. Wortlos und ohne mit der Wimper zu zukken, schlug er mit der Radspeiche, die er eben schnitzte, dem Fluchenden mit voller Kraft ins Gesicht, denn kein Fluch kam je über seine Lippen. In seinem Haus, oder besser gesagt im Zimmer und in der Ecke der gemeinsamen Küche, die sie benutzten, durfte kein unflätiges Wort und kein Fluch laut werden. Die Luft der Puszta war geschwängert von obszönen Worten. Begriffe in ihrer gemeinsten und brutalsten Bedeutung schwirrten umher – vor seinem Fenster und seiner Schwelle prallten sie ab. Wenn wir Enkel, die wir in der Atmosphäre der mehr als kernigen Sprache aufgewachsen waren und über sexuelle und erotische Fragen schon mit fünf Jahren alles wußten, was überhaupt zu wissen war, in die Wagnerwerkstätte Großvaters eintraten, so veränderten wir uns instinktiv. Wie ein Hund, der sich nach dem nassen Bad schüttelt, so legten wir unsere Gedankenwelt und die damit verbundene Sprache vor seinem Angesicht ab. Lange war ich der Meinung, Großvater kenne diese uns so geläufigen Ausdrücke gar nicht. Da er sich eines anderen Dialektes, des Alföld (Tiefebene zwischen Donau und Theiß und östlich der Theiß) bediente, meinte ich sogar, diese Worte kämen in seiner Sprache überhaupt nicht vor. Ein einziges Mal hörte ich ihn fluchen. »Wärest du doch als Eintagskind verbrannt!« rief er mit sanftem Augenaufschlag, aber zähneknirschend einem seiner Schwiegersöhne zu.

Die Großeltern hielten sogar eine Zeitung, besser gesagt ließen sie beim Pfarrer des Nachbardorfes holen, der für einige Eier als Entgelt die Zeitungen der Woche abgab. Auch illustrierte Wochenschriften wurden geholt, die dann, nach den Angaben der Redaktion gebunden, aufgestapelt auf dem Speicher lagen. Erstand jemand im dritten Dorf ein Buch, so erfuhr es Großmutter in der kürzesten Zeit und ruhte nicht eher, bis es ihr durch Eierhändlerinnen oder Lumpensammlerinnen, die ihre Freundinnen waren, gelang, das Buch auszuleihen. Als im Schloß eine französische Erzieherin ankam, vereinbarte sie, ich solle als Entgelt für verschiedene Näh- und Strickarbeiten französischen Sprachunterricht erhalten. Dabei war zu der Zeit noch keine Rede davon, daß ich die Mittelschule besuchen würde. Mit acht Jahren konversierte ich hinter dem Ochsenstall französisch.

Zu jener Zeit war aber Großmutter schon am Ende ihrer Kräfte. Ihre Pflicht hatte sie erfüllt, denn die Brut war flügge. Wann las die alte Frau? Müßige Frage, die niemand beantworten konnte. Sie arbeitete vom frühen Morgen bis zum späten Abend, denn außer den zum Deputat gehörigen Feldern nahm sie von der Gutsverwaltung auch Felder »zur Hälfte« in Arbeit und ließ sie durch ihre Töchter selbst an Feiertagen bebauen. Im Grunde genommen war sie ungläubig und besuchte keine Kirche, was ihr um so leichter fiel, da es auf dieser Puszta keine gab. Leider nahm sie jedes gedruckte Wort als eine Offenbarung. Weil in einem Buche die Kümmelsuppe als Allheilmittel gepriesen wurde, erhielten wir Unglückskinder jahrelang zum Frühstück Kümmelsuppe vorgesetzt, bis uns schon der bloße Geruch dieser Speise zum Brechen reizte. Dann las sie irgendwo, man solle Kinder dauernd beschäftigen. Von da an hatten wir keine freie Minute mehr. Sie war leichtgläubig und blickte mit unzerstörbarem Optimismus in die Zukunft, denn selbst die traurigsten Geschichten endeten schon damals zumindest mit einem beglückenden Ausblick der Hoffnung. Aus der Moral der billigen Romane zog sie Konsequenzen und wandte die Lehren, die sich aus ihnen ergaben, auf ihr eigenes Leben an. Abends, so erzählte meine Mutter, las beim Strümpfestricken eines der Geschwister vor, während die anderen fleißig arbeiteten. Das Stricken war übrigens ihr Steckenpferd, und sie spannte neben ihren Töchtern auch uns Jungens allabendlich ein. »Was weißt du, wie es dir zugute kommen wird?« sagte sie und drückte mir das Strickzeug in die Hände. Das Resultat ist, daß ich stricken und häkeln kann – ob man es glaubt oder nicht. Die Tendenz ging dahin, ihren Kindern alles in ihrer Macht Stehende beizubringen. Sie wollte ihren Töchtern – die klangvolle Namen von Romanheldinnen trugen – sogar höhere Schulbildung angedeihen lassen.

Dazu langte es allerdings nicht mehr. Die Älteste, meine Tante Elvira, wurde unter allgemeinem, aber immerhin wohlwollendem Kichern der Nachbarschaft bereits nach zwei Monaten in Begleitung eines erklärenden Schreibens der Vorsteherin, das sofort von der Großmutter vernichtet wurde, aus einer Klosterschule zurückgeschickt. Sie gab sich aber nicht geschlagen – ihre Töchter sollten nicht auf der Puszta, wo sich die Füchse gute Nacht sagen, verdummen. Sie verschaffte ihnen Stellungen als Dienstmädchen oder als Näherinnen und schärfte ihnen ein, worauf es wirklich ankommt, um es weiter zu bringen. So wanderten sie von einer Stelle in die andere, überall auf alles achtend, um, nach Hause zurückgekehrt, die Erfahrungen gegenseitig auszutauschen und zu verwerten. Eine bessere Schule für das Leben konnte es nicht geben. Ihre Zukunft war gesichert, wenn sie die anerzogene Selbständigkeit im Denken und Handeln nicht schon bei der Wahl des Bräutigams in die Praxis umsetzten, sondern auf den Rat der Mutter hörten. Selbst die Grundlagen eines Sparkapitals wurden gelegt, denn eine jede erhielt an ihrem achtzehnten Geburtstag ein Sparkassenbuch mit fünfzig Gulden Einlage.

Ich muß mich immer wieder fragen – woher? Das Gehalt meines Großvaters betrug jährlich zwanzig Gulden. Das Deputat in Getreide, Gartenbenützung, Viehhaltung genügte, wenn überhaupt, knapp zum Leben. Ich wiederhole: die ganze Familie wohnte in einem gemeinsamen Zimmer mit Lehmboden, die Küche mit dem offenen Herd wurde mit einem Ochsentreiber geteilt, sie waren nach bürgerlichen Begriffen bettelarm, daß mein Großvater bei abendlichen Männergesprächen laut von der Herrlichkeit verflossener schöner Leibeigenzeiten schwärmte. Ihre Lage war also nicht so rosig, wie man es nach meiner Beschreibung annehmen könnte.

Sie waren zweifelsohne in irgendeiner Weise anders geartet als die Pusztabewohner im allgemeinen, ohne daß es ihnen oder ihrer Umgebung je bewußt geworden wäre. Und dennoch war die Gemeinschaft der Nährboden, aus dem sie die Kraft schöpften, um nach jahrzehntelangem Entbehren und Ringen wenigstens der Nachkommenschaft den Aufstieg zu ermöglichen.

Typhus überfiel die Familie, Großvater, Großmutter und sämtliche Kinder lagen darnieder. Endlich erschien der Arzt aus dem nächsten Dorf, nicht der neue mit den Pillen, sondern der berühmte Alte, auf dessen Heilmethoden das ganze Komitat schwor. Der Alte, der bei jeder Krankheit Wein verordnete, bei Husten einen Szekszarder Rotwein, bei Magenstörungen einen leichten Weißwein, bei Herzkrankheiten Schillerwein, und bei Geschlechtskrankheiten Wein mit Wasser gemischt in großen Mengen. Bemerkenswert ist, daß er gute Heilresultate erzielte und daß die Sterblichkeitsziffer seiner Kranken niedriger war als bei den anderen Ärzten. Bei Bauchtyphus verordnete er pro Kopf drei Seidel von dem schweren Szekszarder Rotwein, von dem der halbe Liter schon einige Kreuzer kostete, kurzum unbezahlbar war. Glücklicherweise lagen von dem Wein mehrere Fässer im Herrschaftskeller. Abends, nachdem der Arzt mit wankenden Schritten das Haus verlassen hatte und die Familie sich den Kopf zerbrach, wie die teure Medizin zu verschaffen wäre, klopfte der Beschließer an und verschwand wortlos mit dem Wassereimer. Und – meine Großmutter erzählt es heute noch mit Tränen in den Augen – treu und brav erschien er drei Wochen lang jeden Abend, den Eimer gefüllt mit dem allein Heilung bringenden Wein.

Die Schweineseuche, wogegen es kein so gutes Mittel gab, brach aus, und die zwei Ferkel der Familie gehörten auch zu den Opfern.

Man war eben dabei, die zwei Schweinchen zu verscharren, als der Schweinehirt erschien, um eins von den toten Tieren im Schutz der Dunkelheit zu den herrschaftlichen Ställen hinzutragen. Am nächsten Tag quiekte wieder frisch und gesund ein Schweinchen im verlassenen Stall. Die Göttin der Gerechtigkeit aber war unerbittlich und vernichtete auch das Tauschferkelchen. Der Schweinehirt, erbost über diese Einmischung, nahm einen neuerlichen Tausch vom Toten zum Lebendigen vor. Der Kampf wurde drei bis vier Runden weitergeführt, bis die Göttin kapitulierte. In der Herde der Herrschaft verblieben noch vierhundert Schweine.

Derartige Dienste erforderten natürlich Gegenleistungen. Großvater drechselte den Ochsentreibern frohgemut aus dem Holz der Gutsverwaltung Tische, Stühle, Militärkoffer, dem einen sogar einen Pfeifenständer, genau wie ihn der Pfarrer vom nächsten Dorf hatte, obwohl der Auftraggeber nur eine Sonntagspfeife besaß und im übrigen dem Priemen frönte. Um ihre Nachsicht zu erwirken, arbeitete er dann auch für den Verwalter und sonstige höhere Angestellte. Es gab zwar auch unter diesen »anständige ungarische Menschenseelen«, deren Wohlwollen gegenüber dem Volke sich dadurch äußerte, daß sie während des Inspektionsganges schon auf hundert Meter Entfernung zu schimpfen anfingen, damit sie sich bemerkbar machten und alles in bester Ordnung vorfanden, wenn sie die Arbeitsstätte betraten. Das Gesinde war schlau und merkte hinter dem strengen Blick das gute Herz. Als eines Tages ein »verständnisvoller« alter Verwalter starb, wollten sie ihm einen Grabstein aus Marmor setzen. Später änderten sie allerdings ihr Vorhaben, da sie keinen ihm würdigen Grabstein fanden, und veranstalteten, um sein Andenken besser zu ehren, aus dem gesammelten Geld einen Leichenschmaus, der zwei Tage und Nächte dauerte. Nicht jeder Verwalter ist einer so hohen Ehre würdig.

Bald konnten selbst diese zum »Verständnis« Geneigten nichts mehr ausrichten. Die Landwirtschaft legte mehr und mehr die aus den Zeiten des Feudalismus übriggebliebenen, teils sogar noch patriarchalischen Gebräuche ab und nahm die strengen Formen des reinen kommerziellen Kapitalismus an. Auf den Feldern erschienen Dampfpflüge, und mit ihnen kamen neue Angestellte, die moderne rationelle landwirtschaftliche Methoden einführten. Zwar wurde das Gesinde nun gesiezt, doch zugleich so schroff und unpersönlich behandelt, als wären diese Menschen Maschinen oder Fabrikarbeiter.

4

Meine Eltern hätten sich vielleicht nie gefunden, wenn ihre Ehe nicht auf so starke Widerstände gestoßen wäre. Schon von dem Augenblick ihres Kennenlernens an verschwor sich die ganze Verwandtschaft gegen sie, um zu verhindern, daß sie sich noch einmal trafen. Statt die Gelegenheit zu benützen, sich näher kennenzulernen, verwandten sie ihre freie Zeit dazu, mit Schlichen und Tücken den Eltern, Tanten, Schwägern und Schwägerinnen ein Schnippchen zu schlagen. Im Bewußtsein, einer neuen Generation anzugehören, fühlten sie sich über die Welt erhaben und waren entschlossen, ihren Willen durchzusetzen. Der Kampf freute sie sogar. Je seltener sie sich sahen, desto inniger wurde der Bund. Man erzählte sich später, meine Mutter hätte sogar einen Selbstmordversuch verübt und mein Vater wäre mit einer seiner Tanten handgreiflich geworden. Wenn sie später von ihrer Jugend sprachen, erwähnten sie diese Zeiten ihres Lebens nie; vielleicht schämten sie sich der Leidenschaft, die sie zueinander trieb. Endlich fanden sie sich. Die Begleitumstände kann man aus der Tatsache erraten, daß mein Vater seine junge Frau auf eine weit entfernte Puszta in das Szolnoker Komitat mitnahm. Sie kehrten erst nach der Geburt meines älteren Bruders heim, nachdem sich die zwei Familien halbwegs ausgesöhnt hatten. Sie wohnten in Racegres, fast gegenüber dem Haus, in dem die Eltern meiner Mutter im Kreise ihrer Kinder und der stets zunehmenden Zahl ihrer Enkel wohnten, denn die übrigen Töchter heirateten alle Ortsansässige.

Ich erzähle diese Ereignisse, da eine derartige Zwietracht zwischen den Pusztabewohnern eine Seltenheit ist. Sie sind gleichgeartet, und wenn sie sich auch hie und da streiten, so vereinigen sie sich wieder friedlich miteinander wie die Sandkörner auf dem Grund des Baches. Warum dieser Zwiespalt zwischen zwei Familien, die im Grunde genommen das gleiche wollen, den Aufstieg? Meine Großväter glichen sich in ihrer Wesensart dermaßen, daß das Schicksal sie ohne weiteres hätte vertauschen können. Später freundeten sie sich sogar mehr oder weniger an. Die trennende Scheidewand zwischen den beiden Familien blieb aber und besteht noch heute bis ins dritte Glied. Wenn sie gar keine andere Begründung zur Bekräftigung ihres Zwistes fanden, dann mußte die Religion herhalten.

Meines Vaters Eltern waren bigott katholisch und die meiner Mutter Calvinisten, deren Glaube fast dem Atheismus gleichkam. Die Brüder meines Vaters brachten aber ebenfalls Frauen nach Hause, die nur der Form halber das Kreuz schlugen und ihre Ansicht, wenn man auf die Geistlichkeit und auf das Zeremoniell zu sprechen kam, nicht verheimlichten. Wenn dies in Anwesenheit der Mutter meines Vaters geschah, so schüttelte sie nur mißbilligend und mit geschlossenen Augen den Kopf.

Wie anders bei uns! Da waren ihre Taschen voller Rosenkränze, wenn sie uns besuchte. Kurz vor der Schwelle blieb sie stehen, faltete die Hände, murmelte auf die Tür schielend ein Gebet, wie um festzustellen, wann der Teufel aus dem Haus entweiche. Wir aber standen stumm in Reih und Glied vor ihr, mit scheinheiligen Mienen mißmutig das Ende der Szene erwartend, wohl wissend, daß sie nur uns galt. Endlich seufzte sie tief und reichte mit steifer Gebärde ihre Rechte zum Kuß, wie sie es im Schloß beobachtet hatte, und betrat uns allen voran erhobenen Hauptes das Haus. Stumm und beklommen folgten wir ihr – die Tortur begann. In der Küche und im Zimmer herrschte größere Ordnung und mehr Geschmack als bei ihr in Neband – meine Mutter schien sich aber selbst dafür zu schämen. Es genügte, daß Großmutter etwas ansah, um in uns das Gefühl von Schuldbewußtsein auszulösen. Ihr Blick fiel auf die Sandverzierungen des Lehmbodens – wir erröteten. Plötzlich wurden wir uns einer schrecklichen Sünde bewußt: es hing kein Heiligenbild an der Wand; nur einige patriotische Bilder schmückten unser Heim. Im nächsten Augenblick empfanden wir die Vorhänge an den Fenstern als Zeichen unserer vollkommenen Verworfenheit... Jeder Gegenstand, auf den ihr Blick fiel, verwandelte sich sofort zum Corpus delicti. Wir hatten ein Gefühl wie bei einer Haussuchung.

Übrigens war sie in ihrer eigenen Art und Weise herzlich zu uns. Von dem Piedestal, auf das sie sich durch den Aufschwung ihrer Familie und durch ihr Geld gestellt sah, blickte sie gönnerhaft auf uns herab, aber eben diese dauernde Nachsicht, dieses fortwährende Vergeben ging einem zuerst auf die Nerven und reizte schließlich bis aufs Blut. Wahrscheinlich betrachtete sie uns Kinder lediglich als Produkte der sündigen Leidenschaft unserer Eltern. Sie hatte sich jedoch mit allem längst abgefunden, ein Stoßseufzer entrang sich ihrer Brust, und sie ließ ihre Augen auf den schönen Zügen meiner Mutter ruhen. Aber sie blieb ihr weiter fremd.

Unverrückbar hielt sie daran fest, daß mein Vater verführt worden sei. »Janos könnte es besser haben«, seufzte sie fromm, aber mit spitzer Zunge.

Mein Vater war in seiner Jugend ganz anders als seine Geschwister, er war einfach und mit allem zufrieden, in den Augen seiner Mutter unbeholfen, weil der Trieb zum Aufschwung, der ihm eingeimpft worden war, keine Früchte trug. Er klammerte sich krampfhaft an seine engere Heimat, die Puszta; selbst zur Schule des nahen Dorfes ging er nur gezwungen. Er hatte, wie er uns später erzählte, das Gefühl, allem und jedem ausgeliefert zu sein, wenn die schützenden Bäume der Puszta hinter ihm lagen. Er wollte, wie sein Vater, Schäfer werden. Aber immer mehr Weiden wurden ihrem ursprünglichen Zweck entzogen und umgebrochen, die Schafherden wurden immer kleiner, die Tage der alten Welt waren gezählt. Eine Zeitlang lungerte er auf der Puszta herum, dann ging er als Lehrling zum Schmied der Puszta, lernte aber vom Schmieden weniger als die Zigeuner am Ortsende. Der Meister kümmerte sich auch zu wenig um seinen Lehrling, der herumstreunte, um sich dies und jenes, was ihn gerade interessierte, zu betrachten. Am Ende erlernte er doch alles, was in der kleinen, primitiven Schmiede zu erlernen war. Er war ein ebenso guter Schmied wie Imker, Schnitzer oder Gärtner. Auch später, als er eine ständige Beschäftigung hatte, versuchte er sich in seiner freien Zeit mit diesem oder jenem Handwerk: ein Schrank wurde gezimmert, Netze geflochten, eine Flöte geschnitzt, selbst als Tierarzt erprobte er sich. (Es hieß sogar, daß er beim Trepanieren der Schafe eine besonders glückliche Hand hätte.) Mit der Vielseitigkeit seiner Kenntnisse wäre er wahrscheinlich ein guter Beschließer geworden. Als man im Familienkreis zum erstenmal darauf zu sprechen kam, verschwand der Unternehmungslustige, ohne ein Wort zu sagen. Zu jener Zeit wurden auf den großen Gütern die landwirtschaftlichen Maschinen eingeführt. Voll andächtiger Bewunderung umstand er die blanken neuen Maschinen, ohne sie berühren zu dürfen, da hierzu ein Examen notwendig war. Er beneidete die Maschinisten, die er für die vornehmsten Leute der Welt hielt und die meist nicht einmal Ungarisch sprachen, und wenn, es vor lauter Vornehmheit verleugneten.

Die Prüfung konnte man nur in Pest ablegen. Sein Weg führte meinen Vater nach der Flucht von zu Hause in die Hauptstadt, wo er innerhalb weniger Wochen das Examen als Maschinist ablegte. Er diente ein paar Jahre lang auf verschiedenen Gütern Westungarns, aber länger als ein bis zwei Monate hielt er es nie in einer Stelle aus. Er umkreiste die alte Heimat und näherte sich ihr Schritt für Schritt. Seine Wanderfahrten führten ihn zufällig nach Racegres, wo man eben einen Gehilfen für den Maschinisten suchte. Den Eltern meiner Mutter war er nicht sympathisch. Er wurde es noch weniger, als er nach fünfwöchentlicher Bekanntschaft um die Hand meiner Mutter anhielt. Seine Ansprüche waren bescheiden, denn außer einem Fahrrad wollte er sogar auf die Aussteuer verzichten und die notwendigen Möbel selbst zimmern. Sein Gemütszustand war labil, teils heiter und sich für alles interessierend, dann wieder melancholisch und verschlossen. Man sagte ihm deshalb Hochmut und Prahlerei nach. Mit seinen Eltern verkehrte er nicht, war aber trotzdem stolz auf seine Abstammung. Er wollte gefallen und Eindruck machen. In Racegres kam er aber mit diesen Neigungen nicht weit. Sie waren eben Puritaner, und Aufrichtigkeit bedeutete bei ihnen nicht, daß man sein Herz mit allem Schönen und Unerfreulichen dem ersten Besten bis zur Neige ausschüttet und sogar Gefallen daran findet.

Die Mutter meiner Mutter wanderte nach Neband, um die Schäfersleute zu ersuchen, ihren Sohn, der von seinem Plan nicht abzubringen war, anderswo unterzubringen. Tödlicher hätte man diese nicht beleidigen können. Daß man ihren Sohn nicht wollte! Und wer wollte ihn nicht? Eine armselige Wagnerfamilie. Es war Sonntag, aber man bot der Großmutter nicht einmal eine warme Speise an.

Vaters sprunghaftes Wesen äußerte sich nicht nur in der Wahl seiner Beschäftigungen, sondern auch in seinen Ansichten. Nach kurzem Hin und Her verließ er Racegres, doch nicht ohne sich vorher »zu versprechen«, und kehrte ins Elternhaus zurück. Die Familie trug damals die Nase schon recht hoch, die Mädchen wohnten verheiratet in Dörfern, alle Söhne trugen Schuhe (ein Zeichen des Aufschwungs im Gegensatz zu Schaftstiefeln). Mein Vater war der Schandfleck der Familie, von dem man nichts Besonderes erzählen konnte. Sie waren zwar gut zu ihm, aber herablassend, so daß er sich ärgerlich darüber beschwerte, von jedem dirigiert und mit guten Ratschlägen bedacht zu werden, selbst von den Schwestern. Eine von ihnen besaß einen plombierten Zahn und leitete aus diesem Umstand ihre Bildung und Lebensweisheit her. Zuletzt wollten sie ihn sogar an die Tochter eines vermögenden Schafhirten verheiraten. (Ich lernte sie später mit neun oder zehn Jahren kennen, als mir Großmutter väterlicherseits auf einem Jahrmarkt plötzlich einen Stoß in den Rücken gab: »Gib der Tante Zsofi die Hand, sie wäre um ein Haar deine Mutter geworden!« Entsetzt schaute ich zu der großen Frau empor, die mich in ihren Armen hochhob und abküßte. Ihre warme Herzlichkeit gefiel mir.)

Auf die Nachricht von der Verlobung meines Vaters wollte man auch meine Mutter verheiraten. An Freiern fehlte es ja nicht, denn die Schwestern waren gut beleumundet und begehrt. Zu dieser Zeit beging sie angeblich den Selbstmordversuch. Plötzlich erschien mein Vater auf der Puszta und benahm sich so höflich und bescheiden, daß die Eltern meiner Mutter – die sich im Grunde genommen doch nicht in lebenswichtige Entscheidungen ihrer Kinder einmischen wollten – ihn mit Handschlag als Bräutigam anerkannten. Einige Monate später wurde meine Mutter am Brunnen beim Wasserholen von einem fremden Mann angesprochen und gefragt, ob sie »die Gewisse« wäre. Sie sprachen eine Zeitlang miteinander – es war mein Großvater. So sehr sie ihn auch drängte, das Haus seines zukünftigen Gegenvaters wollte er nicht betreten. »Schau, meine Tochter«, sagte er, »ich habe dir zehn Gulden mitgebracht. Ich dachte mir, daß ich sie dir gleich als Verlobungsgeld geben will, wenn du mir gefällst«, und damit drückte er meiner Mutter ein Goldstück von zwanzig Kronen in die Hand. Meine Mutter nahm das Goldstück an, nicht ohne bei dieser biblischen Szene in Tränen auszubrechen, so sehr beeindruckte sie dieser Mann. Schweigend standen sie nebeneinander. »Ich gebe dir noch ein zweites Goldstück, denn eigentlich habe ich zwanzig Gulden mitgebracht. Du sollst es aber niemandem sagen, meine Tochter.« Meine Mutter verwahrte die beiden Goldstücke und opferte sie im Weltkrieg dem Vaterland: »Gold gab ich für Eisen.«

Meine Mutter war schön, von einer frischen, mädchenhaften Schönheit mit leicht tatarischem Einschlag, glatter, feiner Haut und freundlichem Blick. Als Kinder waren wir schon daran gewöhnt, und wir warteten sogar belustigt darauf, daß man sie, wenn wir an einem fremden Ort zu Besuch waren, für die ältere

Schwester hielt. Diese Verwechslung war die Quelle mancher belustigenden Situation und bereitete ihrem kindlichen Gemüt großen Spaß.

Mein Vater, der zudem etwas prahlerischer Natur war, führte mit geschwellter Brust seine schöne junge Frau in das väterliche Heim. Er selber hatte es ja nicht weit gebracht, aber welchem von den anderen Söhnen war es gelungen, eine so feine, kluge und gute Frau zu gewinnen? Sie war die Entschädigung für so manche Enttäuschung des Lebens. Die schwerfälligen Nebander Schwäger und Vettern umschnüffelten die zierliche junge Verwandte zuerst mit Mißtrauen, um nur zu bald vor Freundschaft und Liebenswürdigkeit zu zerfließen. Meine Mutter hatte gewonnenes Spiel.

Alle diese Einzelheiten sind mir nur vom Hörensagen bekannt. Als ich nämlich das Alter erreichte, in dem man anfängt nachzudenken und zu beobachten, herrschte schon der stumme Kampf zwischen den zwei Familien, und dieser Zustand erschien mir so selbstverständlich und natürlich wie der Wechsel der Jahreszeiten oder daß die Nacht dem Tag folgt. Die zwei Familien konnten sich nicht verstehen, da jede aus einem andern Holz geschnitzt war. Diesen Kriegszustand nahm ich als gegeben hin, und es fiel mir auch nie ein, nach den Ursachen zu forschen oder den Versuch zu machen, eine Änderung herbeizuführen. Jede Familie war ein Reich mit streng umschriebenen Grenzen. Die Dörfer Simontornya und Igar zum Beispiel, wo die Verwandten meines Vaters wohnten, gehörten zu Neband; dagegen lebte die Verwandtschaft meiner Mutter nördlich und östlich der Orte. Selbst der Himmel, der sich über die beiden Gegenden spannte, glich in keiner Weise dem andern. Denn während im Himmel der Nebander Heilige wohnten, hinter den Schäferwölkchen Engelchen herunterschauten und in der Nacht die heilige Cäcilie im Mond fiedelte, spendete der anderen Partei ein mehr nüchternes Firmament nur Regen oder Sonnenschein. Wir aber schwankten zwischen den Welten hin und her.

Jeder der zwei entgegengesetzten Pole strahlte seine eigenen Ansichten, Wünsche und seinen Klatsch aus. Solange sie in ihrem geschlossenen Stromkreis verharrten, blieb alles in Ordnung. Die Berührung der zwei Systeme war aber zeitweise unvermeidlich, so daß es nicht selten zum Kurzschluß mit lauten Entladungen kam.

Unsere kleine Familie war in solchen Fällen so quasi als durchgebrannte Sicherung meist der leidtragende Teil. Über uns war die Atmosphäre wie vor einem Gewitter stets mit Spannungen geladen. Mit der Zeit lernten wir uns gefahrlos in ihr bewegen.

Ich wiederhole: die meisten Unstimmigkeiten gab es unseretwegen, um unser Seelenheil. Wir waren alle katholisch getauft, was uns aber wenig half. »Sage den Englischen Gruß auf«, sprach im Familienkreis die Großmutter zu mir und warf, bevor ich noch ein Wort hätte sagen können, einen vielsagenden Blick auf meinen Vater. Ich blieb stumm, denn ich kannte keinen Englischen Gruß. Mutter errötete mit verlegenem Lächeln. Sie kannte keine katholischen Gebete und lehrte uns aus einem schönen dicken Gebetbuch, das sie von der Schwiegermutter als Geschenk erhalten hatte, nur einige wenige, die der Großmutter aber nie genügten. Mein Vater dagegen kannte alle diese Gebete und hätte es auch gern gesehen, wenn es bei seinen Kindern ebenso gewesen wäre... Seiner Ansicht nach gehörte es zum guten Ton. Sein Glaube war nach dem Prinzip »man kann nie wissen« eher ein Sicherheitskoeffizient. Unabhängig davon, ob er gläubig war oder nicht, hielt er es für seine Pflicht wie jeder gute Vater dieser Zeiten, seine Kinder gläubig zu erziehen. Vor allem aus Zweckmäßigkeitsgründen. Denn wenn die Menschen keine höhere Macht achten, dann werden sie zu Dieben und Räubern, und wo kommt die Welt dann hin? Zu jener Zeit argumentierte sogar der Klerus gern mit derlei administrativen Beweisführungen, um Gottes Existenz nachzuweisen. Der Familienrat, das heißt die Großmutter, setzte es durch, daß wir Kinder einen gewissen Teil des Jahres in Neband verbringen sollten oder im Dorf Ozora, wo viele Verwandte meines Vaters wohnten und wo es eine ordentlich geleitete Volksschule gab, nicht so eine wie auf der Puszta. Meine Mutter nahm diesen Vorschlag, wie jeden unsere Bildung fördernden, zuerst mit Freuden an. Später fand sie jedoch genügend Gründe, um energisch Einspruch dagegen zu erheben.

In Neband wurden wir zunächst einem sanften Exorzismus unterworfen, und dann begann unsere religiöse Erziehung. Nicht die katholische, wie ich es damals noch dachte, sondern die der Puszta, deren Glaube in manchem von der kirchlichen Religion abwich. Kann man es mir verargen, daß ich für diese Welt der Märchen, die sich vor mir auftat, empfänglich war? Im Elternhaus erzählte man sich keine Märchen, denn hier galt die Ansicht der

Großmutter mütterlicherseits, wonach sie nur zum Kinderschreck gut seien. Wenn bei einer nützlichen Abendbeschäftigung das Wort ergriffen wurde, dann erzählte sie uns zur Belehrung aus ihrer Dienstzeit, später, je älter sie wurde, desto öfter, wie Großvater um sie freite. In Neband empfing uns schon in der Küche ein halbnackter Christus in dickem goldenen Rahmen, mit einer blutigen Wunde in der Brust über seinem offenen Grab schwebend. Er flog in den Himmel, zu seinem Vater, der als ein großes Auge in der Mitte eines Dreiecks dargestellt war. Voller Erwartung flog auch ich in diese phantastische Welt der Wunder, wo ich bald die Bekanntschaft von Teufeln, Drachen und Hexen machen konnte. Abends saßen vor der Haustür Spukgestalten. Im Ziehbrunnen von Racegres hausten nur Frösche, im Nebander streckten Wassermännlein ihre Köpfe heraus. Die Allwissenheit und Allgegenwärtigkeit Gottes bezog sich in meinem kindlichen Gemüt lange nur auf Neband. Für mich war es ein verzaubertes Land. In der Nacht spukte es an allen Ecken und Enden, die Kühe zeigten mit blutiger Milch Kriege an, der Kutscher warf mit großem Schwung das Handbeil in die Luft, um Hagelwolken zu vertreiben. Zwischen zwei Flüchen kam bei den Frauen eine Invokation zu Jesus Christus, wobei sich ihr Gesichtsausdruck so veränderte, als ob sie aus einem dunklen Keller in das helle Sonnenlicht getreten wären.

Auf jener Puszta gab es keine Kirche, und zur Messe nach Ozora gingen nur junge Mädchen und nur bei gutem Wetter. Die Frömmigkeit wurde aber hierdurch in keiner Weise beeinträchtigt.

Wenn es dämmerte, hockten fast täglich drei, vier alte Weiber neben Großmutter in der Küche. Ob die Sehnsucht nach seelischer Nahrung oder aber mehr materielle Gründe sie hierher trieben, war nicht zu ersehen. Jedenfalls war es von Vorteil, sich mit der Großmutter gut zu stellen, um einmal etwas Mehl, ein anderes Mal wieder Salz zu borgen. Oder wollten sie nur, ein kleines Schnäpschen schlürfend, gern den täglichen Klatsch hören? Jedenfalls hockten sie da auf kleinen Schemeln vor dem bei zunehmender Dunkelheit sich immer mehr verstärkenden Schein der Feuerstelle und murmelten ihre Litaneien, während die alten Hände, die doch nicht mehr tatenlos sein konnten, Maiskörner von den Kolben schälten. Die Großmutter verstand es eben, aus allem einen kleinen Nutzen zu ziehen. Dies war die Schule meines Glaubensbekenntnisses. Sie alle wußten, warum ich da war, denn die Ehegeschichte meiner Eltern war ja bekannt. Sie betrachteten mich deshalb als halb verlorene Seele, die unter allen Umständen gerettet werden mußte. Sie taten auch mit Freude, was sie für notwendig fanden. Miteinander eifernd, füllten sie meine Seele mit allem, was sich in fünfundsechzig Jahren in ihnen an Glauben, Wundern und Zeichen von überirdischen Kräften angesammelt hatte.

Meine religiöse Erziehung streifte bald gefährliche Gebiete. Die biblischen Worte der Jungfrau Maria vermengten sich in meiner Phantasie mit der Verkündigung, die sie an die Frau des Kuhhirten von Kula richtete, als sie ihr auf einem Baum im Walde erschien. Das Bußgebet wurde von den Worten durchdrungen, mit denen man ein Geschwür besprach, um es zum Verschwinden zu bringen. Murmelte nicht die Tante Mari den Namen des heiligen Josef, während sie drei Stückchen Glut in ein Töpfchen mit Wasser warf? Sanken die Glutstücke nieder, dann hatte gewiß ein böses Auge entweder ihre Enkelin oder die Kuh, oder sogar den Maulbeerbaum vor ihrem Hause behext; stiegen sie aber hoch, dann war es nicht so. (Sie stiegen nie hoch.) Oder wenn sie heißes Blei in Wasser goß, dann erkannte sie aus der entstandenen Form unzweideutig, wer das epileptische Kind erschreckt hatte. Die Großmutter schob der Glucke die Eier nur zu der Zeit des von weitem herübertönenden Mittagläutens unter oder wenn der Schweinehirt die Herde vorbeitrieb. Und selbst dann nur Eier, die in einem alten Männerhut gelegen hatten. Um nichts in der Welt hätte sie an einem Freitag eine Glucke gesetzt, denn die Kücken würden dann alle mit krummen Beinchen auf die Welt kommen. Pfingsten erwarteten wir nicht nur mit der üblichen christlichen Andacht, sondern auch mit einer am Dreifaltigkeitstag gesammelten Flasche Regenwasser, in dem man sich wusch, um schön zu werden, was besonders der Fall war, wenn danach auch noch Rotwein getrunken wurde. Die neue Katze wurde zu Hause vor den Spiegel gestellt, damit sie sich nicht für die einzige Katze im Haus hielt und sich leichter an die ungewohnte Umgebung gewöhnte. Aber was war das alles im Vergleich zu der Kunst der Nebander? Ein Mädchen brachte der Tante Mari eine Wildtaube; Tante Mari nahm das Herz der Taube heraus, trocknete und zerrieb es dann zu Pulver. Dieses Pulver soll Männer gefügiger machen. Teile einer Unterhose und Haare verschiedenen Ursprungs wurden tief in die Erde vergraben, damit der geliebte Mann zu noch heißerer Liebe entbrannte. Was soll ich noch erzählen? Die Schwester der Tante

Mari grub die Fußspuren eines ihrer Feinde aus der Erde, wickelte das Ganze in einen Tuchfetzen und hing es in den Rauchfang, damit der Feind so lange Bauchgrimmen habe, wie die Erde dort oben hing. Ich glaube, dort hängt es noch heute. Das Wochenbett einer Frau hatte ich mit Weihwasser zu umsprengen, denn dazu war ein männliches Wesen, und zwar in einem Zustand, in dem ich mich damals noch befand, nötig. Gegen alles gab es in Neband ein Mittel. Willst du dich von einem lästigen Liebhaber befreien? Tue drei Stecknadeln auf das Örtchen, wo er seine Geschäfte verrichtet. Gegen Warzen hilft ein Stückchen von dem Seil, mit dem die Särge in das Grab hinabgelassen werden. Nach jedem Besuch vermehrte sich mein Wissen. Mit acht Jahren weissagte man mir, daß ich einmal eine Soldatentochter zur Frau nehmen und drei Kinder zeugen würde.

Ich betete viel und kehrte als kampfesmutiger Heiliger Georg nach Racegres zurück. Ich hatte den Entschluß gefaßt, die Familie meiner Mutter zu bekehren, um sie von der nach Ansicht der Nebander unvermeidlichen Höllenstrafe zu erretten. Bei meiner Rückkehr reichte mir Großvater die Hand (der Kuß auf die Backe war ihm zu fraulich, der Handkuß zu sehr Herrensitte) und blickte mich gütig an. »Was ist denn das an deinem Hals?« fragte er leise lächelnd. Es lag kein Hohn in dem Wort »das«, und doch traf es mich mitten ins Herz. Ich verzog mich und legte wortlos das Band mit der Marienmedaille ab, die ich mir in Neband selber erbeten hatte, um mich vor Höllenflammen zu schützen, obwohl sie auch dort eigentlich nur von Mädchen getragen wurde.

Die Gleichgültigkeit, mit der sie der sicheren Verdammnis entgegensahen, überraschte mich und brachte mich in Verlegenheit. Es drängte mich, ihnen wie einem am Rand eines Abgrundes Wandelnden laut und verzweifelt zuzurufen: Großvater kommt in die Hölle! Doch ich schwieg mit gelähmter Zunge wie in einem bösen Traum. Traumartig war auch der Mut, mit dem sie dem Verhängnis entgegensahen. Um die Verantwortung für das Seelenheil ihres Gatten abzuwehren, kochte meine Mutter zu dieser Zeit, wahrscheinlich unter dem Druck der Nebander, Fastenspeisen, soweit sie sich in den kirchlichen Vorschriften hierfür auskannte. Wir sollten also an Dienstagen und Freitagen kein Fleisch essen, was kein großes Opfer bedeutete, da außer sonntags sowieso kein Fleisch in den Topf kam. Nur mußten wir uns der Reste der Schlachttage enthalten. Großvater aber verspeiste zwei Häuser weiter mit dem größten Appetit den schönen weißen Speck – die leibhaftige Todsünde. Entsetzt schaute ich der Gotteslästerung zu, auf ein Mirakel in Form eines strafenden himmlischen Strahles wartend, oder daß ihm zum abschreckenden Beispiel, wie ich es vom Pfarrer gehört hatte, der Bissen im Halse stecken bliebe. Da ich ihn mehr liebte als alle Nebander zusammen, war ich sehr besorgt um ihn und fürchtete, es könnte ihm etwas geschehen. Als ich ihm eines Tages meine Sorgen gestand, lautete seine lakonische Antwort: »Mit der Zeit wirst du schon darüber hinwegkommen.« Ich erzählte ihm, was man in Neband über Ketzer sprach, ohne daß es ihn besonders bewegt hätte. »Bauern«, sagte er nur, und im stillen gab ich ihm recht, obgleich sie um ein Mehrfaches reicher waren als er und teilweise auch auf einer höheren gesellschaftlichen Stufe standen.

Die streitbaren Geister der Familie ließen aber nicht locker. Die feinen religiösen Beweisführungen verrohten in der ländlichen Umwelt – die Beweisführungen zur Lehre von der unbefleckten Empfängnis arteten in Unflätigkeiten aus, so daß selbst die Person der Mutter Gottes abgelehnt wurde: sie gehörte den Katholiken. Eine Zeitlang schwieg ich und hörte zu; dann schlug ich mich wieder auf ihre Seite. Beim nächsten Besuch in Neband kam dann wieder ein Heide an. Nein, noch schlimmer als ein Heide – ein Abtrünniger. Wieviel Überredung, Mühe und zornige Worte waren nötig, um mich wieder reinzuwaschen, bis mein seelisches Gleichgewicht zwar nicht wieder hergestellt, aber wenigstens wieder zu ihren Gunsten geneigt war! Wie die Zunge an der Waage schwankte ich hin und her, je häufiger meine Besuche zwischen den zwei Pusztas wurden. Ich führte ein Doppelleben, und als ich mir dessen bewußt wurde, war es schon zu spät. Ich diente zwei Herren. In dieser Zwiespältigkeit meines Daseins wurden nicht nur meine Sympathien, sondern auch mein ganzes kindliches Seelenleben zerrissen. Die Wunde schmerzt gelegentlich heute noch. Die Erfahrung meiner Jugend lehrte mich, beiden Parteien recht zu geben, die Wahrheit hier und dort zu suchen und zu finden. Es war ein vollkommenes Labyrinth. Man erzog mich zum wahren Christentum, das heißt, selbst den Feind lieben zu können. Heute aber habe ich vor jedem Kampf mich selber zu bezwingen.

Die Nebander lebten für die Religion und für den zukünftigen Aufstieg. Diese zwei Scheuklappen schützten sie vor dem Abweichen von der geraden Linie und verliehen ihnen eine gewisse beruhigende Trägheit, die verhinderte, daß sie aus ihrem Dasein als Zugtiere eines Tages plötzlich zu Menschen erwachten. Je höher die Familie meiner Mutter sich entwickelte, desto mehr orientierte sie sich nach vorn, aber auch nach rückwärts. Sie nahmen von Tatsachen Kenntnis, die sie unmittelbar gar nichts angingen und ohne die sie recht gut ausgekommen wären. Die Seele der Familie entwickelte sich wie ein lebendiger Zellenstaat und streckte ihre Fühler aus. Sie befaßten sich mit der Heimat, dem Vaterland und gewannen sogar eine Art politischer Gesinnung. Es kam aber auch vor, daß in ihrer Mitte große politische Fragen auftauchten, glücklicherweise nur wie Meteore, die nach fünfzig bis sechzig Jahre dauernder Reise durch das Weltall hart, überaltert und doch ehrfurchtgebietend landen. So betrauerten sie Arad (Ende des Freiheitskrieges 1848-49 mit der Waffenstreckung bei Arad vor der russischen Armee. Anm. d. Üb.) und haßten die Habsburger unerbittlich. In Neband kümmerten sie sich nicht darum, daß es außer der Puszta auch noch ein Vaterland gibt, besser gesagt, daß auch über der Puszta symbolisch der Begriff des Vaterlandes schwebt.

Welche von den beiden Parteien war im Recht? Als ich der Reihe nach meinen Namen, dann weiter erfuhr, wessen Sohn ich sei und daß ich aus dem Gesindevolk stamme, da war es – wenn auch in ihrer eigenen Art und Weise – die Familie meiner Mutter, die mich zu guter Letzt und sozusagen als Dreingabe tröstlicherweise darüber aufklärte, daß ich Ungar sei. Ihre vaterländischen Gefühle waren leider ausschließlich traditioneller und rückblickender Natur, in deren Glanz und Ruhm sich jeder teilen kann. Sie besaßen einige historische Erinnerungen. Der Vater meiner Mutter war 1848 vier Jahre alt und erinnerte sich, wie die Kosaken durch das Dorf ritten, um die Freiheit der Nation zu zertreten. Mein Großvater trauerte der verlorenen Freiheit nach, denn diese Niederlage verband sich in seinem Gedächtnis mit der Möglichkeit eines »Wenn« des Sieges, nach dem alles, also vielleicht auch das Schicksal der Ärmsten, sich anderswie gestaltet hätte. Der Vater meines Vaters war zur gleichen Zeit schon siebzehn Jahre alt. Innerlich erregt, wartete ich, so oft ich nach Neband fuhr, auf seine Erzählungen aus dieser Zeit.

Sein Gedächtnis allmählich auffrischend, erst zögernd, dann immer flüssiger, erzählte er mir, daß sich die jungen wehrfähigen Männer in die Wälder flüchteten, um dem Militärdienst zu entgehen, denn »Ungarn sowohl als auch Österreicher holten sich Soldaten«.
Sie verbrachten die zwei Jahre des Freiheitskampfes und die darauffolgenden unruhigen Zeiten in den Wäldern, teils in fröhlicher Gesellschaft; noch damals entlockten ihm wiederwerdende Erinnerungen beim Erzählen ein freudiges Lächeln. Sie wohnten in selbstgebauten Hütten, erjagten sich mit primitiven Waffen ihren Braten, den sie auf offenem Feuer zubereiteten. Eine kleine bewaffnete Truppe sorgte für die Sicherheit, mit Spähtrupps und Posten und eigens ausgearbeitetem Signalsystem. Unter dem Schutz der Dunkelheit schlichen sie nach Hause auf die Pusztas, um sich mit Mehl und dergleichen zu verproviantieren. Es kam sogar zu einem für sie siegreichen Gefecht mit Gendarmen. Mein Auge glänzte: das war ja wie bei wahrhaftigen Räubern!
Seine Erzählung war vom größten Gleichmut getragen, und er schien sich dessen nicht bewußt zu sein, daß er in der ersten Zeit seines Exils, als Kossuth Soldaten brauchte, eigentlich ein Feigling und später, als die Kaiserlichen Rekruten warben, ein Held war. Die Werbekommissionen der zwei feindlichen Armeen gaben sich in jedem Dorf sozusagen die Türklinke in die Hand – Feigling und Held wechselten wöchentlich miteinander ab. Großvater verkroch sich ohne Überlegung im Wald und betrachtete die ganze Angelegenheit als »Sache des Herrn«. Es reichte eben nicht zum Verstehen. Dabei war er von besonnener Denkungsart, das Musterbeispiel eines nüchternen ungarischen Menschen. Seine Ausdrucksweise zeugte von kalter Sachlichkeit, als wären seine Gedanken Stoff geworden, handgreiflich tastbare Gegenstände, deren Vorhandensein über alle Zweifel erhaben ist. Er plauderte gern, sogar stundenlang, die Fragen oder Einwände der Zuhörer prallten aber wirkungslos an ihm ab, denn er war unfähig, Gedanken aufzunehmen, seine Aufnahmefähigkeit beschränkte sich ausschließlich auf das Erlebte. Einfälle hatte er nicht, er konnte nur erlebte Tatsachen wiedergeben. Mit den Ansichten des Vaters meiner Mutter konnte er sich nie befreunden, dennoch unterhielt er sich gerne mit ihm, ja sogar mit ihr, nachdem er den großen »Verrat« begangen hatte, den einzigen, den er je beging, und der sogar seine Familie gegen ihn aufbrachte; er hatte nämlich meine Mutter

endgültig liebgewonnen. Eines schönen Tages erklärte er unerwartet in Neband im Kreise der versammelten Familie, vor seinen zahlreichen Töchtern und Schwiegersöhnen, meine Mutter sei mehr wert als sie alle miteinander. Entrüstet und fassungslos blickten sie ihn an. Zehn Jahre Beobachtung brauchte Großvater, um sich diese Meinung zu bilden. Er machte sich, die halbtägige Reise nicht scheuend, auch sofort auf den Weg zu uns und wiederholte sie bis zu seinem Lebensende einmal in der Woche.

»Was ist in diesen Schäfer gefahren?« brummte der Vater meiner Mutter, nachdem der Staub nach dem ersten Besuch des Alten sich hinter dem Grauchen verzogen hatte. Er konnte es nicht lassen, in jedem Schritt der Nebander einen Hintergedanken zu suchen. Trotzdem erschien er pünktlich wieder beim nächsten Besuch, wie um nachzusehen, ob der Gevatter vielleicht doch etwas in der Tasche verschwinden ließ. So lernten sie sich näher kennen, um dann endgültig Freundschaft zu schließen. Meistens saßen sie im Garten, wo die Bienenzucht meines Großvaters immer größere Ausmaße annahm, so daß sie am Ende, als er ausgedient hatte, seinen Lebensunterhalt sicherte. Der Gast zog seine schweren Stiefel aus und erhielt Pantoffeln. Sie plauderten gemütlich. Hier und da verirrte sich eine Biene an ihren Kreis, umflog aber stets, wie vom fremden Geruch angezogen, den nervös um sich schlagenden Gast. Der Hausherr lächelte nachsichtig – ihn belästigte keine Biene. Er fühlte sich auf diesem Gebiet überlegen.

Worüber sprachen die beiden? Der Schäfer hielt zum Beispiel einen langatmigen Vortrag über die Schwierigkeiten der Bekämpfung von Darmparasiten bei Schafen. Der Vater meiner Mutter erzählte, keinesfalls kürzer gefaßt, wie in seiner Jugendzeit die Bauern von Gyulavar lebten. Meist erörterten sie Themata, die den Zuhörer nicht interessieren konnten, trotzdem hörten sie einander aufmerksam zu und stellten sogar Fragen, wenn sie eine Einzelheit nicht genau verstanden.

Es kam auch vor, daß im Laufe des Gespräches der eine den andern, wenn auch ungewollt, beleidigte. So sagte der Gast zur näheren Charakterisierung einer Person: »Er war ein Calvinist, aber trotzdem ein anständiger Kerl.« Der calvinische Hausherr nickte nur bedächtig mit dem Kopf, und das Zwiegespräch ging ungestört weiter.

Dabei war die Religion das einzige Gebiet, auf dem sie hie und da aneinander gerieten. Zum offenen Streit kam es aber nie. Wenn sie sich ihre manchmal recht aufrichtige und schroffe Meinung sagten, so geschah es mit ruhiger und objektiver Haltung, als ob sie nur der Sprecher einer hinter ihnen stehenden Menge wären, die sie an und für sich nichts anging und deren Ansicht in der Gesamtheit untergeht. Meines Vaters Vater betrachtete zum Beispiel das Land in selbstverständlicher Weise als den Katholiken gehörig und empfand die Calvinisten als spätere Eindringlinge. Der Vater meiner Mutter runzelte mißbilligend seine Stirn. Wieso? Er kam dann mit Gründen, die genau das Gegenteil bewiesen und die wieder ihm recht gaben. Und Kossuth? Petöfi und Arany Janos, dann Csokonai, Berzsenyi, Kölcsey, Tompa, Jokai, Koloman Tisza! (große ungarische Dichter, Schriftsteller und Politiker. Anm. d. Üb.), dann noch ... wie Hammerschläge erklangen aus seinem Mund die Namen, die er sich aus einem calvinischen Kalender einzig und allein zu diesem Zweck gemerkt hatte. Waren es nicht alle Ungarn? Jeder Mensch, der in diesem Land etwas taugt, ist ja Protestant! Neband hörte betroffen und besiegt zu. Von den vielen Berühmtheiten wußte er nichts, er hegte nur den Verdacht, daß etwas an der ganzen Sache nicht in Ordnung sei – darum nahm er ein Schlückchen von dem hausgemachten Schnaps (aus gegorenem Honig gebraut und sehr verdächtig schmeckend) und suchte nach einem wirklichkeitsnäheren Thema.

»Als ich nach Toti kam ...«, begann er seine Erzählung. Damit saß er wieder im Sattel, und für Stunden gehörte ihm das Feld.

Sie erlaubten mir, als stiller Zuhörer an diesen Sitzungen teilzunehmen. Mein Blick ging zwischen den Gesichtern der zwei Alten hin und her, deren Züge vom gleichen Schicksal gleich gemodelt waren. Ich wartete geradezu auf ihre Streitigkeiten über Religionsfragen, als ob sie die Kämpfe für mich, in dessen Innern sie tobten, austragen würden. Innerlich bewegt hörte ich zu, vom Wunsch beseelt, selber in die Redeschlacht einzugreifen. Etwas aber verband sie über alle religiösen Auseinandersetzungen um Himmel und Hölle hinweg. Sie sprachen einmal über Wallfahrten. »Die sind nur für Frauen gut, Gevatter«, sagte der Vater meiner Mutter mit wegwerfender Handbewegung. Und der Gevatter, der Verräter, nickte zustimmend dazu. Sie waren eben beide Männer.

Wie es alte Leute tun, wärmten sie Längstvergessenes auf. Ihre Geschichten aus alten Zeiten prägten sich meinem jugendlichen Gedächtnis besser ein als das Selbsterlebte. So zum Beispiel kenne ich so viele Einzelheiten und Anekdoten über den Bau der Budapest-Fiumer Bahnstrecke durch die Pusztas, als ob ich es selber erlebt hätte. Die Ereignisse der neunziger Jahre, die mit der Jugendzeit meiner Eltern zusammenfallen, sind für mich in Dunkel gehüllt. Dagegen kenne ich mich recht gut in den mittleren Teilen des Jahrhunderts aus. Ich würde mich in den Straßen von Kaposvar der sechziger Jahre, wohin mein Nebander Großvater vierundzwanzig Hammel zum Verkauf trieb und aus dem Treibgeld eine Woche lang mit den Ukker Schweinehirten feierte, ausgezeichnet auskennen. Vielleicht fühlte ich aus diesen Gründen ein dreifaches Alter auf meinen Schultern lasten.

5

Die Vergangenheit war natürlich immer schöner als die Gegenwart. Zuerst hörte ich begeistert den Worten der Alten zu, später zweifelnd mit dem üblichen Überlegenheitsgefühl der Jugend, und dann wieder allem zustimmend. Die Vergangenheit, von der sie sprachen, war tatsächlich besser.

Denn wieviel Hemden hat ein Ochsentreiber heute? Die Truhe des Nebander Großvaters barg, als er heiratete, 16 einfache Gatyahosen (Gatya sind weite, in Falten gelegte Leinenhosen, die von der männlichen Landbevölkerung im Sommer getragen werden. Anm. d. Üb.), 6 Gatyahosen mit Fransen und 16 Hemden. Dann waren noch darin zwei Paar Stiefel, ein Handbeil aus Silber und ein Schäferpelz. Zu Großvaters Zeiten waren die Töpfe mit dem Essen für die Männer auf den Feldern so schwer, daß die Frauen sie kaum schleppen konnten. Gegen elf Uhr vormittags bewegte sich eine lange Frauenkarawane von den Gesindehäusern nach den Feldern. Die Schäferhunde hoben meilenweit in der Umgebung ihre Nasen hoch nach dem feinen Duft des Paprikagulasch, der wie ein mit Wohlgerüchen beladenes Band zwischen den tausend Düften der Landschaft schwebte. Denn damals gab es alles, was man brauchte – sogar Fisch. »Es gab keine Armut.« Nur Lampenöl war nicht zu haben, denn dafür mußte man zahlen, und Geld besaß auch damals niemand.

In dieser versunkenen Welt brauchte man tatsächlich kein Geld. Großvater lebte damals glücklich und zufrieden. »So war es in der Leibeigenheit«, murmelte er in Gedanken versunken vor sich hin. Die Zeit, die er betrauerte, reichte für ihn eigentümlicherweise bis in die achtziger Jahre. Ich war erstaunt und überrascht. Großvater freute sich nicht über die Aufhebung der Leibeigenschaft? fragte ich mich im stillen. »Ja, ja, das waren schöne Zeiten«, seufzte er und fing an über frohe Sommer- und Herbsttage zu sprechen, von denen ich betroffen feststellen mußte, daß sie in die schwärzesten Jahre der nationalen Unterdrückung fielen. »Großvater, sind Sie denn nicht frei geworden?« fragte ich. Verwundert sah er mich an. Von all dem schien er nichts zu wissen, weder von der erkämpften Pressefreiheit noch von der Abschaffung des Frondienstes, des Zehnten und sonstigen Errungenschaften der Neuzeit.

Kossuths Name ließ das Herz in seiner Brust genausowenig höher schlagen wie das Herz eines jeden anderen Pusztabewohners. Seine Einstellung zu Kossuth und dem Freiheitskampf 1848-49 beschränkte sich auf die Annahme, daß sie die Angelegenheit der Städter und Dorfbewohner waren und die Puszta nichts angingen, ebensowenig wie die Wahlen zum Parlament. Man sah fahnengeschmückte Wagen, hörte von Versammlungen – um die Pusztabewohner aber kümmerte sich niemand. Sie wurden geradezu gewohnheitsmäßig von jedem und zu jeder Zeit übersehen, nicht nur von den jeweiligen Volksvertretern, sondern selbst von den Forschern. Darum fehlen uns auch authentische Belege über ihre Vergangenheit. Von wo stammen sie her? Ich wollte mich nicht mit den kärglichen Auskünften der Alten begnügen, die meist nur sagen konnten, daß der oder jener »recht arm war – Gott soll ihm gnädig sein«, aber schon darüber keine Auskünfte mehr geben konnten, wo der Betreffende begraben liegt.

Die Leibeigenen wurden befreit – dieser Begriff bedeutete mir nichts anderes als der vage Begriff der ungarischen Nation überhaupt. Es geschah irgendwo in weiter glücklicher Ferne – keinesfalls dort, wo ich lebte. Die Leibeigenen erhielten Grund und Boden, wurden ihre eigenen Herren als freie Bürger der Nation... Wie war es aber dann möglich, daß die ganze Gegend, soweit meine Blicke reichten, einer unbekannten Macht gehörte, die geheimnisvoller war als der Burgherr des Mittelalters und deren Abgesandte nur ganz selten im Viererzug das Schloß besuchten? Das Volk verbeugte sich untertänigst und riß die Hüte von den Köpfen, von Freiheit und Unabhängigkeit war nichts zu sehen... Warum wurden sie dann nicht befreit? Erregt fing ich an, nach den Ursachen zu forschen – sie waren schwer zu finden. Was ich feststellte, war das Ergebnis reiner Intuition, ohne Anleitung, ja fast ohne Quellenwerk. Jahrelang arbeitete ich die einschlägige Literatur durch, um nur vereinzelte und andeutungsweise brauchbare Spuren zu finden. Hervorragende Volkswirtschaftler und Soziologen wissen über die Vergangenheit oder die Gegenwart dieser Volksschicht kaum so viel wie ich, dessen Kenntnisse nur zufälliger Natur sind.

Selbst der wissenschaftlich bestgerüstete Forscher der ungarischen Geschichte kannte nicht mehr den Unterschied zwischen Bauer und Bauer als der aus dem Fenster des durch die Landschaft rollenden Eisenbahnzuges hinausblickende Städter. Bis zum glorreichen Befreiungsjahr 1848 gab es nur Adelige und Leibeigene ... so stellt sich der Gebildete das Problem vor. Dabei verachtete ein seßhafter Leibeigener schon zu König Matthias' Zeiten das »besitzlose Pusztagesinde« vielleicht mehr, als der adelige Gutsbesitzer ihn. In schweren Zeiten, wie nach der blutigen Unterdrückung eines Bauernaufstandes, hielten allerdings Häusler und Leibeigene noch fest zusammen, so wie das gemeinsame Leid Menschen zusammentreibt oder ein verlorener Krieg die Nation noch stärker eint. Der Unterschied zwischen Häuslern und Leibeigenen war übrigens derselbe wie zwischen Besitzenden und Besitzlosen.

Das Gesinde war schon zu Zeiten unserer Vorfahren Gesinde. Nur die Art und Weise des Dienens veränderte sich, im wesentlichen meist zum Schlechteren. Unsere ländererobernden Ahnen waren so lange frei, wie der Boden ihnen nicht von nachfolgenden Stämmen oder sonstigen Eroberern weggenommen wurde. Die sich ansiedelnden Urstämme konnten schon wegen ihrer zahlenmäßigen Unterlegenheit nicht das ganze Land besetzen. Weite Strecken, die in Form von Streifen als Grenzen dienten, blieben unbesiedelt, teils auch aus weiser Voraussicht, um für den Nachwuchs bei einem entsprechenden Völkerzuwachs Grund und Boden zu sichern. Diese unbesiedelten Gebiete, ungefähr die Hälfte des Landes, erklärte König Stephan (Stephan der Heilige, um 1000. Anm. d. Üb.) durch Machtspruch als Krongut, das heißt als sein eigen. Es standen sich nun die beschlagnahmten Krongüter und die von den Stämmen gemeinsam mit ihren Hirten, asiatischen Handwerkern und wenigen Sklaven bewirtschafteten Gebiete gegenüber. Sie wußten damals noch nicht, daß die unbesiedelt gelassenen Gebietsstreifen und nunmehrigen Krongüter mit der Zeit sie selber abdrosseln würden. Einige ahnten es vielleicht, wie Koppany (einer der heidnischen Stammeshäuptlinge, der sich gegen König Stephan auflehnte. Anm. d. Üb.), der in der Gegend, wo sich die Geschichte dieses Buches abspielt, zum Schwert griff, um mit der Urreligion auch die Freiheit zu verteidigen. Er und die Seinen wurden besiegt, die am Leben Gebliebenen, wie damals üblich, zu Sklaven gemacht und die noch freien Gebietsteile zwischen fremden Heerführern aufgeteilt. Stammt das Gesinde von heute von den aufrührerischen wilden Heiden her? Ich suche in mir selber nach blassen Spuren der ungezügelten Leidenschaft, mit der die nach den heutigen Lehrbüchern verruchten heidnischen Verräter sich auf die gepanzerten Vorkämpfer der germanisch-christlichen Kultur stürzten. Fast scheint mir, als ob hier und da etwas davon durchschimmere.

Derselbe Prozeß spielte sich, zwar unblutig, auch in anderen Teilen des Landes ab. Aus den königlichen Besitztümern und bald auch aus den gemeinsam bewirtschafteten Gebieten der Stämme wurde kirchliches und adeliges Gut. Und was geschah mit dem Volk, dem eigentlich ersten Eroberer des Landes? König Kalman (im Jahre 1111. Anm. d. Üb.) versuchte, mit einem Dekret die von Haus und Hof vertriebenen Bauern wieder in ihren Besitz einzusetzen. Mit geringem Erfolg, wie die Geschichte und der heutige Zustand beweisen. Die wenigen, denen es gelang, sich an ihrem kleineren und größeren Familienbesitz festzuhalten, wurden vom Hochadel oder von Kirchenfürsten unterjocht. Zwei Jahrhunderte später befindet sich der gesamte Landbesitz mit 520 Dörfern in den Händen von 120 Hochadeligen; vom ausgedehnten Kirchengut gar nicht zu sprechen. Da die Zahl der bei Verecke (mit Arpad. Anm. d. Üb.) ins Land gekommenen Ungarn bestimmt höher war als 120 Mann, ist der größte Teil der Nachkommen unserer kriegslustigen und stolzen Ahnen nach zwei Jahrhunderten in den trostlosen Zustand der Leibeigenschaft herabgesunken. Im Haus- und Hofgesinde der Herren des 13. Jahrhunderts finden wir die ersten Ahnen der heutigen Pusztabewohner. Der Rest vegetierte in entlegenen Teilen der Riesengüter als Leibeigene auf den für Gegenleistungen ihnen neu überlassenen, früher ihnen gehörigen Höfen.

Obwohl Land im Überfluß vorhanden war, erschienen im 14. Jahrhundert zum erstenmal die in fremden Häusern wohnenden und besitzlosen Häusler (inquilini). Es gab aber Häuslerdienstboten auch in den Dörfern, wo sie neben den bodenständigen Leibeigenen ihr Sklavenleben führten. »Am drückendsten war der Frondienst in den Sklavendörfern«, stellte grausam lapidar ein umfangreiches Dokument der Dömöser Abtei aus dem Jahre 1138 fest.

Das von Almos, dem unglücklichen blinden Bruder König Kalmans, gegründete Kloster besaß nicht weniger als 57 Dörfer, teils mit ziemlich vielen, auf 7 bis 70 Häuser verteilten Einwohnern. In den einzelnen Häusern wohnten schon damals mehrere Familien. So erwähnt das Dokument im Dorf Simur 7 Häuser, aber 21 Familienoberhäupter. Nach den Namen zu urteilen, sind die Sklaven alle Ungarn: Bika (Stier), Pentek (Freitag), Kakas (Hahn), Farkas (Wolf), Hazug (Lügner), Maradek (Rest), Szombat (Samstag), Okos (Klug), Szamar (Esel). Hätten wir sonst keine anderen Unterlagen, so würden diese sicher nicht selbstgewählten Namen zum Beweis genügen, daß das Gesinde und auch die Häusler voll und ganz der Sklaverei der Klöster ausgeliefert waren. Die Abgaben an die Patres waren schwer und bestanden fast ausschließlich aus Naturalien wie gemästeten Schweinen, Ochsen, Hammeln, Gänsen, Hühnern, auch Salz und Met. Zur Fastenzeit wurden in großen Mengen Fische abgeliefert, und wenn der Fang schlecht ausfiel, mußte Entgelt geleistet werden. Weiter erfahren wir aus dem Dokument, daß Leibeigene nicht befreit und Freie nicht in den Leibeigenstand versetzt werden durften. Nach den aufgefundenen Prozeß- und Beschwerdeakten wurden die Sklaven und Leibeigenen nirgendwo so ausgepowert wie auf Kloster- und Kirchengütern. Das aus dem Westen importierte System der Unterdrückung und Ausnützung fand nur zu schnell Nachahmung. Im 12. und 13. Jahrhundert erklang das Wehgeschrei der Armen nur auf den Klostergütern, während im segensreichen Mittelalter der Chor der Ausgeplünderten allgemein wurde. Die Klagen erklangen manchmal sogar nicht ganz umsonst. Einzelne Könige aus dem Haus Arpad taten, was sie nur konnten, um das Werk Stephans zu verbessern. Mit dem Schwinden ihrer Macht wurde auch das Los der Leibeigenen und des Hofgesindes immer schlechter. Wie wir wissen, gab der Besitz von Grund und Boden auch das Recht der Einflußnahme auf die Staatsgeschäfte, darum ist diese Periode der ungarischen Geschichte eigentlich die Geschichte des Großgrundbesitzes mit den dazugehörenden Zwistigkeiten des Hochadels. Über das Leben und Treiben eines Leibeigenen oder eines Sklaven wissen wir zum Beispiel unter der Regierung des heiligen Ladislaus (1077) sozusagen gar nichts. Bischof Otto von Freising fand noch Mitte des 12. Jahrhunderts die Bewohner der ungarischen Tiefebene (Alföld) in Zelten wohnend. Unsere Geschichtsschreiber begnügten sich mit der Bemerkung, daß die Leibeigenen und Sklaven »Fremde« waren, und verrieten damit ihre Ansicht, daß jenen recht geschah. Das Gegenteil war der Fall, denn wie oben angeführt, waren die Sklaven alle Ungarn. Land nahmen selbst die ungarischen Führer der Stämme nicht zu eigen, da der Boden für sie keinen Wert hatte und als Vermögen nur die

Herden zählten. Nachweisbar waren die Besitzer großer Ländereien fast ausnahmslos fremde Westeuropäer, vor allem Deutsche, die damals schon den Wert von Grund und Boden und dessen Bewirtschaftung kannten. Sie sind die Gründer der großen Dominien und die Unterdrücker der freien Urbewohner. Anscheinend beriefen sie sich schon damals auf historische Argumente und auf die außergewöhnliche Lage des Landes. Es gab Zeiten, in denen in Österreich der Frondienst jährlich 12 Tage und zur gleichen Zeit in Ungarn wöchentlich 3 Tage ausmachte.

In England wurde das Leibeigentum im wesentlichen Ende des 14. Jahrhunderts abgeschafft. Zwingende Gesetze der Nationalökonomie forderten in der ganzen Welt neue Formen der Produktion. Kaum etwas später fing in Ungarn mit der historischen Entwicklung des Landes das Lehenswesen entgegen den Interessen von Staat und Volk an, auf Abwege zu geraten. Dunkelste Nacht der Unterdrückung kam über das Landvolk, so daß es zwischen Gesinde, Leibeigenen und dem von seinem Besitz vertriebenen Kleinadel kaum mehr einen Unterschied gab. Jahrhundertelang erhellte nur hie und da ein Lichtstrahl oder eine Feuersbrunst die Finsternis...

Einzelne große Herren suchten bei Aufständen gegen das Königshaus ihre Popularität durch Einführung westlicher, auch bei den Tschechen üblicher leichterer Frondienstmethoden zu erhöhen. Andere führten wieder östliche, unkompliziertere, aber patriarchalischere Gebräuche ein. Die Bekämpfung der Aufstände erfolgte meist nicht durch Waffengewalt, sondern durch die schlaue, nur provisorische Übernahme dieser Maßnahmen.

Land gab es zur Genüge – aber nicht für den Landwirt. So bestimmte ein Gesetz aus dem Jahre 1411, daß bei Bevölkerungszunahme die Felder der Leibeigenen je nach dem Verhältnis der Zunahme zur Hälfte, in Viertel oder Achtel neu aufgeteilt werden sollten. Immer mehr nahm auch die Zahl der Häusler zu, die keine Felder, sondern höchstens einen Weingarten und im besten Falle ein Häuschen ihr eigen nannten, meist aber für entsprechende Gegenleistungen bei den Leibeigenen Unterschlupf fanden.

Die Häusler besaßen keine Felder, noch weniger das Gesinde. Sie lebten, ihrem Schicksal stumm ergeben, auf den Pusztas. So entnehmen wir aus einem Gesuch der Angestellten eines der größten Herrschaftsgüter, daß die Frauen wegen der Kälte und des beschwerlichen Aufstieges auf vereisten Wegen mit dem Säugling auf dem Rücken sich weigerten, die Schweinedärme im Winter im Freien zu waschen, und baten, die Arbeit in ihren Häusern verrichten zu dürfen. Eine sehr bezeichnende Bitte an die Herrschaft und die Verwalter im Jahre 1514, die ähnlich auch heute noch vom Gesinde gestellt werden könnte. Daß das Volk sich aber seinen Herren gegenüber auch einer anderen Sprache bedienen konnte, beweisen einige der im Oktober desselben Jahres nach Niederwerfung des Bauernaufstandes von Dosza (Bauernführer, im selben Jahre hingerichtet. Anm. d. Üb.) durch den Landtag geschaffenen blutrünstigen Gesetze, wie zum Beispiel die Abtrennung der rechten Hand von Viehhirten, die im Besitz von Waffen gefunden wurden. Weitere Gesetzesparagraphen raubten den Bauern und Leibeigenen alle menschlichen Rechte. Es war die große Zeit der Besitz-, aber nicht der Landesverteidiger, eines Verböczy, der ebenfalls in den grundlegenden Fehler verfiel, keinen Unterschied zwischen Bauer und Bauer zu machen. Sein Gesetzentwurf, der ihm Ruhm und sogar in unserer Zeit ein ehrendes Denkmal brachte, bestimmte, daß jeder verheiratete Bauer mit oder ohne Bodenbesitz außer den schon festgelegten Abgaben jährlich noch 100 Denare zu zahlen hatte, außerdem zwei Gänse, ein Schwein und monatlich ein Huhn. An alles war gedacht.

Im neuen Gesetzbuch (Tripartitum corpus juris regni Hungariae. Anm. d. Üb.) waren alle Bauern gleichgestellt. Wörtlich hieß es: »Der Bauer hat Recht auf Entlohnung der Arbeit, während der Grund und Boden als solcher Besitz seines Herren bleibt.« Mit anderen Worten: die gesamte Bauernschaft wurde auf das Niveau des Gesindes gedrückt.

Und das Gesinde? Im Mittelalter bedienten sich die Herren des landwirtschaftlichen Gesindes nicht so sehr, die Felder, als vielmehr ihre Leibeigenen in Ordnung zu halten. Allmählich wuchs mit der Erkenntnis, daß Landesprodukte Gold wert sind, die Begierde nach Land und nach Vieh zur Bearbeitung der Felder. Man könnte von einer der heutigen Zeit ähnlichen intensiven Bewirtschaftung der großen Güter sprechen, mit dem Unterschied, daß sie sich hauptsächlich auf die Viehzucht erstreckte.

Aus den Landtagsberichten des Jahres 1572 erfahren wir, daß viele Grundbesitzer den Leibeigenen die Felder einfach wegnahmen und ihnen gegen Pachtzins oder ein Viertel der Ernte aus eigenem Besitz drei bis vier Morgen zuteilten. Das Land kam mehr und mehr in die Hände einzelner. Die großen Güter eigneten sich nicht nur die Felder der Leibeigenen und der Bauern an, sondern auch die des Kleinadels. Nach jahrzehntelangem Streit verschlang das bischöfliche Dominium die gesamte Stadt Veszprem; der Bamberger Bischof, Graf Schönborn, nahm sich Munkacs und Szentmiklos. Und so ging es weiter bis zum 18. Jahrhundert. Wie weit sollen wir noch die düstere Verkettung der Ereignisse verfolgen, die beweisen, daß das Schicksal des Gesindes und der ihnen nahestehenden Häusler immer gleich war? Wir sind schon fast in der Gegenwart – nur wenige Schritte trennen uns von ihr.

Wir übertreiben bestimmt nicht mit der Behauptung, daß die vom Gesinde und den Häuslern beackerte und einigen Aristokraten gehörige Bodenfläche wenigstens noch einmal so groß war wie der von den Leibeigenen bebaute Boden, den sie mit gewissen, damals gültigen Beschränkungen ihr eigen nennen konnten.

Tancsics' Blatt spricht im Jahre 1848 mit bitteren Worten über die »Herrschaftsgehöfte«: »Dabei handelt es sich meist um gestohlenes, geraubtes Gut..., das sich die Herrschaften im Laufe der Zeit mit Hilfe der ihnen untertanen Gerichte und Stuhlrichter heimtückisch aneigneten, teils aber auch mit Gewalt in Besitz nahmen, also raubten.« Hören wir aber lieber nicht auf diese zu ungeduldige Stimme, die sogar noch mehr behauptet. Aus allen diesen Feststellungen ist für uns lediglich wichtig, daß es in Ungarn stets viele Großgüter gab, auf denen eine große Gefolgschaft von Kutschern, Hirten, Ochsentreibern und herrschaftlichem Gesinde lebte. Vom Aufsichtspersonal, den Inspektoren und Verwaltern erzählen schon unsere ältesten Romanschriftsteller. Aus der Reihe des Gesindes tritt nur hie und da als Nebengestalt ein ergrauter, alter Ungar als »Musterbeispiel der Treue und Ehrbarkeit« in Erscheinung, der meist auf seinen Stock gestützt dasteht und bereit ist, in jeder Minute und selbstverständlich ohne jede Gegenleistung das Leben für seinen Herrn zu opfern. Eigentümlicherweise werden die jüngeren Mitglieder dieses Standes als verruchte Wegelagerer beschrieben, die in den Sümpfen hausen und nach dem sicheren Pistolenschuß eines heldenhaften Jünglings ihre sündige Seele aushauchen. Des weiteren kommen hübsche Bäuerinnen vor, die ununterbrochen und ohne besonderen Grund Lieder ertönen lassen, manchmal auch tanzen wie in einer tollen Operette. Das Land lächelt zustimmend zu diesen literarischen Leistungen und fragt noch immer nicht, woher diese Gestalten eigentlich kommen. Man beschäftigt sich mit ihnen in Gedanken höchstens wie mit netten Haustieren, nicht einmal wie mit Leibeigenen. Die Leibeigenen wurden nämlich 1848 befreit, der Frondienst vom Landtag abgeschafft.

Eine sehr schöne Geste, die etwas früher noch schöner hätte ausfallen können. Dann könnte man auch dem Adel großmütiges Verhalten zusprechen, doch da er seine Tat unter dem Druck von Angst und in der letzten Not vollbrachte, hat er kein Anrecht mehr auf Lob. Die hochgeborenen Herrschaften der beiden Häuser erhielten nämlich die Nachricht, Sandor Petöfi halte sich in Rakos, vor den Toren der Stadt auf, und zwar nicht allein, sondern inmitten von 40 000 Bauern. Einzig diese peinliche Überraschung brachte sie auf den großmütigen Gedanken, den Frondienst mit sofortiger Wirksamkeit abzuschaffen. Es ist geradezu lächerlich, wenn sie sich der Großmut rühmen...

Dies stammt nicht von mir, sondern Wort für Wort aus der Feder Petöfis. Ich habe lediglich die Anführungszeichen weggelassen. Petöfi brüstete sich nicht. Die anwesenden Mitglieder des hohen Magnatenhauses gaben später mit sorgenschweren Köpfen unumwunden zu, sie hätten sich außer durch die Nachrichten über Wiener und Pariser Revolutionen, sowie von den blutigen galizischen Bauernaufständen, vor allem durch die Hiobsbotschaft aus Rakos bestimmen lassen zu handeln. Später taten sie alles, um zu retten, was noch zu retten war. Das revolutionäre Parlament erwog in monatelang andauernden stürmischen Sitzungen, wie hoch das den Grundbesitzern zu entrichtende Entgelt zu bemessen sei. Windischgrätz stand schon vor den Toren der Hauptstadt – was kümmerte sie das! Schlick schlug Meszaros (österreichischer bzw. ungarischer Heerführer. Anm. d. Üb.); der Fall Ofens war eine Frage von Tagen, die dort oben in der halb in Trümmer geschossenen Festung stritten sich erbittert darüber, ob 500 oder 400 Gulden je Parzelle gezahlt werden sollten. Am 30. Dezember verlor selbst der so besonnene Franz Deak die Geduld (Franz Deak, später ungarischer Ministerpräsident, schuf den »Ausgleich« mit Österreich im Jahre 1866. Anm. d. Üb.). »Die kommende Generation wird uns mit Schande bedecken!« rief er flammenden Gesichts. »Beschmutzen wir die Blätter der Geschichte nicht mit dem kläglichen Vorgang, daß Gesetzesvorlagen behandelt werden, die ausschließlich den Interessen der Abgeordneten selber dienen!« (von den Abgeordneten war kein einziger Bauer oder Leibeigener. Das Gesinde hatte nicht einmal Wahlrecht). Die von Tancsics empfohlene radikale und schnelle Lösung des schwierigen Problems, nämlich die »Abschaffung der Fronarbeit und des Zehent ohne jedes Entgelt«, fiel niemandem ein. Dabei spiegelte schon hier und da die »Arbeiterzeitung« die Ansicht des Bauern wider. »Wenn diese vielen Häusler« – schrieb anscheinend ein Häusler aus Veszprem – »diese acht Millionen Häusler für die Freiheit des Vaterlandes nicht die Waffen ergreifen, so ist das Vaterland verloren... Die Armen sagen bei uns: Warum soll ich meinen neunzehnjährigen Sohn Soldat werden lassen, da ich doch nichts besitze? Was soll denn eigentlich mein Sohn verteidigen? Die Weizenfelder der Adeligen?... Wo aber ist der Boden, aus dessen Frucht ich, als Angehöriger einer staatserhaltenden Kaste, mich selber und meine bisher in Lumpen gehüllte Familie ernähren kann?«

Zugegeben, der ungarische Klein- und Hochadel hatte, abgesehen von einigen habsburgtreuen Magnaten, unter der Führung von Ludwig Kossuth im März 1848 mit achtunggebietendem, aufopferndem Geist eine rein bürgerliche Revolution entfacht, die gleichzeitig ein Freiheitskampf für die Unabhängigkeit und Loslösung vom habsburgischen Joch war. Neben den Belangen der Freiheit, Gleichheit und Brüderlichkeit der Märztage trat im Anfang die Frage der Bodenreform in den Hintergrund und wurde, wie wir es gesehen haben, erst unter dem Druck von mehr links stehenden Kräften gesetzlich durchgeführt. Der Adel war trotz seiner guten Absichten nie fähig, sich vom Traditionellen ganz loszusagen und sich in eine bürgerliche Denkungsart hineinzuversetzen. Darum mußte er auch auf lange Sicht scheitern. Einige hervorragende und ihrer Zeit weit vorauseilende Geister gaben, von den Möglichkeiten der Zukunft fasziniert, gewisse Vorrechte, wie die Fronarbeit, das Zehent und das Recht des alleinigen Bodenbesitzes freiwillig ohne Entschädigung auf, während die Mehrzahl ihrer Standesgenossen nicht mitgingen, da die Möglichkeiten der Zukunft, die anstelle der Landhäuser des Adels zu bauenden Fabriken und sonstigen industriellen Anlagen, für den Augenblick tatsächlich nur Illusionen blieben. Immerhin wurde die Bodenabgabe auf Grund der Verordnung von Kossuths Zentralausschuß bis zu einem gewissen Grad durchgeführt, das Problem der Entschädigung des Großgrundbesitzes jedoch von der revolutionären

Regierung nicht gelöst. Dagegen regelte das nachfolgende absolutistische Regime diese Frage, vor allem um die Stellung des vom monarchistischen Standpunkt aus unzuverlässigen Kleinadels zu schwächen. Obwohl die gewesenen Leibeigenen Entschädigungsgelder für den ihnen gehörigen Grund und Boden sowie für die Abschaffung der Fronarbeit und des Zehents in einen eigens zu diesem Zweck geschaffenen Fonds einzahlten, erhielt der immer anti-habsburgisch und freiheitlich eingestellte Kleinadel von der nunmehr wieder zur Macht gelangten Wiener absolutistischen Regierung kaum nennenswerte Beträge, als Beweis dafür, daß man die Bodenreform auch ohne sofortige Entschädigung des früheren Besitzers durchführen konnte. Größere Beträge erhielten aus dieser Kasse nur einige einflußreiche habsburgtreue Magnaten. Und so waren zum erstenmal in der Geschichte von zwei sich streitenden Parteien (habsburgtreue Magnaten und freiheitlich, also anti-habsburgisch eingestellte Adelige) die gewesenen Leibeigenen für kurze Zeit die, wenn auch nicht lachenden, so doch wenigstens schadenfroh lächelnden Dritten. Das Lächeln erstarrte aber nur zu bald auf ihren Gesichtern. Es konnte auch gar nicht anders kommen, da den Bauern niemand Freiheit und Besitz geben kann, nur der Bauer selbst. Es gibt in der Geschichte auch kein Beispiel dafür, daß sonst jemand es ihnen gegeben hätte. Die Führer der Französischen Revolution waren sicherlich große Freiheitshelden, dennoch stimmten sie der Landesaufteilung erst zu, nachdem die Bauern sich selber des Bodens bemächtigt hatten und ihnen also nichts anderes mehr übrigblieb.

Auch das kaiserliche Edikt des Jahres 1851, kurz nach der Niederwerfung des ungarischen Freiheitskampfes, verteilte keinen Boden, sondern beschränkte sich darauf, das Bodenreformgesetz der ungarischen revolutionären Regierung unter Kossuth gewissermaßen zu sanktionieren. Die gewesenen Leibeigenen durften Haus und Boden, auf dem sie schon früher gelebt hatten, gegen Zahlung eines Entgeltes vom Gutsherrn ablösen. Weiter wurde die Abschaffung der Fronarbeit und des Zehents bestätigt. Die zwei Gesetzvorlagen enthielten nichts anderes als Errungenschaften, die sich die Leibeigenen praktisch in den Märztagen des Jahres 1848 schon erworben hatten.

Dabei handelte es sich nur um Leibeigene, die schon ansässig waren, also Haus und etwas Boden besaßen. Wie klein war aber die Zahl derer, die Haus und Hof besaßen! Bekanntlich blieb, trotz des kaiserlichen Ediktes, mehr als die Hälfte des ungarischen Bodens in den Händen des Großgrundbesitzes, also im Besitz der für das kaiserliche Haus zuverlässigen einigen Magnaten. Daß Wien in seinem Urteil nicht fehlging, beweist die Historie. Die Magnaten erhielten auch den größten Teil der zur Aufteilung gelangenden öffentlichen Weiden, die Häusler dagegen im besten Fall je einen Morgen, und selbst diesen Bettellohn vermochten sie in den meisten Fällen auf die Dauer nicht zu halten. Die ehemaligen leibeigenen Dörfer bekamen zwar einen »bürgerlichen« Charakter, aber wie wenig Dörfer gab es zum Beispiel in Westungarn, im Meer des Großgrundbesitzes!

Die dem Freiheitskrieg 1848-49 die Bezeichnung Revolution absprechen, haben im Grunde genommen recht. 1848-49 war tatsächlich keine Revolution im wahrsten Sinne des Wortes – vielleicht wäre es, dank dem Temperament und der Genialität einzelner, dazu gekommen, wenn Wien mit den zu Hilfe gerufenen russischen Armeen den Aufstand nicht niedergeknüppelt hätte. Die revolutionäre Regierung dekretierte das Recht der Bauern, ihre Felder abzulösen. Die Mehrzahl, das Gesinde und die Häusler, waren gar nicht in der Lage, dies zu tun, da sie keinen Boden besaßen. Dennoch getraute sich keine ungarische Revolution je, Großgrundbesitz, auf dem Gesinde und Häusler lebten, zu beschlagnahmen und unentgeltlich zu verteilen. Paul Kiralyi schrieb mit Begeisterung über eine glückliche Zukunft, »wenn man die 175 000 Juden und vor allem die 43 000 Zigeuner durch Bodenzuteilung seßhaft und ackerbautreibend machen könnte. Es wäre ein großer Gewinn, wenn man die in diesen Menschengruppen ruhenden brachliegenden Kräfte dem ungarischen Ackerbau nutzbar machen könnte.« Er forderte Zuteilung von Grund und Boden an diese Menschen. Aber nicht für das Gesinde. Die tölpelhafte Blindheit der Zeit war geradezu erschreckend. Die Frauenzeitschriften vergossen Tränen über das Schicksal von Negerkindern, nahmen jedoch keine Kenntnis von den Pusztabewohnern und den Häuslern.

Über den Häuptern meiner Großväter zogen die großen Zeiten unbemerkt vorüber.

Großvater schrieb mit Recht die Veränderung den Eisenbahnen zu; ferner der Unersättlichkeit der Menschen, der Pfennigfuchserei, die selbst die Grafen befiel. Er war kein Freund der Veränderungen und meinte, sie hätten, soweit seine Erinnerung reichte, stets nur Unglück über die Menschheit gebracht. Denn wie war es eigentlich früher? Vorher waren die Pusztabewohner Hirten und verbrachten ihre Zeit faulenzend draußen in der Sonne oder in den Stallungen. Durch Eile brauchten sie ihre Beine nicht anzustrengen. Der Großgrundbesitzer produzierte nur die zur Ernährung des Gesindes notwendige Menge von Weizen. »In meiner Kindheit gab es hier überhaupt keinen Acker.« Sensen? Die hat er nie berührt, höchstens versuchsweise. »Es gab Schäferei und Viehwirtschaft; Dung gab es so viel, daß er gar nicht auf die Felder getragen, sondern verheizt wurde. Die Gegend war eine große Weide.« Das Gesinde hatte freie Viehhaltung. »Niemand fragte, von woher die Kuh des Janos fett wurde, oder nach dem Futter der Hühner und Enten deiner Frau.« Zu essen gab es in Hülle und Fülle. »Ein Ochse wird lahm? Schlachtet und verteilt ihn unter das Gesinde. Auf mein Wohlergehen!« Denn damals waren die Herren auch noch richtige Herren, das heißt, daß sie sich mit Kleinigkeiten nicht abgaben. Ein Graf Zichy verweigerte einem seiner Buchhalter die Pension mit der Begründung: »Warum hat er sie sich nicht beizeiten zusammengetragen? Ich habe ihm den Mund nie zugebunden.« Großmama verkaufte jährlich auf dem Markt von Ozora für 300 Gulden Butter, Hühner, Eier und Fett. Es gab Markttage, auf die sie bis zu 25 junge Schweine trieb. Wenn Viehhändler auf eine Puszta kamen, um einzukaufen, so besichtigten sie zuerst die Tiere des Gesindes, die besser ernährt waren als die herrschaftlichen. Bekanntlich haben die Großgüter auf dem Gebiet der intensiven Bewirtschaftung vieles vom Gesinde gelernt, so die Schweinemast, die Milchwirtschaft, die Imkerei und neuerdings die Verwertung der Eier. Die Menschen als solche waren auch besser. Man hörte weniger häßliche Worte. Mann oder Frau trugen ein Kleid ihr Leben lang. Die Menschen waren so gesund, daß sie in der Küche oder meist im Freien nächtigten. Im Zimmer schliefen nur Kranke. Dann kam die Eisenbahn, und alles ging zum Teufel. – Soweit Großvater.

Zu Anfang der zweiten Hälfte des 19. Jahrhunderts war wenigstens in gewissen Teilen Westungarns eine zeitweilige Hebung des Lebensstandards der Pusztabewohner feststellbar. Die Konkurrenz der 1848-49 abgeschafften Fronarbeiter blieb auf den Gütern aus, die Intensivierung der Landwirtschaft forderte eine erhöhte

Anzahl von Arbeitskräften, und die Nachfrage nach erfahrenen Hirten stieg. Dabei blieb das Lebensniveau des Gesindes auf der gleichen Höhe wie zu Sklavenzeiten; sie wohnten in halb unterirdischen Lehmhütten, fertigten ihre Bekleidungsstücke selber an, die geistigen Bedürfnisse waren durch das Volkslied und die heimatlichen Kunsterzeugnisse gedeckt – es war so verständlich, daß sie jede Verbesserung wie eine Himmelsgabe begrüßten. Der Großgrundbesitz kümmerte sich in der Tat wenig darum, ob der eine oder andere von dem Gesinde geschickterweise sich sein Teil auf die Seite brachte. Die Viehwirtschaft erforderte zuverlässige sowie treue Mitarbeiter, und was die Treue betraf, so war nichts an ihnen auszusetzen. Wenn auch Großvater und seine Genossen, soweit es sie selber betraf, den herrschaftlichen Besitz als Gemeingut betrachteten, behüteten sie ihn doch eifersüchtig vor fremden Zugriffen. Scharf beobachteten sie das Tun und Lassen der auf der Puszta beschäftigten Dorfbewohner und Häusler, deren Wertschätzung ebenfalls im Steigen begriffen war.

Die glücklichen Zeiten gingen aber eines Tages auch zu Ende. Es kam die Eisenbahn, und die Transportmöglichkeiten nach Orten, wo höhere Preise gezahlt wurden, waren außer für Vieh nun auch für Weizen gegeben. Es kamen der noch nicht von der überseeischen Konkurrenz beeinflußte hohe Weizenpreis und die damit verbundene Produktionssteigerung bei höherem Gewinn. Die Weiden wurden umgebrochen, es kamen die Maschinen. Inzwischen begann es den Bauern zu dämmern, daß die Freiheit mit gefährlichen Begleitumständen verbunden war, so vor allem mit dem freien Wettbewerb. Jahrzehntelang nach Aufhebung der Fronarbeit hatten sie allein den herrschaftlichen Boden beackert, sie ernteten und droschen die Ernte in den gewaltigen Scheunen. Nun wurde die Erde mit Dampfpflügen umgebrochen. Die Bauernfelder verkleinerten sich durch Teilung immer mehr, und die Nachfahren wurden teilweise Häusler oder lebten als Gesinde auf den Pusztas. Die Zahl des Gesindes erhöhte sich immerfort, und je mehr ihrer wurden, desto mehr krachte der Boden unter ihnen, wie wenn auf einer dünnen Eisscholle mehr Menschen, als sie tragen kann, Zuflucht suchen. Sie versuchten zu kämpfen und sich mit wahrhaft heldenmütiger Zähigkeit und Aufopferung zu retten. Alles umsonst. Die Geschichte betrog sie wieder; sie sanken unhaltbar herab, und bald waren sie wieder auf dem Niveau des 16. Jahrhunderts angelangt. Im Jahre 1900 betrug das Gesamteinkommen einer Familie nicht mehr als 200 Gulden. Seufzend erinnerten sie sich an die vergangene schöne Zeit, ohne zu wissen, daß es nur ein kurzer Lichtblick gewesen war.

Wenn die Familienzusammenkünfte in einer kleinen Festlichkeit gipfelten und jeder nach althergebrachter Sitte sein Lieblingslied vortrug, wehrte der Nebander Großvater, wenn die Reihe an ihm war, mißmutig ab. Vergeblich waren die aufmunternden Zurufe, er solle doch das bekannte Lied, das wie auf ihn zugeschnitten war, zum besten geben: »Denn ich bin des Esterhazy langstöckiger, vielberühmter Oberschäfer!« – »Die Zeiten sind vorbei«, sagte er bitter, aber auch etwas hochmütig, denn jeder wußte, daß er noch zur rechten Zeit sein Schäfchen ins Trockene gebracht hatte. Eine Zeitlang identifizierte ich mich noch mit den Emporkömmlingen der Familie, die auf Großvater lächelnd wie auf einen fidelen alten Angestellten oder ein Hausmöbel herabsahen. Sie selber fühlten sich schon einer ganz anderen Schicht zugehörig und hätten wahrscheinlich energisch Einspruch gegen die Zumutung erhoben, Abkömmlinge der vor ein paar hundert Jahren noch verwahrlosten, elenden Kaste zu sein, über deren Schicksal ich soeben in aufrichtigem, aber derbem Ton schrieb. Wenn sie Geschichten aus dem Mittelalter lasen, so teilten sie die Gefühle des Ritters oder des verliebten Burgfräuleins. Sie lobten das Lehenswesen, bei dem damals überall »Ordnung« herrschte, und weil sie sich gesinnungsgemäß, jedoch willkürlich, zum Adel zählten. Das Zeitalter der Sklaverei erweckte in ihnen keine Gedanken über das Schicksal der Sklaven. Bei der Erwähnung des Bauernaufstandes von Dozsa hätten sie keine Sekunde gezögert, wem sie ihre Sympathie schenken sollten, dem hungrigen Bauernvolk oder den Reisigen des Zapolya. Sie nahmen von der Abstammung Großvaters infolge der nicht abzuleugnenden verwandtschaftlichen Beziehungen etwas nachsichtig und verzeihend Kenntnis. Sein Leben betrachteten sie wie die vorübergehenden Irrungen eines leichtsinnigen Jungen, der die schlechte Gesellschaft, in die er geraten war, verläßt, um wieder auf den richtigen Weg zu kommen. Man fragt sich, ob sie etwas für all dies konnten? Gewiß nicht, denn man erzog sie in dieser Richtung in der Schule und in der Gesellschaft; sie lasen es in den Zeitungen und in den Kalendern. Ihr Selbstbewußtsein glich nicht dem des Großvaters, der schließlich über eine Anzahl Schäfer und sonstige Angestellte Befehlsgewalt besaß, also gewissermaßen auch schon oben war. Großvater wollte nicht durch hochmütige Zurückgezogenheit und Isolierung vom Volk beweisen, daß er eine gehobenere Stellung innehatte, sondern inmitten seiner Schäfer und Ochsentreiber. Er liebte große Gesten. Ist ein Schaf lahm geworden? »Schlachtet es und eßt es auf meine Gesundheit!« sagte er zu den Ochsentreibern, vergessend, daß das Schaf nicht ihm gehörte und daß er bei der Verrechnung schwindeln mußte, um den Abgang zu decken. Er trug die Verantwortung und wartete oft gar nicht die Lahmheit ab. Zum Hochzeitsschmaus sandte er ganze Lämmer und wies mit königlicher Gebärde die Danksagungen zurück. Er benahm sich wie ein großer Herr, wie eben nach seiner Vorstellung ein großer Herr sich benehmen soll. Er saß in den Stallungen zwischen seinen Leuten, die ihn duzten, die Pfeife im Mund, Weisheiten verkündend und sein Ansehen genießend. Wie kam es, daß ich eines Tages der wirklichen Vornehmheit, die er verkörperte, gewahr wurde? Nicht seines Geldes wegen. Heute könnte ich es nicht mehr sagen, wann ich auf der gefährlichen, steilen Treppe stille stand, um mich jenen zuzuwenden, die, um die kleine Insel der Familie geschart und nicht selten sich daran klammernd, verzweifelt mit den Fluten rangen. Sie rangen mit dem Elend, der Armut und der Unterdrückung, die zu meiner Kinderzeit wieder mit historischer Folgerichtigkeit die Puszta überschwemmten.

6

Neben den Mitgliedern der Familie ragten die Gestalten von Onkel Fekete dem Beschließer, dem alten Ochsentreiber Onkel Mozes und dem Kutscher Ferenc mit riesengroßen Köpfen am dämmernden Horizont meines kindlichen Bewußtseins empor. Sie neigten sich über meine Wiege, denn ich lag noch in einer richtigen Wiege, die mein Vater mit einem kunstvollen Pedalsystem eigener Erfindung, mit Hilfe dessen die Wiege in Bewegung zu halten war, versehen hatte. Ich sah ihre braunen, schnauzbärtigen Gesichter über mir, und ihre schaufelartigen, großen Hände näherten sich meinem Kopf zu einer warmen Liebkosung – später auch zu einem tüchtigen Klaps. Sie gehörten zu dem engeren Freundeskreis der Familie, wie auch der Beschließer Onkel Istvan Nagy, und vom Nachbarhof alle Mitglieder der mit uns so halbwegs verwandten Familie Toth, da diese ebenfalls einer Schäferfamilie entstammten. Das war die Notabilität der Puszta.

Sie waren es, die in manchen schweren Jahren eigentlich das Gut verwalteten, eifersüchtig auf alles aufpaßten, herumspähten, in Keller und Dachböden krochen, Tag und Nacht auf die Maschinen achteten oder auf Hochsitzen Wache hielten. Die Herren, Besitzer, Pächter und Verwalter kamen und gingen; sie, die mit der Puszta verwachsen waren, blieben.

Ihr Amt vererbte sich vom Vater auf den Sohn, denn auf der Puszta herrschte strenger Kastengeist. Der Sohn des Beschließers wurde früher oder später Beschließer oder nahm eine Stellung gleichen Ranges ein, und der Sohn des Aufsehers mußte sich zwar erst allmählich durch die Rangstufen der Ochsentreiber hocharbeiten, wurde aber im Alter bestimmt Aufseher wie sein Vater. Wer jedoch als gewöhnlicher Ochsentreiber angestellt wurde, der blieb, wenn er nicht auf einem anderen Gut Anstellung fand, ebenso wie seine Nachkommenschaft ein für allemal Ochsentreiber. Mir ist auch kein Fall bekannt, daß ein Ochsentreiber zum Kutscher befördert worden wäre. Es galt sogar als Wunder, wenn ein einfacher Ochsentreiber erster Ochsentreiber wurde. Der erste Ochsentreiber fuhr nämlich den ersten Wagen der langen Karawane, und es war ihm gestattet, die Spitze der Hörner seiner Ochsen mit blinkenden Metallkugeln zu zieren. Das Halsjoch seiner Ochsen war besonders schön geschnitzt. Er wählte den zu fahrenden Weg, und wenn sein Wagen einer Pfütze oder Unebenheit des Bodens auswich, so folgten ihm alle anderen nach. Wenn er grüßte, so grüßten auch die anderen. Seine Bezüge bedeuteten den Wunschtraum aller anderen Ochsentreiber. Dennoch gehörte er dem Ochsentreibervolk an und konnte bei Jahreswechsel wieder auf die Stufe eines gewöhnlichen Ochsentreibers zurückversetzt werden. Für einen Meierhofaufseher hingegen war eine Degradierung schon unerträglich, lieber verließ er das Gut. Man konnte auch einem Ochsentreiber, der auf dem Wagen saß, nicht befehlen, die Stelle eines zu Fuß neben dem Wagen Gehenden einzunehmen, ohne daß eine Tragödie daraus entstand. Den Pferdekutscher zum Ochsentreiber zu machen, wäre der Umwandlung eines Brahmanen in einen Paria gleichzustellen gewesen. Selbst die ganz selten vorkommende Heirat zwischen diesen beiden Kasten galt fast als Schande.

    In dieser Umwelt, in der man so streng auf die Reihe der Ahnen achtet, war ich der Kronprinz. Meine Abstammung war von beiden Seiten besonders günstig. Ich lernte bald kennen und schätzen, was das Wort »Schäfer« bedeutet. Im Gesindevolk gehörten alle Hirten, die ihr Handwerk seit Urzeiten betrieben, zum vornehmsten Adel. Die Viehhirten stolzierten auf der Puszta mit der gleichen Überlegenheit umher wie die Ureinwohner zwischen fremdem Gesindel. Töchter von Ochsentreibern erröteten vor Stolz, wenn ein Pferdehirt (Csikos) sie um die Taille nahm. Aber alle wurden klein und still, wenn ein Schäfer seine Stimme erhob.

    »Warum diese Hochachtung?« fragte ich Großvater, von dem der Abglanz auch auf uns fiel.

    »Der Schweinehirt ist ja im Grunde genommen auch ein Hirt, aber was für ein Hirt?« erklärte der Großvater. Eher ein Wächter, wenn nicht sogar Tagelöhner. Er durfte sich nie setzen, sondern mußte ununterbrochen aufpassen. In der Linken, denn ein Schweinehirt mußte auch mit der linken Hand knallen können, die lange Peitsche, in der Rechten einen starken, kurzen Stock, den er als Wurfgeschoß benützte, wenn sie Herde unruhig wurde. Diesen kurzen Stock konnte er als Stütze unterschieben, wenn er des Stehens müde ward. Wie ein Ölgötze stand der arme Kerl da, über der Schulter den vollen Proviantsack, den er nie ablegen konnte, da sich die Schweine sofort über den Inhalt hergemacht hätten. Im Gürtel die »Balaska«, ein kurzes, zierliches Handbeil, eigentlich als Schutzwaffe gegen wildgewordene Eber gedacht, meist aber nur bei Kirchweihfesten oder beim Sonntagstanz im Gebrauch.

Die Ochsenhirten? Die durften sich angeblich setzen. »Wenn sie auf dem Kuhfladen ausrutschten!« meinte Großvater mit hochmütiger Schadenfreude. Er war zwar für das Zusammenhalten des Hirtenvolkes, konnte aber bei Gelegenheit seinen Hohn nicht unterdrücken. »Vieh- und Ochsenhirten sind hungrige Wegelagerer«, verkündete er mit schallendem Gelächter. Sie durften sich nur dann setzen, wenn ihre Anzahl ausreichte, um die Herde zu umfassen – aber auch dann nur in halbhockender Stellung, daß ihre Knie das Kinn berührten. »So lautet die Regel«, meinte Großvater. »Sie sitzen also eigentlich nicht.« Beim Stehen lehnten sie sich auf ihre langen Stöcke, es gab auch welche, die so schlafen konnten. »Haben die denn ein Reittier?« trumpfte Großvater auf, diskret das Eselchen verschweigend, mit dem er mehr als einmal aufgezogen wurde.

»Und wie verhält es sich mit den Pferdehirten, Großvater?« – »Die stehen den ganzen Tag am Brunnen und ziehen Wasser«, winkte er, den Kopf in den Nacken werfend, ab, und man merkte, daß er ein verächtliches Ausspucken kaum unterdrücken konnte. Auf sie hatte er es anscheinend besonders abgesehen.

Die Schäfer hatten es leichter, denn sie konnten sich, wann und wo sie wollten, hinlegen. Ihre sonstigen Vorrechte waren zahlreich und wohlbehütet wie die einer freien Stadt. Großvater lag eines Tages geruhsam auf einem Hügel nahe der Straße, als ein Wagen hielt und der Kutscher ihn anrief: »He, du, komm mal her!«, ohne daß Großvater, selbst nicht einmal sein Hund, sich gerührt hätten. Plötzlich stieg ein Herr aus dem Wagen und stolperte mühselig den Abhang hinauf: »Sind Sie taub?« fragte er, »mein Kutscher schreit sich den Hals aus. Ich bin der Komitatsnotar.«

»Was geht das mich an?« sagte Großvater.

»Wo ist die nächste Tränke?« antwortete jener, als ob er die Antwort nicht gehört hätte.

»Da und dort«, sagte Großvater, ohne zu grüßen, da man ihn auch nicht begrüßt hatte. Er antwortete wie ein Pascha auf dem Ruhebett.

»Man merkt, daß Sie Schäfer sind«, war das letzte Wort des Notars.

Er weidete die Herde, wo es ihm eben paßte. Zu Mittag trieb er sie in die Nähe der Puszta und aß zu Hause. Nachmittags gefiel es ihm – da er kein Verächter eines guten Trunkes war – in der Nachbarschaft der Weinkeller zu sein. Selbst dort wählte er sich den besten Keller aus.

Mein Vater hatte nur noch im Auftreten, in der Sprache und in seinem Wesen die Art eines Schäfers. Infolge der reichlichen und guten Ernährung, vor allem Schafkäse und Paprikafleisch, durch die leichte, fast faulenzerische Lebensart entwickelten sich die Schäfer zu stämmigen, gesunden Männern von hohem Wuchs. Die männlichen Mitglieder meiner väterlichen Familie bewegten sich zwischen dem unterernährten und körperlich minderwertigen Gesindevolk wie Riesen in der Welt der Zwerge.

Mein Vater stand in den mittleren Dienststufen der Puszta nicht an erster Stelle, da ihm nur zwei bis drei Mann unterstanden und er eher durch seine Arbeit als durch Worte hervortrat. Die Nebander Abstammung umgab aber seine Person mit einer gewissen Aureole. Beim Vorbeigehen traten Ochsentreiber und Aufseher in die Küche, um der Mutter einige freundliche Worte zu sagen, und wenn Großvater auf Besuch bei uns weilte, so erteilte er den Zuströmenden geradezu Audienz.

Die Inspektoren lebten, wenn sie sich auch in ihren Wagen tagsüber öfters zeigten, in mysteriöser Abgeschiedenheit. Sie bewohnten einen Flügel des im übrigen jahrelang leeren Schlosses, und wenn sich hinter ihnen die Gartentür zutat, so schien es, als ob sie in den Wolken verschwunden wären. Natürlich gab es auch bei ihnen eine Rangordnung. Die Inspektoren lebten bescheiden und nicht besser als ein kleiner Staatsbeamter. Ihr Jahresgehalt betrug 800-1000 Pengö, freie Station und Wohnung. Viele Jahre mußten sie als Inspektoren dienen, bis sie einen Verwalterposten erhielten, dessen Bezüge bedeutend höher waren. Verwalter erhielten ein Monatsgehalt von 100-300 Pengö, jährlich 12 Doppelzentner Weizen, 12 Doppelzentner Gerste, außerdem stand ihnen die Haltung von 3 Kühen und 2 Kälbern auf Kosten der Gutsverwaltung zu, dazu 4 Morgen Acker und eine schöne Wohnung, meist mit großem Garten. Schweine und Geflügel konnten sie nach Belieben halten. Die Unterverwalter erhielten als Deputat ungefähr das gleiche wie die Verwalter, nur weniger Bargeld, nicht mehr als 200-300 Pengö jährlich. Wenn sie unter sich auch genau die Rangordnung einhielten, für das Gesinde stand selbst der Letzte in überirdischer Höhe! Es gab zwar in ihrer Reihe auch freundliche, verständnisvolle Menschen, besonders nachdem man ihre Bezüge zu kürzen anfing. Die guten alten Zeiten, mit ihnen auch die Möglichkeit der Bereicherung, schwanden, und ihr Angestelltenverhältnis trat mehr und mehr zutage. Gleich blieb als unbedingte Forderung des Gutsbesitzers ihre Strenge den Untergebenen gegenüber. Jene Verwalter, die ich in meinen Kinderjahren kennenlernte, mieden, ohne Verständnis für sein Wesen und seine Sprache, den Verkehr mit dem Volk. Sie benahmen sich wie Götter auf dem Olymp, donnerten und blitzten von oben herab und überließen die Einzelheiten der Befehlsausübung den untergeordneten Organen. Diese Mittelschicht der Aufseher setzte die von oben kommenden Anordnungen für die Arbeit des Gesindes in die Praxis um. Die Aufseher waren, mit wenigen lobenswerten Ausnahmen, noch schlimmer als die Herren selbst; sie waren eben die Knechte ihrer Herren.

Hochmütiger als Balog, der Meiereiaufseher, konnte selbst die Herrschaft nicht sein. Wie er dastand – mit gespreizten Beinen, aufgeplustert, das Kinn vorgeschoben, mit stechendem Blick und gewichstem Schnurrbart – verriet schon von weitem sein niederträchtiges, herrisches Wesen. Er war geistig beschränkt und doch durchtrieben. Er schlug seine Leute, seine Frau und Kinder, selbst seine Eltern. Nur die Tiere nicht. Sein Stolz war die Ordnung, die in seinem Bereich herrschte. Die vor Müdigkeit und Schlaf wankenden Schweizer sprangen wie die Jungen, wenn seine schöne Baritonstimme, durch die Tiefe der Stallungen noch klangvoller gemacht, ertönte. Auch sein Vater und Großvater waren Meiereiaufseher gewesen und im Gedächtnis der Alten genauso herrischer Natur. Es schien Familienvermächtnis zu sein. Eigentümlicherweise behielt er diese Haltung auch seinen Vorgesetzten gegenüber bei. Die meisten Aufseher benahmen sich den Inspektoren gegenüber ehrerbietig, manchmal sogar kriecherisch. Er dagegen hörte sich die Anordnungen der Inspektoren zwar mit gezogenem Hut, jedoch mit überlegenem Gesichtsausdruck an, so als ob er gegen Vorgesetzte stets auf der Lauer liegen müsse, um sie irgendwie zu entlarven. Er sprach von »meinem Stall« und von »meinem Vieh«. Er hielt wahrscheinlich selbst den Grafen für einen Müßiggänger und einen Dieb.

Wir lebten mit den übrigen dieser eigenartigen Mittelschicht, den Aufsehern, in einer patriarchalischen Gemeinschaft zusammen. Vom Standpunkt der Erziehung bedeutete das, daß sämtliche Erwachsene der Puszta alle Kinder der Puszta wie ihre eigenen behandelten. In der Früh kletterten wir auf den Wagen eines Ochsentreibers oder Kutschers. »Der Junge kommt mit mir auf die Insel!« rief der oder jener meiner Mutter zu, als der Wagen an unserem Haus vorbeifuhr. »Bringen Sie ihn aber noch vor der Dunkelheit nach Hause«, antwortete Mutter, ohne sich zu sorgen. Es kam aber auch vor, daß unsere Abwesenheit erst bemerkt wurde, wenn sie nach uns auf der Suche war – sie wußte uns aber immer in guten Händen. In einem Sommer fand mein Bruder Geschmack an der aus Zeiselmäuschen zubereiteten Speise der Schweinehirten, vielleicht auch an der Jagd auf die Tiere, und blieb Tage, ja oft Nächte, draußen auf der Weide. Zurückgekehrt erhielt er zwar die ihm zustehenden Prügel, jedoch mehr der Form halber; denn im Grunde genommen wußte man zu Hause, daß er in guter Obhut war. Wir bekamen, wenn es nötig war, auch an Ort und Stelle von den Ochsentreibern unsere Strafe zugeteilt, die wir mit der gleichen Selbstverständlichkeit hinnahmen, als käme sie von unseren Eltern. Als ich mir eines Tages über die gesellschaftliche Struktur ein genaueres Bild machen konnte, wollte ich gegen diese Züchtigung Widerspruch erheben. »Es bekommt dir nur gut«, meinte Vater, denn in diesem Falle blieb die soziale Gleichstellung bestehen.

Wodurch unterschieden wir uns trotzdem von dem übrigen Gesinde? Erstens vielleicht, weil wir bei Winterbeginn ein oder zwei Wochen früher anfingen, Stiefel zu tragen, und im Frühjahr sie zwei bis drei Wochen später auszogen. Kurzum, »wir hielten auf uns«. Weiter besaßen wir Wintermäntel, ja sogar Fäustlinge, die wir allerdings regelmäßig verloren, da wir uns nicht an sie gewöhnen konnten. Dann hatten wir in der dritten Generation Taschentücher, die wir zwar auf Anordnung der sparsamen Großmutter nur zum Abwischen der Nase verwendeten, nachdem der Prozeß des eigentlichen Schneuzens nach althergebrachter volkstümlicher Sitte vollführt worden war. Es gab Zeiten, in denen all dies mich auf den Gedanken brachte, ich wäre etwas Besseres als die andern.

Von der demokratischen Einstellung meiner Großmutter mütterlicherseits abgesehen, die nichts auf gesellschaftliche Unterschiede gab und nur auf natürliche menschliche Einstellung im Verkehr mit anderen Wert legte, wie sie solche eher bei einfachen Gesindefrauen als bei hochmütigen Verwaltersfrauen fand, begnügte sich mein Vater sehr oft selbst mit der Gesellschaft der einfachsten Ochsentreiber, vielleicht, um seine eigene Überlegenheit zu genießen, wenn auch nur wie mein Großvater durch Worte. Er blieb, als ob er eben nichts zu tun hätte, bei einer Gruppe Plaudernder stehen und wartete gierig auf die erste im Kreise ertönende Dummheit, um sie zu widerlegen und den Faden des Gespräches an sich zu reißen. Um Rat zu erteilen, wanderte er gern bis zum dritten Dorf. Mangels anderer Werte verteilte er großmütig seine Weisheit, seine Gnaden und seine Autorität, und die Pusztaleute nahmen die Gaben, deren Nutzen sie schon aus der Erfahrung kannten, dankbar entgegen. Selbst in der Nacht trommelte man ihn aus dem Bett, wenn es galt, einem plötzlich erkrankten Vieh zu helfen. Er half freudig und sofort; wenn es not tat, kam er sogar barfuß, so wie er aus dem Bett gesprungen war, gelaufen und traf mit gebieterischer und lauter Stimme seine Anordnungen. Das eindrucksvollste Ereignis seines Lebens, das er bis zum späten Alter stolz zu erwähnen pflegte, war wohl der Brand auf dem großen Dreschplatz, als trotz aller Bemühungen seines improvisierten Feuerwehrtrupps die gesamten Heu- und Strohbestände bis zum letzten Halm verbrannten.

Unsere Popularität wurde stark durch die Nähmaschine gehoben, denn wir waren auf der Puszta die einzigen, die eine solche besaßen, und meine Mutter konnte, dank der Voraussicht der Großmutter, nicht nur geschickt nähen, sondern sogar zuschneiden. Die Näharbeiten für die Gesindefrauen und Mädchen wurden nicht mit Geld, sondern mit Arbeit entlohnt. Die Verrechnung erfolgte primitiv, aber gerecht: während meine Mutter im Zimmer schneiderte, mußte die Auftraggeberin im Garten oder Haus die sonst von der Mutter verrichteten Arbeiten erledigen. Großmutter, die mehr Lebenserfahrung besaß, erhob gegen den Arbeitstausch Einspruch: »Wer bezahlt denn die Arbeit der Maschine? Auch sie kostet Geld.« – »Ich habe sie doch vom Paten als Hochzeitsgeschenk bekommen«, erwiderte die Mutter. – »Und wenn sie kaputtgeht?« – »Der Janos freut sich, wenn er etwas zu richten hat.« So war es auch; Vater war glücklich, wenn er etwas an der Maschine basteln oder sie sogar ganz auseinandernehmen und dann wieder zusammensetzen konnte. »Und wer bezahlt deine Geschicklichkeit?« – »Die ist ja da.« Mutter war eigensinnig und blieb keine Antwort schuldig. Oder schämte sie sich, Geld anzunehmen? Nach der sonderbaren Moral der Puszta war Geld immer verdächtig, ja gewissermaßen erniedrigend. Es war ja leichter zu nähen, als zu harken oder Wasser zu tragen: den Unterschied zwischen den beiden Leistungen betrachtete die Mutter allein als rechtmäßigen Gewinn. Großmutter vergaß zu erwähnen, was die Auftraggeberinnen bei uns verzehrten, denn meine Mutter bewirtete jedesmal die mit Harken und Schaufeln eintreffenden Schönen der Puszta. Übrigens war die ganze Polemik rein theoretischer Natur, denn Geld hätte meine Mutter, selbst wenn sie es verlangt hätte, nie erhalten. Die Frauen der Ochsentreiber besaßen nämlich keinen Heller. Wenn in den Taschen der Männer auch einige Münzen klapperten, die Frauen beglichen selbst das Porto für ihre seltenen Briefe mit ein, zwei Eiern oder einem Säckchen weißer Bohnen, die sie dem Landbriefträger mitgaben. Selbst wenn sie ein Geldstück zu irgendeiner Zauberei, oder um damit die Augenlider eines Sterbenden zu beschweren, brauchten, so baten sie von Haus zu Haus darum.

Die Folge der von meiner Mutter ausgeklügelten Arbeitstheorie war, daß die Frauen der Ochsentreiber und Kutscher die Näharbeiten als Ausrede oder Einleitung für andere Zwecke gebrauchten. Barfüßige kleine Mädchen mit glänzenden Nasen erschienen mit ein paar schmutzigen Lumpen und einem vielsagenden leeren Töpfchen in der Hand. »Die Mutter läßt grüßen und bittet, das hier zusammenzunähen, und ob Sie uns etwas Schweineschmalz leihen wollten.« Die kleinen Mädchen kamen meist dann, wenn sich die Mütter nach vorhergegangenen und nicht getilgten Anleihen an Lebensmitteln selbst vorzusprechen schämten. Meiner Mutter paßte das besser, als das Gewäsch der Frauen über sich ergehen zu lassen, die in Mißverständnis ihres bitteren Schweigens ihren ganzen Klatsch vor ihr auspackten.

Je weniger wohl sich meine Mutter fühlte, desto schweigsamer war sie in Gesellschaft und auch sonst. Den scharfen Geist verdankte sie ihrer Mutter, jedoch ohne das Aggressive der Großmutter; vom Großvater hatte sie die wortkarge Sprache, die würdige Haltung, jedoch ohne seine innere Ruhe. Sie entzog sich ihrer Umgebung nicht, fühlte sich auch nicht besser als die anderen, war aber voll Sehnsucht nach einem anderen Leben. Sie gehörte zur Puszta, da sie hier geboren und erzogen worden war; gleichwohl drängte es sie mit aller Kraft fort. Das wußte sie selber nicht. Sie wurde immer stiller. Ich erinnere mich noch, wie sie in meiner ersten Jugend von früh bis abends sang, ohne sich darum zu kümmern, daß die halbe Puszta sich vor ihrem Fenster versammelte und den Liedern, die sie von der Lehrerin aus Palfalva gelernt hatte, zuhörte. Eines Tages verstummte sie. Warum, habe ich nie erfahren. Über diese Zeitperiode, wie über alles, was sie schmerzte, schwieg sie sich selbst vor mir bis zum Totenbett aus.

Auf der Puszta aber liebte man sie eben wegen dieser schweigsamen Natur. Klatsch verbreitete sie nie aus unserem Haus, desto mehr aber strömte eben deshalb hinein. Das Herz meiner Mutter war der Abladeplatz aller Schmerzen und Seelenkonflikte der Pusztabewohnerinnen. Vielleicht war dies eine der Ursachen ihrer bedrückten Gemütsverfassung; denn die Frauen ließen kein gutes Haar aneinander.

Und dennoch waren – eigentümlicherweise – die trennenden Gegensätze nicht so groß wie zwischen den Männern. Anderswo sind die Frauen die strengsten Hüterinnen des Kastengeistes – die Frauen der Puszta dagegen schlüpfen biegsam unter oder über der Scheidewand zu einem Scharmützel oder einer Umarmung durch. Die Frau des Meiereiaufsehers weinte ihren Schmerz, nachdem ihr Mann sie verprügelt hatte, an der Brust der Frau des Schweinehirten aus.

Die Aufseher wohnten ebenfalls in den Gesindehäusern, mit dem Unterschied, daß jede Familie, meist am Ende des Gebäudes, ein Zimmer und eine Küche für sich hatte. Ihr Einkommen war auch höher, doch ihr Lebensstandard unterschied sich in keiner Weise von dem des Gesindes, da auf der Puszta größere Bezüge keine bessere Lebensweise bedingten. Das Ersparte wurde vielmehr auf die Seite gelegt. Es kam nicht darauf an, sich besser zu kleiden oder zu ernähren, sondern im nächstgelegenen Dorf ein Stück Acker oder ein Haus zu besitzen. Der Ochsentreiber Mozes besaß schon ein Haus im Dorf Szokoly, während seine Familie noch wie Zigeuner hauste. Sie lebten eigentlich wie Auswanderer, die in der Fremde zu jeder Arbeit und Entbehrung bereit sind, weil sie sich nur in der Heimat als Menschen fühlen.

Da die Aufseher und die Ochsentreiber in engem Zusammenleben aufwuchsen und keine Geheimnisse voreinander hatten, war auch der Verkehr untereinander ungezwungen. Meistens duzten sie sich sogar. Täglich mußten die Aufseher gewissermaßen um ihr Ansehen kämpfen. Um ihr Amt auch nach außen hin zu bezeugen, stolzierten die meisten mit strenger Miene herum. Das Bewußtsein der unbedingten Herrschaft über andere, das jedes Feingefühl vernichten muß, verunstaltete wie eine körperliche Krankheit ihren Gesichtsausdruck. Selbst wer noch in der Verfassung gewesen wäre, diese Maske abzulegen, tat es nicht, da er sich Tag und Nacht vor den Augen des Gesindes bewegte. Sie spielten den Hochmütigen und waren grob, selbst wenn sie nett zu jemandem sein wollten und ein Auge zudrückten, um dem Betreffenden zu etwas »zu verhelfen«.

Es gab aber auch solche, hinter deren brutalem Gesichtsausdruck und verkrampfter Geistesverfassung doch ein gutes Herz schlug. So bei Onkel Istvan Nagy, dem Aufseher des Dreschplatzes.

Seine unflätige Sprache war selbst den Männern zu toll, obwohl sie ihm nichts zu sagen wagten. Furchtbare Flüche verbreiteten sich von dem auf einer kleinen Anhöhe gelegenen Dreschplatz über die Puszta gleich denen eines rasenden Propheten. Er ging mit einem dicken Knüppel umher, mit dem er dauernd fuchtelte ... und »verhalf« dabei dem Gesinde zu allem möglichen, das in seinem Machtbereich lag. Und wenn die Nachricht von einer günstigen »Gelegenheit« sich nicht rechtzeitig verbreiten konnte, so brachte er den Bedürftigen selber den halben Sack Kartoffeln oder Mais auf dem Rücken an Ort und Stelle; aber immer mit funkelnden Augen und drohendem Gesichtsausdruck. Er warf den Sack in die Ecke, und statt zu sagen: »da habt ihr's, wohl bekomm's«, wie er es wahrscheinlich auch meinte, bekräftigte er seine Wohltat mit einem obszönen Fluch.

Typen dieser Art waren keine Seltenheit. So auch der Schweinehirt, der mit dem Schweinefutter nach eigenem Ermessen wirtschaftete. Übrigens war er mit Onkel Stephan Nagy dick befreundet und glich ihm nicht nur im Wesen, sondern auch in der Sprechart. Es gehörte zur Lieblingsunterhaltung des Gesindes, den Dialog der zwei Alten beim ersten Zusammentreffen in der Frühe wiederzugeben.

Das waren die vertrauten Freunde unseres Hauses. Am häufigsten war Onkel Stephan Nagy unser Gast, der sich bei diesen Gelegenheiten die größte Mühe gab, sich manierlich zu benehmen. Meine Mutter beobachtete lächelnd die krampfhaften Bemühungen des Alten, der am Ende doch zu fluchen begann, da es über seine Kraft ging, den guten Ton beizubehalten. Es war nämlich allbekannt, daß bei uns, wie im Hause der Großmutter, auf Anstand gehalten wurde. Vielleicht war das die eigentliche Grundlage des Ansehens, das wir genossen.

Die gefürchteten Aufseher verwandelten sich in harmlose Lämmer, wenn sie unsere Türschwelle überschritten. Abends stellte sich Vater vor das Haus, und der »Cercle«, den er abhielt, war im Ton nicht schlechter als in einem Herrenklub, denn jedes unvorsichtige Wort war im Zimmer hörbar. Wenn doch dem einen oder anderen ein rauhes Wort entschlüpfte, so blickte er erschrocken nach hinten. Mutter schloß die Fenster und hieß uns Kinder hereinkommen. Endlich wandten sich die Männer dem Schloß zu, und wir, nun befreit, konnten bis zum Abendessen herumstreunen. Unseretwegen legten sie sich nun keinen Zwang mehr auf.

Sie gingen zu der in der Leitung der Puszta letzten und direktesten Funktion, der Befehlsausgabe. Alles versammelte sich vor dem Kontor. Manche eilten noch schnell zum Brunnen, um sich zu waschen und mit einem alten Kamm voller Lücken den Scheitel zu ziehen. Beim Licht einer Petroleumlampe saßen die jungen Inspektoren im Kontor über ihren Eintragungen in Büchern und Listen, während der Verwalter das Wirtschaftsjournal studierte, in dem der Stand der Felder sowie die täglich geleistete Arbeit jedes Zugtieres genau vermerkt war.

Die Aufseher traten einzeln ins Kontor, nahmen in militärischer Haltung Stellung vor dem Tisch und meldeten die geleistete Arbeit der unter ihrer Führung stehenden Gruppe, den Gesundheitszustand der Tiere und das Verhalten der Leute. Dann erhielten sie den Befehl für den morgigen Tag. »Ihr geht dorthin, mit sechs Gespannen, drei Ochsentreibern, fünf Tagelöhnern und tut dies und jenes.« Die Aufseher nickten und standen zum Zeichen des Verstehens stramm. Dann eilten sie zu ihren Leuten, um die Anordnungen weiterzugeben, damit diese noch am gleichen Abend den Frauen mitteilen konnten, wohin am nächsten Tage das Mittagessen gebracht werden sollte.

Vor dem Ochsenstall hing von einem gewaltigen Gleditschienbaum, dessen Stamm durch das Vieh glattgescheuert war, an einem Drahtseil eine große rostige Pflugschar herab. Bei Tagesanbruch, einige Minuten vor drei Uhr, trat die Nachtwache aus dem Stall und schlug mit einem Riesenknüppel oder Jocheisen auf die Pflugschar, die, dem Klang nach zu urteilen, einen Sprung aufwies. Es ertönte ein weit hörbarer, langanhaltender, häßlicher Ton, mit einem Nachklang ähnlich dem Knirschen des Griffels auf der Schiefertafel. Die Puszta erwachte mit einem leichten Nervenschock.

Ziehbrunnen fingen an zu quietschen, die Ochsentreiber nahmen einen kräftigen Schluck Wasser in den Mund, spien ihn in die hohlen Hände und rieben sich das Gesicht oder meist nur die Augen damit ab. Blitzschnell waren sie mit der morgendlichen Toilette fertig. Schon ertönten laute Rufe. Das tägliche Leben nahm, vorerst nur in den Stallungen, seinen Anfang.

Nach althergebrachter Landessitte begann die erste Fütterung in den Kuh-, Ochsen- und Pferdeställen Punkt drei Uhr. Um drei Uhr früh waren also die Schweizer, Ochsentreiber und Kutscher schon in voller Arbeit. Futter wurde in die Krippen gestreut, der nächtliche Dung zu Haufen geworfen und hinausgetragen. Wenn – ungefähr um vier Uhr – die Aufseher erschienen, war das Reinigen und Bürsten der Tiere voll im Gange. Um fünf Uhr erhielten sie die zweite Portion Futter und wurden dann zur Tränke getrieben. Während die Ochsen aus den langen Trögen Wasser schlürften und ihr morgendliches gewaltiges Gebrüll erschallen ließen, streuten die Ochsentreiber schnell frisches Stroh ein und kehrten die Stallungen aus. Dann konnten auch sie ans Essen denken, denn von halb sechs bis sechs war Morgenpause. Jetzt holten sie mit einem kurzen Nickerchen die Zeit nach, die zum vollkommenen Wachwerden notwendig war, machten sich zurecht und zwirbelten ihre Schnauzbärte auf. Punkt sechs Uhr ertönte vom Glockenstuhl der sanfte Klang des Angelus, zur gleichen Zeit mußten sie fertig zum Aufbruch auf den Wagen sitzen. Inzwischen wurden die Schweineherden mit lebhaften Horntönen herausgetrieben.

In den Stallungen der Kutschpferde und in den Mästereien begann die Arbeit um vier Uhr. Die Pferdehirten standen auch erst um diese Zeit auf, da sie mit dem Wechsel der Streu weniger zu tun hatten, die Schäfer um fünf Uhr.

Die Erntearbeiter dagegen erwachten um zwei Uhr, die Taglöhner, wenn es hell wurde, die Frauen, wenn Kühe und Schweine hinausgetrieben wurden. Wenn das Morgengrauen dem Spiel von Sonnenschein und Schatten wich, hatte die Puszta schon den ersten Teil der Tagesarbeit hinter sich gebracht.

Die Wagen knarrten in der Ferne, von wo auch das monotone Geräusch einer Dreschmaschine ertönte. Lange Reihen bückten sich auf einem Feld zur Arbeit, hinter ihnen der Aufseher. Jedes Glied des wunderbaren gewaltigen Betriebes bewegte sich voll lebendiger Kraft dem Ziel entgegen. Das Gesinde arbeitete.

Arbeiter holten Kartoffeln aus den Mieten, säuberten, sortierten, säten, setzten und harkten sie ein paarmal, hackten sie aus der Erde und legten wieder Mieten an. Sie schaufelten den Weizen, bückten sich vor den Sieben, trieben die Maisreibmaschine. Die Ochsentreiber pflügten, eggten, fuhren Futter, beförderten das Getreide zur Bahn, fuhren dann Dung oder Jauche. Dasselbe taten die Kutscher. Die kleinen Wagen der Feldbahn rollten mit der Milch, die von den Schweizern gemolken, filtriert, gekühlt und in den erstklassig eingerichteten Milchküchen in Kannen gegossen wurde. Die Aufseher rannten umher. Die Inspektoren wischten sich den Schweiß von der Stirn und bestiegen sorgenschwer den Wagen, um von einem Feld zum anderen zu fahren. Aus der Schmiede ertönte der ununterbrochene Klang des Hammers, denn die Schmiede ließen selbst dann ihren Hammer auf dem Amboß klingen, wenn sie nicht sofort auf das Eisen schlugen. Der Wagner drechselte, der Maurer verputzte, der Küfer wusch die Fässer. Was tat die Herrschaft? Hierauf findet sich keine Antwort, denn auf der Puszta gab es keine Herrschaft.

Die Mittagspause wurde im Sommer durch die Dampfpfeife der Dreschmaschine, im Winter durch das Schlagen auf die bekannte Pflugschar angezeigt. Die Mittagsrast dauerte vom Sankt Georgstag bis Sankt Michael, also zwischen dem 24. April und 29. September, anderthalb Stunden und diente dazu, den in der Nacht versäumten Schlaf nachzuholen. Der Zug der speisetragenden Frauen brach um elf Uhr von der Puszta auf, aber nicht so fröhlich wie zu Großvaters Zeiten. Die fein säuberlich angezogenen Frauen trugen in gerader Haltung ein Gefäß auf dem Kopf; allerdings war der Inhalt recht armselig, und ein jeder konnte froh sein, daß es überhaupt zu dem bißchen Suppe reichte. Der Aufzug glich einer sakralen Handlung vergangener Zeiten, deren Sinn und lebendiger Inhalt zwar verlorengegangen war, die aber dennoch Tag für Tag von den Hütern der Tradition, auf alle Einzelheiten peinlich bedacht, wiederholt wurde. Zwei oder drei Frauen hätten durchaus genügt, um ohne jede Schwierigkeit den Männern das Essen auf die Felder zu tragen. Aber keine wollte zurückbleiben. Auch das Herrichten der Speisen geschah mit Liebe und Umständlichkeit, als ob es sich um eine Festgabe gehandelt hätte. Das Gefäß wurde mit einem schon zusammengelegten sauberen Leinentuch zugedeckt, ob der Inhalt nun etwas Suppe oder ein bescheidenes Stück Brot mit einer runzeligen sauren Gurke war. Sie banden sich wie zum Kirchgang ein Tuch um den Kopf und warteten aufeinander. Dann machten sich die Priesterinnen der Atzung mit würdevollen Schritten auf den Weg. Am Ziel angelangt, trennten sie sich wieder. Die Feldarbeiter aßen aus einer großen gemeinsamen Schüssel, die Ochsentreiber jedoch nicht, denn von ihnen hatte jeder seinen Haushalt, seine Selbständigkeit. Die Paare verzogen sich jedes für sich unter einen Baum oder in den Schatten eines Schobers. Die Erklärung zu diesem Verhalten, das einer unserer bekanntesten Kanzelredner als Zeichen der seelischen Stärke des Volkes bezeichnete, gab mir ein Verwalter: »Sie sind sehr schlau und wollen es nicht zeigen, daß sie so wenig oder womöglich gar nichts essen. Wenn sie fertig sind, wischen sie sich sogar den Mund ab.« Nach meiner Erinnerung aßen in Racegres alle, wenn nichts anderes, dann wenigstens Brot. Es gab aber Familien, die im Herbst wochenlang nichts anderes aßen als weiße Bohnensuppe. Meine Lieblingsspeise war gekochter kalter Stangenmais, nur schwach gesalzen. Die anderen aßen zum Frühstück, ja sogar zu Mittag dasselbe, aber stark gesalzen, damit sie wenigstens große Mengen Wasser trinken konnten. Fleisch war eine Seltenheit, es gab sogar Familien, die jahrelang kein Schwein schlachten konnten. Geflügel sparten sie sich für die Zeit der schweren Arbeiten im Sommer auf. Mehlspeisen, meist mit Kartoffeln zubereitet, aßen sie besonders gern, solange das als Deputat erhaltene Mehl reichte. Wenn es zu Ende war, dann versuchten die Frauen Futterrüben genießbar zu machen, meist mit wenig Erfolg, da sie schlechte Köchinnen waren.

Im Winter war die Mittagspause kürzer, nur eben die Zeit zum Essen. Dafür war auch weniger Arbeit zu verrichten. Im Sommer wurde das Vieh dreimal täglich gefüttert, im Winter nur zweimal, früh und abends, sobald es dämmerte, dann aber reichlich, denn die Ochsen mußten für die schwere Sommerarbeit gekräftigt werden.

Nach dem Mittagessen ging die Arbeit einförmig und trotz ununterbrochener Anspornung schleppend wie am Vormittag und das ganze Leben hindurch weiter. Im Sommer gab es zur Vesperzeit für die Feldarbeiter eine kurze Pause, während die Fuhrwerke unterwegs nicht stehenbleiben durften. Dann fing es an zu dämmern. Die Herden kehrten heim, an ihrer Spitze natürlich die Schafe. Die Abendfütterung und Tränke, das Herrichten der Stallungen für die Nacht erfolgte in den Ochsen-, Kuh- und Pferdeställen von sechs bis sieben Uhr, in den Fohlenställen um fünf Uhr, bei den Schafen im Winter um sieben Uhr, im Frühjahr und Herbst von drei bis vier Uhr. »Das hätten wir wieder einmal geschafft!« sagten die Leute, wenn sie die letzte Gabel voll Heu in die Krippe geworfen hatten und sich entweder vor oder in den Stallungen um eine qualmende alte Stallfunzel versammelten, um den Aufseher mit den Befehlen für den nächsten Tag zu erwarten. Jetzt konnten sie sich endlich waschen, denn es wäre widersinnig, sich in der Früh zu säubern, wo doch in der kürzesten Zeit Staub, Spreu oder Jauche sie wieder beschmutzen würde. Sie konnten endlich nach getaner Arbeit heimkehren und sich zu Tisch setzen. Die Abendglocke erklang. Im Geiste sah ich, wie im fernen Neband Großmutter die Hühner für die Nacht in den Stall trieb, das Kreuz schlug und, ohne das jammernde Gezeter von Frau und Kind zu beachten, das die Heimkehr eines Ochsentreibers ankündigte, ein stilles Gebet murmelte.

Nach der Befehlsausgabe und vor dem Abendessen war die kurze Zeit, in der sich an Wochentagen ein halbwegs menschenwürdiges Leben auf der Puszta abspielte. Die Ochsentreiber näherten sich in Gruppen ihren Wohnungen und standen in Erwartung des Abendbrotes herum. Als Kind waren für mich diese dunklen Abende, an denen ich umherstreunte, wie eine geheimnisvolle, mit tausend Überraschungen drohende Reise. Aus den Küchentüren drang gelbes Licht ins Freie und beleuchtete reliefartig die dunklen Gestalten der Männer. Durch die Fenster schaute ich in die Küchen und Zimmer hinein, so als ob ich in die durch starke Strahlenbündel beleuchtete Welt des Meeresgrundes blicken würde. Ich kannte die Wohnungen und die Menschen, die sich dort bewegten, vom Tag her zur Genüge, aber wenn ich sie abends durch das Fenster in künstlichem Licht erblickte, schienen sie mir ganz anders, interessanter und sehenswürdiger. Dabei kannte ich ihr Leben in allen Einzelheiten, denn bei uns war, wenn ein Fremder durch die beleuchteten Fenster hereinschaute, auch nichts anderes zu sehen als bei ihm selber. Es war wie im zoologischen Garten vor einem Käfig mit einer Tafel, auf der »Hund« stand und dessen wohlbekannten Insassen ich genau besah und mir sagte: »Das ist also der Hund.« So war es auch bei den hellerleuchteten Fenstern, wo ich sagen konnte: »Das sind die Szabos« oder »das die Egyeds« und mir alle Einzelheiten einprägte. Dabei war weder bei der Familie Szabo noch bei den Egyeds etwas Besonderes zu sehen, denn sie gehörten dem einfachen Gesinde an. Auf dem Lehmboden gingen barfüßige Frauen hin und her, ein Mann streckte sich oder setzte das Rohr einer alten Gießkanne an den Mund, um daraus zu trinken. All dies erschien mir gespenstig aufregend. In Racegres gab es damals Wohnungen, in denen mehrere Familien zusammen lebten, ohne daß das Zimmer vollgepfercht erschien. In jeder Ecke stand ein Bett, daneben eine Kommode oder eine Truhe. Die Mitte des Zimmers blieb leer, da kein Tisch vorhanden war. In der Ecke brannte eine Lampe. Die Mitglieder der einzelnen Familien gingen wie auf vorgezeichneten Linien umher, ohne sich gegenseitig zu stören oder im Wege zu sein. Ein Mädchen zog sich die Bluse aus, niemand achtete darauf. Die Kinder wurden zu Bett gebracht, woraus man ersah, daß das Abendbrot fertig war. Man aß in der Küche, jeder für sich, den Teller oder das Töpfchen zwischen den Knien haltend. Suppe gab es abends meist für jeden, dazu ein großes Stück Brot oder Fladen – das Wohlergehen des Racegreser Gesindes war weit und breit bekannt. »Racegres!« riefen voller Neid die Bewohner der benachbarten Puszta aus, »da gibt es noch ein Zusammenhalten!« Es gab hier tatsächlich ein gewisses Empfinden der Gemeinschaft, das Gesinde wechselte nicht so oft wie auf anderen Gütern. Es gab weniger Eifersüchtelei und Angeberei als anderswo. War das vielleicht der Grund, daß es ihnen besser ging? Jedenfalls stießen die neuangestellten Inspektoren auf nicht faßbare Widerstände, wohl die letzten Überreste der alten Pusztaverfassung.

Ich streunte herum, bis meine Mutter im gleichen Tonfall, wie sie die Hühner zu locken pflegte, unsere Namen rief. Wir nahmen dann gemeinsam am Tisch sitzend das Abendbrot ein. »Ihr lebt wie der Graf«, murmelte mürrisch, aber auch voller Lob, der Nebander Großvater, wenn er, was selten vorkam, bei uns aß. Dabei hob er verächtlich das Tischtuch, um zu zeigen, wie gering er derlei Luxusartikel schätzte, und schnitt sich das Brot ostentativ mit dem Taschenmesser ab. Denn bei uns hatte ein jeder nicht nur seinen eigenen Löffel, sondern auch Messer, Gabel und Teller, ja sogar ein Glas.

Nach dem Abendessen, vor dem Schlafengehen, blieben ein paar kurze, mit Spannung geladene Minuten übrig: als ob die Menschen am Ende des Tages entdeckt hätten, daß es etwas gibt, wofür es sich lohnt zu leben, und als ob das durch die warme Speise hervorgerufene wohlige Gefühl sie aus der drückenden Alltagsstimmung in eine freiere Sphäre gehoben hätte. Die Aufseher schlossen sich in ihre Wohnungen ein, die Wachhunde wurden im Schloßhof freigelassen. Die Nachtwächter waren noch nicht unterwegs, aber die Türen der Gemeinschaftsküchen schon geschlossen. Vor den Häusern erklangen schwere Tritte, beim unsichtbaren Schein der Laternen verschwanden die Ochsentreiber nacheinander in ihre Stallungen. Plötzlich erklang Lachen und hinter unserem Haus, wo eine Akazienpflanzung bis hinauf zum Friedhof reichte, das Geräusch von Laufschritten – dann ein Aufschrei. Erregt spähte ich durchs Fenster in die dunkle Nacht hinaus und schlüpfte wenn möglich noch vor das Haus, die Unannehmlichkeiten einer zweiten Fußwaschung auf mich nehmend, denn wir mußten, bevor wir zu Bett gingen, unsere Füße waschen, da wir tagsüber barfuß herumliefen. Der Staub des Tages hatte sich gesetzt, aus den offenen Türen der Kuhställe quoll warmer Kuhgeruch über die Puszta. Vom Dreschplatz floß wie ein breiter Strom der Duft eines frischen Heustapels ins Tal hinunter. Manchmal warteten wir auf Vaters Heimkehr, dann durften wir ihm bis zum Rand der Puszta entgegengehen. Oder wir aßen bei Großmutter, und ich durchquerte das Dunkel zwischen den zwei bekannten Häusern, als ob ich in einem fremden Weltteil über schwankenden Sumpfboden schreiten müßte. Mit Herzklopfen horchte ich auf jedes Geräusch, konnte jedoch selten seinen Sinn erfassen. »Kati-i«, erklang von irgendwo die Stimme einer ihre Tochter suchenden Mutter. Keine Antwort. Nur die Schweine grunzten, oder die Hühner schlugen in ihren Ställen mit den Flügeln. Ein anderes Mal plötzlich »Klirr«: eine Fensterscheibe ging in Trümmer. Gleich darauf erklangen wüster Lärm und Geschrei, als ob die gärende Spannung der Gemüter das Fensterglas gesprengt hätte. In einer Gemeinschaftswohnung war vor dem Schlafengehen eine Rauferei entbrannt. Wenn dann die Rauflustigen zum Messer oder sogar nach dem Beil griffen, dann halfen sich die Frauen in recht einfacher Weise: sie schlugen eine Fensterscheibe ein. Dieses Verfahren brachte zweifachen Nutzen. Nach außen war es ein Notsignal, innen wirkte es auf die erregten Gemüter ernüchternd, die zerbrochene Scheibe kostete mehr und hatte ernstere Folgen als ein eingeschlagener Schädel. Die Männer schliefen schon wegen dieser Familienzwistigkeiten ungern zu Hause.

Dann wurde es still. Manchmal verfing sich ein Fuchs im Fangeisen und schrie beim jähen Schmerz unwillkürlich auf. Männer eilten mit Laternen und Beilen herbei und schlugen das Tier tot. Dann wurde die Stille höchstens noch von spät heimkehrenden Fuhrwerken unterbrochen. Das im Dunkel von weitem ertönende und allmählich stärker werdende Knarren und Quietschen der Räder erfüllte mich stets mit bangen Ahnungen, als ob die Wagen jedesmal Träger eines Unglücks sein müßten. Denn in meinen frühen Kinderjahren brachte einmal eine solche aus acht Wagen bestehende Kolonne acht Verletzte und einen Toten nach Hause.

Das geschah folgendermaßen. Acht Ochsenfuhrwerke mit acht Treibern und einem Aufseher brachten Weizen nach der Station von Simontornya. Nach getaner Arbeit erhielten die Männer vom Händler ein kleines Trinkgeld, mit dem sie, wie üblich, Rauchtabak durch einen Treiber kaufen ließen. Auf der Heimkehr machten sie halt, um den Tabak zu verteilen. Wie die Rauferei entstand, konnte nie genau geklärt werden, doch sollte der Ladeninhaber angeblich drei Kreuzer zuviel herausgegeben haben, und man konnte sich über die Teilung des Betrages nicht einigen. Der mit dem Kauf beauftragte Ochsentreiber schlug seinem jüngeren Bruder ins Gesicht, worauf dieser den älteren niederstach. Der Onkel wollte den Messerhelden mit einem Jocheisen des Besseren belehren – dann wußte niemand mehr etwas Genaueres, denn die Schlägerei wurde allgemein, und der Aufseher erhielt einen Tritt in die Weichen, von dem er sofort ohnmächtig wurde.

Als es zu Ende war – hieß es –, verluden diejenigen, die sich noch bewegen konnten, die Unbeweglichen auf die leeren Fuhrwerke. Als aber der Zug die Puszta erreichte, saß nur einer im ersten Wagen aufrecht, und selbst ihm war ein gehöriges Stück aus seiner Hand herausgebissen worden. Die übrigen lagen lang ausgestreckt da und galten zu Hause begreiflicherweise als Opfer. Ich kann mich des Blutes auf dem safrangelb schimmernden Stroh noch heute erinnern.

Der Tag war zu Ende, und kaum zu Ende, fing mit dem Mißton der Pflugschar der nächste an. Tag und Nacht wechselten und folgten einander mit einer erschreckenden Schnelligkeit, wie die schwarzweiße Reihe gedruckter Zeilen auf dem laufenden Band. Die Ereignisse, selbst tief erschütternde, verwischten sich und verloren ihren wahren Sinn.

Am Sonntag war das Leben etwas heiterer. Die Puszta erwachte auch an diesem Tag zur gleichen Zeit wie gewöhnlich, und erst um zwei Uhr nachmittags senkte sich eine gewisse feierliche Stimmung über die Umgebung der Gesindehäuser. Die Kutscher und Ochsentreiber erledigten nur jenen Teil ihres Arbeitsprogramms, den sie unter keinen Umständen, selbst wenn ein himmlisches Wunder geschehen wäre, auf den andern Tag verschieben konnten. Das Stroh wurde gewechselt, die Stallungen und Remisen wurden gekehrt, die Kühe von den Schweizern gemolken, die Pferde gestriegelt, das Vieh getränkt. Zwischendurch eilten einige auf die Deputatfelder, um rasch eine dringende Arbeit zu erledigen. Die Frauen machten, soweit es ging, ihre Kinder für den Feiertag zurecht und setzten sie für den Rest des Tages vor die Tür. Das Mittagessen nahm nur kurze Zeit in Anspruch. Dann begannen die im Sonnenlicht gefährlich blinkenden Rasiermesser auf den an Türklinken, Fenstern oder sogar an der großen Zehe befestigten Streichriemen zu klatschen. Kleine runde Taschenspiegel erschienen oder die von den Kommoden genommenen, auf kleinen Kästchen montierten drehbaren Spiegel, von denen sich die Männer vorgebeugt und mit gelegentlichen Schmerzenslauten die acht Tage alten, mit schleimiger Waschseife schlecht erweichten Bartstoppeln von den hageren Backen schabten. Wer neue Stiefel besaß, holte sie aus der Truhe, wer keine hatte, der putzte die alten, wobei er tüchtig in die kleine Schuhwichsdose spuckte. Die Mädchen putzten sich möglichst bunt heraus, jedoch nicht mehr mit der alten Volkstracht, sondern mit den neuen, fertig im Laden gekauften Kostümen. Grelle, blaue, grüne oder bordeauxrote Röcke wurden über unzählige spitzenbesetzte Unterröcke angezogen. Wenn sie die Türschwelle überschritten, so hielten sie ein in Rhomboidform zusammengefaltetes farbiges Taschentuch in den Händen, genau wie Katharina von Medici es bei ihrem Einzug in Paris ihren Hofdamen zu tragen vorschrieb. Die Frauen trugen ihre schwarzen, ererbten oder mühselig stückweise erworbenen Festgewänder nur bei Familienfestlichkeiten, Begräbnissen oder Hochzeiten außerhalb der Puszta an. Die Burschen steckten sich eine Blume an den Hut, und bei vielen war dies das einzige Zeichen eines festlichen Anzuges. Nach Beendigung der Mittagstränke kam die eigentliche Feststimmung über die Puszta, so als ob nach einer langen Schlechtwetterlage die Sonne plötzlich durchbricht. Die Puszta taute gewissermaßen auf, Lachen, Zitherklänge ertönten, die Entgegenkommenden lächelten sich an, als reflektiere ihr Antlitz den Schein eines fernen geheimnisvollen Himmelskörpers.

Die älteren Ochsentreiber saßen auf den Schwellen der Stallungen, als fiele ihnen die Trennung vom angestammten Platz schwer. Wie Hühner auf der Stange hockten sie auf den langen Schwellen und unterhielten sich. Sie hatten sich am vergangenen Abend sauber gewaschen und frische Wäsche angezogen, ja, sie waren sogar frisiert, selbst die Gedanken kamen frischer, und auch die Sprache war sauberer. Vom Hügel, auf dem der Stall stand, übersahen die Alten die Puszta, die ihnen genügend Gesprächsstoff bot. Manchmal versammelten sich fast alle um eine Schwelle. Haferkisten und Melkhocker wurden als Sitzgelegenheiten herausgeholt, und einer gab Geschichten aus seiner Militärzeit zum besten oder erzählte von fernen Verwandten, die hier niemand kannte. Am beliebtesten waren Märchen. Diese gebeugten weißhaarigen Männer unterhielten sich mit kindlichen Zaubermärchen. Mit glänzenden Augen hörten sie zu, lachend und zustimmend schlugen sie sich auf die Schenkel, unterbrachen mit Zwischenrufen den Erzähler, wie das Publikum eines Vorstadtkinos in Paris. Über wirtschaftliche Angelegenheiten wurde selten ein Wort verloren.

Hier und da erklang aus ihrem Kreis weit hörbares schallendes Gelächter, das die ganze Puszta aufhorchen ließ. »Die Alten amüsieren sich«, hieß es dann. Sie erzählten sich Anekdoten, erfundene oder halbwahre Geschichten, die bei einer anderen Zuhörerschaft höchstens ein gelangweiltes Lächeln hervorgerufen hätten, während sie hier Heiterkeitsstürme auslösten. Diese einfältigen Geschichten gingen alle aufs gleiche hinaus. Ihr Held war meist die erfundene Gestalt eines Dienstboten oder ein längst verstorbener Alter, die den Herrschaften »eins auswischten«.

Die Jüngeren betrieben ein Spiel: lange parallele Linien wurden auf dem Boden gezogen und aus einer Entfernung von fünf bis sechs Metern Kreuzer nach dem Zielpunkt geworfen. Wessen Münze dem Ziel am nächsten lag, der gewann und konnte alle anderen Geldstücke einstecken. Das Spiel war als Glücksspiel verboten; es kam vor, daß ein Spieler zehn bis fünfzehn Kreuzer an einem Nachmittag gewann. Sie versammelten sich stets am unteren Schloßeingang, und wenn Inspektoren oder Gendarmen, die regelmäßig an Sonntagen auf der Puszta erschienen, vorbeikamen, so verwischten sie die Spuren des Spiels mit den Stiefeln und blickten den Vertretern der Obrigkeit mit den Händen in den Taschen harmlos in die Augen.

Wir Kinder strichen zu dieser Zeit um den Schloßgarten herum. Wir sprangen über den mit moorigem Wasser gefüllten Burggraben und zogen uns, um von innen unbemerkt zu bleiben, vorsichtig an dem weidegeflochtenen Gartenzaun hoch. Drinnen auf den mit roter Erde angelegten Tennisplätzen flogen die weißen Bälle und die Röckchen der schnellen Spielerinnen. Besonders aufregend war es, die Herrschaften zu beobachten, wie sie in Gartenstühlen sitzend plauderten oder Kaffee tranken. Manchmal brachten sie das Grammophon heraus und ließen es spielen. Einmal hob mich ein Gast des Pächters Strasser über den Zaun und steckte meinen Kopf in den gewaltigen Schalltrichter; dann erlaubte er mir, den Apparat aufzuziehen: eine meiner schönsten Erinnerungen.

Vor den Gesindehäusern mischten sich in den Klang der Zither die gezogenen Töne einer Harmonika; dann setzten die schleppenden Lieder der Mädchen und der Burschen ein. Frohe Lieder sangen sie nie. Dagegen wurde der Tanz, wenn es dazu kam, wild und ungestüm. Die Mädchen saßen in Reihen auf einem gefällten Baumstamm und wiegten sich im Rhythmus der Musik wie die Saat im Winde. Die Burschen standen getrennt in einer Gruppe an eine Hauswand gelehnt und schlugen vor sich hinsummend mit den Stiefeln den Takt.

Das Himmelreich ging um fünf Uhr in Trümmer. Ein Hornsignal gab ihm den Todesstoß. Die Tränke begann. Die Alten richteten sich, auf ihre Hände gestützt, mit knarrenden Gelenken von den Schwellen auf und verschwanden seufzend in den Ställen. Die Glücksspieler beendeten schlechtgelaunt ihr letztes Spielchen und eilten zu ihrem Vieh. Die Töne der Harmonika wurden vom kläglichen Gebrüll der Ochsen abgelöst, die an den Wassertrögen stehend ihre speicheltriefenden Nasen unruhig gegen den Himmel reckten. Die Dämmerung kam und mit ihr jammervolles Schweinchengequietsch, denn inzwischen war es Zeit zur Abendfütterung geworden. Dann ging man wieder schlafen. Der Tag, für den es sich lohnte, die Woche, ja das Leben durchzurackern, war vorbei. Es gab aber auch Leute, die ihn durchschliefen, um einmal völlig ungestört zu sein. Betrübt ging ich nach Hause und brachte je nach der Jahreszeit Maikäfer oder Blumenköpfe mit, die ich in imaginären Schlachten abgeschlagen hatte, oder ich traktierte die an den Boden angefrorenen Ziegel mit Fußtritten. Ärgerliche Bitternis überkam mich, als ob mich jemand bestohlen hätte. Schweigend rührte ich das Schweinefutter um und trug es in einer alten lecken Gießkanne zum Stall. Die Brühe floß an meinem Bein herunter. Ich schnitt Häcksel und fütterte die abgesetzten Kälber. Heu oder Frischfutter im Arm, trat ich zu den Kühen, die ihre Anhänglichkeit mir statt ihren geraubten Kindern angedeihen ließen, indem sie mir trotz aller Abwehr mit ihren rauhen Zungen Hals und Wangen leckten.

Wenn ich den Stall verließ, war es schon dunkel. Durch die Fenster der Gesindewohnungen fiel da und dort ein Lichtschein. Es begann zu schneien oder zu regnen.

8

Es war durchaus gebräuchlich, dem Gesinde der Puszta bis zum fünfunddreißigsten Lebensjahr Ohrfeigen als Strafe zu verabreichen. Später begnügte man sich mit einem festen Klaps ins Genick. Wenn sich aber die Situation so gestaltete, daß der Schlag von vorne kommen sollte, dann sollte er nach Ansicht der Sachverständigen schnell und sozusagen endgültig sein, wie der Punkt am Ende eines Satzes, so daß der Delinquent die Züchtigung schon überstanden hatte, ehe er überhaupt zur Besinnung kam, und damit das Gefühl einer Auflehnung gegen die Strafe in ihm gar nicht erst erwachen konnte. Bei älteren Männern war man etwas vorsichtiger mit körperlichen Züchtigungen. Die Alten über sechzig brachen bereits bei einer drohenden Gebärde in Tränen aus, nicht weil sie Angst hatten, sondern aus Scham vor der Demütigung. Anscheinend erwachte in ihnen erst in diesem Alter das Bewußtsein der menschlichen Würde. Bei Volljährigen vermied man möglichst den Gebrauch eines Steckens, Stockes oder einer Reitpeitsche. Während nämlich die handgreifliche körperliche Züchtigung im allgemeinen mit Ergebung, manchmal sogar lächelnd ertragen wurde, als wäre der direkte, von Mann zu Mann erfolgte Schlag weniger entehrend, lösten die mit einem Gegenstand erteilten Prügel nicht selten unerwartete Wirkungen aus. Die gleichen Beobachtungen haben auch Tierpsychologen gemacht. Die Haltung des Geschlagenen war nicht allein von dem ihm zugefügten Schmerz abhängig. Ich erinnere mich noch der Worte eines jungen verheirateten Ochsentreibers: »Mit dem Stock soll mich der Herr nicht schlagen«, die er plötzlich mit hochrotem Gesicht hervorstieß, nachdem er, ohne zu mucksen, die Handgreiflichkeiten des Inspektors hingenommen hatte, als dieser gewissermaßen zum Schluß der Züchtigung mit einem Stöckchen nach im schwippte. Kinder dagegen konnte man auf jede Art und Weise strafen.

Der minderjährige Dienstbote unterstand nach dem letzten Absatz von § 3 des XLV. Gesetzartikels 1907 dem häuslichen Disziplinarrecht des Arbeitgebers. Die Definition des häuslichen Disziplinarrechtes finden wir, vielleicht ungewollt, im § 46 Punkt b, wonach das Dienstverhältnis zwischen Dienstbote und Arbeitgeber mit sofortiger Wirksamkeit gelöst werden kann, wenn »der

Arbeitgeber, dessen Familienmitglieder, oder sein Bevollmächtigter einem nicht unter seinem häuslichen Disziplinarrecht stehenden Dienstboten etwas zuleide tut, oder durch sein Verhalten das Leben oder die Gesundheit des Dienstboten oder dessen Familienmitglieder gefährdet«. Also konnte eigentlich ein Arbeitgeber seine minderjährigen Dienstboten ohne weiteres und sozusagen nach den Anleitungen des obigen Gesetzesparagraphen körperlich züchtigen. Ihr Leben und ihre Gesundheit durfte er nur später, nach erfolgter Mündigkeit, nicht gefährden. Anscheinend handelte es sich hier auch um ein Überbleibsel aus vergangenen Zeiten. »Man kann behaupten, daß in keinem der bisher entdeckten Länder unseres Planeten so viel und so *con amore* geprügelt wird, wie im Lande der Magyaren«, schrieb in seinem im Jahre 1843 erschienenen Buch »Ungarn, wie sie sind« Ellrich, ein deutscher Reisender. Wie der heilige Gellert nach der Legende vor immer wieder ertönendem Gesang, so konnte auch Ellrich im unendlichen Frieden der Puszta beim Wehgeschrei der Gezüchtigten keinen Schlaf finden. Je nach den Gegenden wurden diese Gebräuche verschieden gehandhabt. Im oberen Somogyer Komitat zum Beispiel war es nicht ratsam, die Jüngeren zu schlagen. Es hieß, sie seien »schwer zu brechen«. In der Gegend von O. war es wieder empfehlenswert, dem Pusztabewohner in der Zeit von Samstagabend bis Sonntagmitternacht keine körperliche Züchtigung zu verabfolgen. Die an Wochentagen so zahmen Leute erwiesen sich an Sonn- und gewissen Feiertagen, wie an Peter und Paul und am St. Stephanstag, besonders reizbar. Es wäre nicht uninteressant zu erforschen, warum sie denn gerade an diesen Tagen so empfindlich reagierten, da sie sonst ihre Schläge so widerstandslos hinnahmen. »Der Dienstbote soll sich erst rühren, wenn ihm die Seele entflieht«, lautet das Sprichwort. Dies entsprach durchwegs den Tatsachen, nur die Gegend von P. war dafür berüchtigt, daß die Männer bei Züchtigungen so schrien, »als ob sie geschlachtet würden«, weshalb man auch auf den anderen Pusztas mit einer gewissen geringschätzigen Verachtung auf sie herabsah. Die Calvinisten waren im allgemeinen schwerer in Zucht und Ordnung zu halten als die Katholiken, darum stellte man sie auch weniger gern an. Angeblich nährten und verbreiteten sie den Geist des Widerstandes; nach dem Weltkrieg soll es sogar vorgekommen sein, daß der eine oder andere zurückschlug. Selbstverständlich wurden sie fristlos entlassen. Dann wurde es eine Zeitlang zur Tagesordnung, daß die beleidigten Dienstboten sich mit einer Klage an das Gericht oder an den nächsten Gendarmerieposten wandten. Bald jedoch besannen sie sich eines Besseren. Die Gendarmen waren nämlich öfters Gäste der Puszta, aber nicht des Gesindes, sondern der Gutsverwaltung, die ihnen sogar an manchen Stellen eigene Räumlichkeiten, eine Kammer oder ein Zimmer zum Ausruhen oder zu sonstigen Zwecken zur Verfügung stellte. Beim Gesinde hieß es »das Verhörzimmer«, und dies sagt genug.

Das Pusztavolk mißtraute grundsätzlich den staatlichen Verwaltungsstellen. Höhere Instanzen waren ihm aus den üblichen und auch aus örtlichen Gründen schwer zugänglich. Viele Großgüter bildeten nämlich verwaltungstechnisch unabhängige Einheiten, sogenannte »ideelle Gemeinden«, mit einem Inspektor als Vorsteher. Die Großgüter nahmen seinerzeit diese Verwaltungsform an, um sich von den Abgaben und Steuern zu befreien, die von der Gemeinde, zu deren Gemarkung sie gehörten, für Schulhaltung und zur Deckung sonstiger öffentlicher Lasten erhoben wurden. Die ideelle Gemeinde bestand nämlich nur auf dem Papier (darum ideell) und war trotzdem unabhängig, zahlte also an sich selber die Steuern nach Entschlüssen des unabhängigen Gemeinderates, der sich – wie sollte es auch anders sein? – aus Verwaltern und Inspektoren zusammensetzte. Diese nahmen die geringfügigen Klagen und Beschwerden des Gesindes entgegen und trachteten Gerechtigkeit walten zu lassen, selbst dann, wenn ein Dienstbote mit der Gutsverwaltung, also mit ihnen selbst, in Konflikt kam.

Mit Pusztabewohnern konnte man sich bekanntlich nur mit starkem Stimmaufwand verständigen. Ein Fremder mußte den Eindruck bekommen, die Luft der Puszta hätte eine andere Dichte und leiste den physikalischen Gesetzen der Schallfortpflanzung Widerstand, oder jedermann sei ein wenig schwerhörig geworden. Die Menschen schrien sich an und wiederholten immer wieder das Gesagte, besonders wenn ein Vorgesetzter zu einem Angestellten sprach. Die Ochsentreiber hörten sich die schallenden Befehle mit ausdruckslosem, versteinertem Gesicht an und bewegten sich, als ob man sie eben aus dem Schlaf gerissen hätte, wie Adam, als er noch halb aus Ton war.

Von Dienstboten hörte ich, daß man früher bei Jagden die lange Kette der Treiber stets durch Schläge auf die Flügelmänner in Bewegung setzte. »Das verstanden sie!« rief der Erzähler lachend aus und riß damit die Zuhörerschaft zu lauter Heiterkeit hin. Diese

Methode diente nicht zum Zeichen des Beginns, sondern zur Beschleunigung der Arbeit. Im allgemeinen wurde unter strengster Disziplin gearbeitet. Hinter je drei bis vier hackenden Feldarbeitern stand ein Aufseher, der nichts anderes zu tun hatte, als seine Leute anzuspornen. Seine Aufgabe war nicht leicht und wenig erfolgreich. Vielleicht hätte er mit der gleichen Energie, die er dazu verwandte, allein mehr leisten können, als die vier Leute zusammen. Diese übertriebene Kontrolle hatte zur Folge, daß die Leute zu arbeiten aufhörten, sobald sie sich unbeobachtet fühlten. Nach Ansicht der Herren der Puszta hatte sich bei ihnen in dieser Hinsicht fast ein sechster Sinn entwickelt.

»Das Gesinde kann man mit Worten nicht wecken«, sagt der Volksmund. Dies war auch gar nicht üblich. Es war kein Zufall und geschah auch nicht mit beleidigender Absicht, wenn man gewisse Parallelen zwischen ihnen und dem Vieh zog. Wer sein Leben lang in den Spuren der im Schneckentempo sich bewegenden Ochsen, die man am ehesten mit einer Mistgabel in die Höhe brachte, einherging, wer von früh bis abends auf einem von Wasserbüffeln gezogenen Wagen saß, die, wenn nicht angespornt, bekanntlich sofort stehenblieben und sich in die nächste Wasserpfütze legten, der eignete sich früher oder später das Tempo dieser Tiere ebenfalls an, besonders wenn er tagsüber mit keinem anderen lebenden Wesen in Berührung kam. Der Ochse setzte sich erst in Bewegung, nachdem man ihn einige Male angebrüllt hatte, und der Treiber, der eigentlich genauso eingespannt war wie seine Tiere, nahm unwillkürlich auch deren Wesen und ihre Haltung an. Hier handelte es sich anscheinend um einen wohlbegründeten und nutzbringenden Selbstschutz, um eine Art seelischer Mimikri.

Im gleichen Schneckentempo, mit dem sie ihre Arbeit verrichteten, vollzog sich auch ihr alltägliches Leben, jede ihrer Bewegungen, ihre Art zu sprechen, ihre Mimik und ihr ganzes Denken. Wenn ein Ochsentreiber sich anschickte, die Nase zu putzen, so brauchte er eine halbe Stunde dazu. Die Pusztabewohner waren im wahrsten Sinne des Wortes träge, oder besser gesagt: schwer beweglich. Diese berechnete Langsamkeit hatte jedoch etwas Gespenstisches an sich. Auf jemand, der an ein normales Arbeitstempo gewöhnt war, machten diese Menschen den Eindruck von Irren, von Automaten oder von einer Zeitlupenaufnahme.

Eines Tages saß ich neben dem alten Onkel Roka auf dem Wagen. Fast drei Stunden brauchte das Ochsengespann für den

Weg zur Puszta, den ich zu Fuß in einer halben Stunde zurückgelegt hätte. Wir schwiegen die ganze Zeit. Plötzlich stieß der Alte einen langgedehnten Seufzer aus und legte nach einer Weile mit einer weitausholenden Gebärde die schwere Peitsche hinter sich. Dann, als ob jede Bewegung ihn schmerzte, betastete er die inneren Taschen seines Rockes so vorsichtig, als wären sie ein krankes Herz oder eine entzündete Wunde. Die Pfeife war nicht da, worauf er ziemlich lange in Gedanken vor sich hinstarrte, wie um ein schweres Problem – den Verbleib der Pfeife – zu ergründen. Endlich, da ihm nichts anderes übrigblieb, als in den sauren Apfel zu beißen, griff er nach der äußeren Rocktasche. Mit der Hand in der Tasche glotzte er wieder unbeweglich vor sich hin. Dann förderte er endlich die Pfeife zutage und starrte sie so versonnen an, als ob er sie noch nie gesehen hätte. Mit großer Umständlichkeit klappte Onkel Roka den Pfeifendeckel hoch. Das Suchen und Hervorholen des Pfeifenräumers dauerte womöglich noch länger. Schließlich war die Pfeife gesäubert und der Tabakbeutel in der Hand. Nun mußte sie nur noch gestopft werden. Da wandte der Alte seine Blicke dem Himmel zu. Wird er vielleicht abwarten, bis die Wolke sich verzieht? Mit dem Streichholz ging er um, als ob es die allerletzte Gelegenheit gewesen wäre, auf dieser Erde Feuer zu entfachen, und das Schicksal der Menschheit von diesem einen Streichholz abhinge. Schließlich vergaß der Alte zu ziehen, und die Pfeife ging aus. Er war seit vierzig Jahren Ochsentreiber.

Dies erklärt alles. Eine Tagesarbeit, die in der Frühe um drei Uhr anfing und abends um neun aufhörte, hätte bei normalem Arbeitstempo der menschliche Organismus nicht einmal vier, geschweige denn vierzig Jahre aushalten können, noch dazu eine Arbeit, die von keinem richtigen Rast- oder Feiertag unterbrochen wurde, da das Vieh fortlaufend Pflege brauchte. Derartige Arbeitszeiten wären selbst dann untragbar, wenn es sich um eine leichtere Beschäftigung handelte. Die Arbeit des Gesindes war aber bestimmt nicht leicht. Wer es noch nicht versucht hat, der möge sich wenigstens vorstellen, was es heißt, jahrelang täglich zehn bis achtzehn Stunden lang ohne Trost, Freude oder Ablenkung irgendwelcher Art, ohne sichtbare Erfolge Arbeiten zu verrichten wie Brunnenziehen, Dung fahren, Wagen beladen oder Stroh einstreuen. Dazu kam noch, daß die Arbeitspause keine wirkliche Erholung gewährleistete, da sie jeden Augenblick unterbrochen werden konnte. Und die Großgrundbesitzer wußten ganz genau, daß kein Mensch die Arbeit der Schweizer länger als drei bis vier Jahre ohne schwere Schädigung der Gesundheit aushalten konnte. Wer es dennoch aushielt, dem machte die von Jauche geschwängerte, beißende Luft, von der sich ein »anständiger« Schweizer freiwillig kaum auf Minuten trennte, den Garaus. Höchstens verließ er den Stall, um seine Lunge anstandshalber vor der Stalltür auszuhusten. Ich wiederhole, diese Zustände waren den Großgrundbesitzern bekannt, ohne daß Abhilfe geschaffen wurde, es sei denn, ein Verwalter tat es auf eigene Verantwortung.

Das Rechtsverhältnis zwischen Arbeitgeber und landwirtschaftlichen Angestellten (Gesinde) wurde durch den Gesetzartikel XLV vom Jahre 1907, den wir schon zitierten, geregelt. Wir zitieren weiter.

Um uns über die Gestalten dieses Werkes, welches nur zu oft fehlgedeutet wurde, ganz im klaren zu sein, fangen wir am besten gleich mit der Definition des Begriffes »landwirtschaftlicher Angestellter« an.

»Landwirtschaftlicher Angestellter (Dienstboten, Gesinde) ist, wer sich vertraglich verpflichtet, auf einem Gut gegen Lohn mindestens einen Monat persönlich und ununterbrochen zu dienen.«

»Wer sich verpflichtet, für Tagelohn oder Ernteanteil landwirtschaftliche Arbeiten zu verrichten, ist nicht als landwirtschaftlicher Angestellter zu betrachten.«

Aus den endlich im Jahre 1907 erschienenen gesetzlichen Verboten lassen sich gewisse Rückschlüsse ziehen auf die vorher üblichen, aber auch heute noch bei Hintergehung des Gesetzes weiterbestehenden Verhältnisse.

Zum Beispiel ist es verboten, einen Minderjährigen unter 12 Jahren als Dienstboten anzustellen. Weiter ist verboten, »eine Vereinbarung zu treffen, nach der die Familienmitglieder des Angestellten ohne Entgelt Arbeiten oder Leistungen übernehmen (sogenannter Frondienst, Zehent usw.).« Das waren die typischen Leistungen der Leibeigenenzeit. Das Gesetz enthält sogar einen Paragraphen über das Ziehrecht.

Nämlich: »Es ist verboten, den im festen Dienstverhältnis stehenden landwirtschaftlichen Angestellten (Dienstboten) ohne Abgangszeugnis und ohne Zustimmung seines Arbeitgebers einen Reisepaß auszustellen.« Die Verfügung bezieht sich wohl auf die

Auswanderung. Weiter über den Stellungsantritt: »Wenn der Dienstbote ohne gesetzlichen Grund, unentschuldigt oder böswillig trotz behördlicher Verfügung zum vereinbarten Zeitpunkt nicht zur Arbeit antritt, ist die zuständige Behörde auf Antrag des Arbeitgebers verpflichtet, den Arbeitnehmer innerhalb acht Tagen mit Brachialgewalt stellig zu machen.« Wenn ein kaufmännischer Angestellter oder ein Fabrikarbeiter die Vereinbarung bricht und nicht zur Arbeit erscheint – so erscheint er eben nicht; den Ochsentreiber holt der Gendarm. Was geschieht aber, wenn er selbst dann nicht arbeitet oder die Arbeit nachlässig und ungern verrichtet? »Dann wird er verpflichtet, dem Arbeitgeber die verursachten Kosten und Schäden zu ersetzen.« Der Dienstbote kann sich vom Dienstverhältnis auch nicht »durch die einseitige Rückgabe« des eventuell erhaltenen Handgeldes befreien. Wenn er aber seine Obliegenheiten vernachlässigt oder ihnen nicht nachkommt, so kann ihn die Behörde neben einer Strafe verpflichten, die Obliegenheiten richtig auszuführen, sowie vollen Schadenersatz für die nicht geleistete Arbeit und die Kosten des Verfahrens zu zahlen. Er ist im Grunde genommen für alles verantwortlich. »Der Arbeitgeber kann den Dienstboten, der seinen Pflichten nicht nachkommt, als Mitglied seines Haushaltes rügen, ist aber nicht berechtigt, ihn mit einer Geldstrafe zu belegen oder als Strafe Lohnabzüge vorzunehmen.« Acht Zeilen später heißt es aber: »Wenn der Dienstbote seine Schuld nicht ausgeglichen oder sichergestellt hat, darf der Arbeitgeber das Gehalt oder sonstige Bezüge außer der Wohnung, dem Heizmaterial und den Lebensmitteln in der Höhe des verursachten Schadens zurückhalten.« Weiter kann er ihn fristlos entlassen, wenn der Dienstbote die Arbeit verweigert oder andere Dienstboten veranlaßt, vor dem Ende ihres Dienstverhältnisses in der Gesamtzahl oder einzeln die Arbeit niederzulegen.

Als Gegenleistung für diese Rechte hat der Arbeitgeber »darauf zu achten, daß die zu leistende Arbeit im Verhältnis zur Arbeitskraft des Dienstboten steht, seine Gesundheit nicht gefährdet wird und ihm nach den in der betreffenden Gegend allgemein üblichen wirtschaftlichen Gebräuchen, der Jahreszeit entsprechend, genügend Zeit zur Nachtruhe übrigbleibt.«

Endlich bestimmt das Gesetz die Arbeitsdauer. Hier finden wir ebenfalls die Umschreibung der in der betreffenden Gegend üblichen Gebräuche sowie die »wirtschaftlichen Notwendigkeiten«, nach denen sich der Dienstbote richten soll. »Der Dienstbote hat alle Arbeiten, für die er sich verpflichtet hat, getreu, genau und nach bestem Wissen und Können auf Grund der Anweisungen des Arbeitgebers (oder dessen Bevollmächtigten) auszuführen.« Nähere Angaben über Arbeitszeit und Dauer fehlen.

Desto mehr Bestimmungen finden wir, die sich auf die kirchlich geschützten Sonn- und Feiertage beziehen.

Es heißt: »Der Arbeitgeber hat dafür zu sorgen, daß an Sonntagen und hohen kirchlichen Feiertagen Arbeitsruhe herrscht. Der Arbeitgeber hat seine Verfügungen so zu treffen, daß dem Dienstboten von Zeit zu Zeit Gelegenheit geboten wird, ohne seine Pflicht zu versäumen, vormittags am Gottesdienst seines Glaubensbekenntnisses teilzunehmen.«

Der Dienstbote kann also den Sonn- oder Feiertag feiern, denn: »Der Arbeitgeber darf am Feiertag vom Dienstboten außer den üblichen Arbeiten im Stall, der Reinhaltung der Tiere und Stallungen, Zubereitung des Viehfutters und Fütterung, sowie Sauberhaltung der Umgebung der Stallungen keinerlei andere Arbeiten fordern. Wenn aber wegen eines drohenden Schadens eine Arbeit unaufschiebbar und dermaßen dringlich wird, daß die Unterlassung dieser Arbeit dem Arbeitgeber einen großen materiellen Verlust verursachen würde, kann der Arbeitgeber bei Zahlung des in der Gegend üblichen Tagelohnes vom Dienstboten ausnahmsweise auch am Feiertag diese Arbeitsleistung verlangen, und der Dienstbote hat sie zu verrichten.«

Aber leider: »Die Bestimmungen des ersten Absatzes beziehen sich nicht auf die Kutscher der Kutschpferde, ferner nicht auf die zur Verrichtung von Hausarbeiten angestellten Dienstboten, endlich nicht auf diejenigen, die für gewisse Arbeiten verpflichtet wurden, deren Unterbrechung nach Lage der Dinge in einem landwirtschaftlichen Betrieb unmöglich ist (zum Beispiel Flurhüter, Schweizer, Wildhüter, Hirte usw.).« Die lobenswerten Bestimmungen beziehen sich also im Grunde genommen auf niemanden. »Bei Obigen hat der Arbeitgeber – wenn keine für den Dienstboten günstigere Bestimmung im Dienstvertrag enthalten ist – für Ablösung zu sorgen, und zwar in der Art, daß der Dienstbote monatlich einen ganzen oder alle zwei Wochen einen halben freien Tag hat.« Das ist die wesentlichste Bestimmung. Zurückdenkend fällt mit dabei ein, daß in meiner Jugend in den Sonntagspredigten, wo doch genügend gegen die gedonnert wurde, die sich der Kirche fernhielten, nie die Dienstboten erwähnt wurden. Die Seelenhirten sahen anscheinend ein, daß auf den Gütern, wo man in der Theorie wohl in der Lage gewesen wäre, Stellvertreter zu stellen – denn irgendwie kann man doch alle zwei Wochen auf einen halben Tag einen Ersatzmann finden – kein Dienstbote länger als alle zwei Wochen einen halben Tag entbehrlich war.

Die »wirtschaftlichen Notwendigkeiten« sowie die Sonntagsruhe des Dienstboten, »ohne seine Pflicht zu versäumen«, werden näher in den sogenannten Hausgesetzen umrissen. Diese sind auf der Rückseite des Dienstvertragsformulares zu lesen. Was das Gesetz im dunklen läßt, wird hier beleuchtet. Da heißt es: »Der Dienstbote ist nicht nur verpflichtet, die ihm vorgeschriebene Tagesarbeit zu leisten, sondern hat ohne Rücksicht auf die Sonn- und Feiertage für die Pflege der Tiere, Säuberung der Stallungen, Austragen des Dunges auf den Dunghaufen und zusammen mit den übrigen Dienstboten dafür zu sorgen, daß alle diese Arbeiten zur Zeit des Einspannens erledigt sind.«

»Die Ochsentreiber haben im Sommer während der Weidezeit sowohl bei Tag wie in der Nacht der Reihe nach die Ochsen zu hüten und sind für die durch die Tiere bei dieser Gelegenheit verursachten Schäden verantwortlich.«

»Wenn das Gut Nachtwächter braucht, so sind die Dienstboten der Reihe nach verpflichtet, diesen Dienst zu verrichten.«

»Die Dienstboten dürfen weder an Sonn- oder Feiertagen, viel weniger noch an Arbeitstagen ohne Genehmigung den Dienstort verlassen.«

Weiter heißt es noch im Gesetz: »Es ist dem Dienstboten verboten, ohne Genehmigung des Arbeitgebers, auch nicht vorübergehend, eine nicht zu seinem Haushalt gehörige Person in seiner Wohnung aufzunehmen.«

Die Hausgesetze können beliebig und nach Wunsch erweitert werden, denn unter dem gedruckten Text ist ein leerer liniierter Raum, der auf die gesetzgeberische Eingebung eines Inspektors wartet.

Diese Einzelheiten habe ich aus einem vor mir liegenden Dienstvertrag und einem Dienstbuch abgeschrieben. Jeder Dienstbote mußte im Besitz eines Dienstbuches sein und durfte ohne dasselbe nicht vom Arbeitgeber angestellt werden. Zuwiderhandlungen wurden gesetzlich verfolgt.

Das in meinem Besitz befindliche Arbeitsbuch lautet auf den Namen eines gewissen Sandor Toth. Wie es zwischen meine alten Familienandenken geriet, ist mir unbekannt. Vergebens versuche ich, mich des Inhabers zu erinnern. Onkel Toth? Onkel Sandor? Kein Echo aus der Vergangenheit. Wie so viele seiner Kameraden ist auch Onkel Toth spurlos verschwunden; gleichwie von einem gestrandeten, halb gesunkenen Schiff als letzte Spur nur noch die Flagge weht: so bleibt das Dienstbotenbuch übrig. Das Ergreifendste ist seine vollkommene Leere.

Die erste Seite verkündet mit fettem Druck, daß es sich um ein »Dienstbuch« handelt. Darüber, von zwei Engeln getragen, das ungarische Staatswappen und ein Urkundenstempel über 30 Heller. In der linken oberen Ecke die Nummer A 325 628 und die Zahl 80/1908, rechts untereinander teils gedruckt und teils handgeschrieben: Munizipium: Veszprem; Bezirk: Enying; Gemeinde: Szilasbalhas. Ausgestellt am 25. August 1908 durch die Gemeindeverwaltung. Dann folgen Unterschriften und das Siegel der Gemeinde mit der Jahreszahl 1817.

Nach den Personalangaben handelte es sich um den landwirtschaftlichen Angestellten Sandor Toth, geboren 1857, röm.-kath. Religion, verheiratet, wohnhaft in Szilasbalhas, Tothi Puszta. Gestalt: mittel; Gesicht: oval; Auge: gelblichbraun; Augenbrauen: braun; Nase: ohne Besonderheiten; Mund: ohne Besonderheiten; Haare: braun, graumeliert; Zähne: schadhaft; Bart: rasiert; Schnurrbart: braun, graumeliert; besondere Merkmale: fehlen. Unterschrift: Drei Kreuze.

Selbst auf Grund der Personalbeschreibung kann ich mich Onkel Toths nicht erinnern. Aber die Einzelheiten, die schlechten Zähne, das ovale Gesicht, das nur aus Haut und Knochen besteht und den tatarischen Einschlag aufweist, die mittelgroße Gestalt, bei der man hinzusetzen sollte, daß sie gebeugt ist, der rasierte Bart, der eigentlich als stoppelig zu bezeichnen wäre, der graumelierte Schnurrbart, der in den Mund hängt, sind mir einzeln so gut bekannt, daß sie zusammengesetzt mir das leibhaftige Bild dieses Onkels Toth vor die Augen zaubern. So steht als typischer Vertreter seiner Rasse Onkel Toth riesengroß vor mir. Ich sehe seine gelblichbraunen Augen, übrigens die Augenfarbe meiner Familie, ich sehe seine besonderen Merkmale, die in der Personalbeschreibung nicht enthalten sind: den bärenartigen Gang, die gichtischen, nach innen gekrümmten Finger, die sich nicht mehr ganz ausstrecken lassen, die kleinen Zuckungen um den Mundwinkel und am Augenlid, die sofort einsetzten, wenn Onkel Toth angeschrien wird; er hat bestimmt auch alte Narben an Kopf, Händen und Füßen, und vor Kreuzschmerzen kann er sich nur schwer hinsetzen oder aufstehen. Ich sehe dann auch mit allen Einzelheiten sein Leben von der Geburt an, die zahlreichen Krankheiten und sonstigen Fährnisse der Kinderjahre, durch die er sich durchgekämpft hat. Kaum war es soweit, fing er an zu arbeiten: er hütete Gänse, ging als Taglöhner, half als Treiber bei den Jagden, kurzum, suchte Arbeit, wo er nur konnte. Als der erste Ochse seinem Zuruf gehorchte, wurde er Hilfsochsentreiber. Sein Leben als Erwachsener begann im elften bis zwölften Lebensjahr, als er sich von der Befehlsgewalt des Elternhauses unabhängig machen konnte, indem er ein Deputat, wenn auch nur ein halbes, nach Hause brachte. Zwischendurch diente er beim Militär. Eines Tages gestand ihm ein Mädchen, daß sie ein Kind von ihm erwarte. Sie verschafften sich ein Bett; das genügte zur Familiengründung, und nun erhielt er als Verheirateter auch volles Deputat. Ein Kind kam zur Welt, und jedes Jahr folgte ein weiteres. Als das letzte geboren wurde, waren die ersten, wenn sie noch am Leben waren, bereits Hilfsochsentreiber und wurden frech. Die Kinder verließen inzwischen das Elternhaus und machten sich ebenfalls selbständig. Das Alter kam, als Ochsentreiber konnte man ihn nicht mehr verwenden. Dann starb er. Wenn er entgegen der Regel nicht rechtzeitig starb, so gab man ihm leichte Arbeit in den Stallungen. Als nach der Peitsche auch der Besen seiner Hand entfiel, hätte er eigentlich wiederum sterben sollen. Er starb aber nicht. Nun hütete er wieder Gänse und erhielt wie zur Warnung, daß er sich die Sache nun nicht mehr zu lange überlegen sollte, da ja sogar seine Kinder schon tot waren, nur mehr halbes Deputat. Dann beim nächsten »Appell«, zu Allerheiligen, wurde auch sein Name aufgerufen. »Na, Toth, Sie haben also niemanden, der sich Ihrer annehmen würde?« fragte der Inspektor. »Nein, niemanden, Herr Inspektor.« – »Also, im Stall gibt es noch immer einen Platz für Sie.« Dort, wo die Wanderburschen übernachten durften. Das Deputat bekam er nicht mehr, aber die Frauen gaben ihm abwechselnd ein Töpfchen Suppe.

Eines Tages verschwand er dann auch, wie die Wanderburschen, wenn er inzwischen nicht gestorben war. Sein Dienstbuch blieb im Kontor; anscheinend schämte er sich, es zurückzuverlangen.

Auf der 21. Seite des Dienstbuches ist der bekannte XVI. Gesetzartikel des Jahres 1900 zu lesen über: »Die Hilfskasse der landwirtschaftlichen Arbeiter und Dienstboten« und auf der 33. Seite die Ergänzung zu diesem, das Gesetz XIV vom Jahre 1902, das die Hilfskasse und deren Funktion in allen Einzelheiten erläutert. Die Hilfskasse ist aber nie ins Leben gerufen worden und steht nur auf dem Papier. Dann folgen noch die Rubriken für Dienstorte, Zeiten und den Namen der Arbeitgeber. Keine einzige ist ausgefüllt, denn Sandor Toth diente sein Leben lang an einer Stelle.

Jetzt können wir uns vorstellen, unter welchen Bedingungen er dies tat. Aber nur in großen Zügen, denn wie das Krankenkassengesetz nie zur obligatorischen Krankenversicherung führte, so konnten nur einige wenige Gesetze den Weg finden, der von den klangvollen Reden der Gesetzgeber so weit führte, daß zum Beispiel der Aufseher ohne drohende Handbewegung den Befehl zur Beschleunigung der Arbeit geben soll und daß Sandor Toth das, was man ihm nach getaner Arbeit hinwarf, nicht als besondere Gottesgabe ansah.

Es wird behauptet, daß es anders nicht ginge. Es geht nicht infolge der klimatischen Eigenheiten unseres Landes, besonders aber nicht wegen der Sonderstellung unseres landwirtschaftlichen Systems. Vielleicht des Sternenstandes wegen nicht? Denn siehe da, es geht in Dänemark, aber auch in Frankreich, in Italien und sogar in Österreich, um nicht fast sämtliche Staaten Europas zu erwähnen.

Die Pusztabewohner wissen nichts von diesen Ländern. Sie kennen nur ihre eigenen Verhältnisse und trachten, sich ihnen anzupassen. Aber auch dabei müssen sie sich auf ihre Tradition und ihr erfinderisches Talent verlassen. Die Vernunft gibt ihnen ein, sehr sparsam mit ihren Kräften umzugehen, wenn sie leben wollen. Und leben wollen sie schließlich alle.

Es kam vor, daß ein zugrunde gegangener Bauer sich als Dienstbote anwerben ließ. Kaum einer blieb in Stellung, denn keiner konnte sich in das neue Milieu eingewöhnen. Am Anfang arbeitete er im gleichen Tempo wie früher zu Hause. Nach zwei, drei Monaten griff er sich erschrocken an Brust und Rücken. Dann versuchte er sich nach dem Arbeitsgang der Puszta zu richten, aber kaum einem von zehn gelang es, sich zu halten. Früher oder später vertrieb ihn die Krankheit oder das Gesinde von der Puszta.

Der schonende Umgang der Pusztabewohner mit ihren Kräften

war übertrieben, und ihr Erfindungsgeist in dieser Hinsicht unerschöpflich. Mit einer besseren Arbeitseinteilung und Behandlung würde es bestimmt nicht nur der Grundbesitzerklasse besser gehen – deren Interessen der Autor nicht berücksichtigt, da er sie nicht kennt, und die auch den Rahmen des vorliegenden Werkes überschreiten würden –, sondern man könnte auch mit der Erhöhung der landwirtschaftlichen Erzeugung des ganzen Landes rechnen. Es ist sehr wahrscheinlich, daß das Gesinde auf eigenem Grund und Boden viel fleißiger wäre oder durch erhöhte Beteiligung am Ertrag mehr Interesse für die Gesamtleistung aufbringen würde.

Man kann wirklich nicht behaupten, daß sich die Dienstleute für das Gedeihen des Gutsherrn besonders interessierten. Sie taten lediglich die Arbeit, auf die sie dressiert waren, oder taten zum mindesten so, als ob sie eine andere nicht verständen, und keinen Strich mehr. Der Kutscher Onkel Sutka wurde wegen des folgenden Vorkommnisses entlassen. Ich war zufälliger Augenzeuge der letzten Szene:

Das bestgemästete Schwein des Gutes wurde vom Metzger des nächsten Dorfes angekauft. Das Riesentier war so fett, daß es sich kaum mehr auf den Füßen halten konnte, und Onkel Sutka wurde beauftragt, es ins Dorf zu fahren. Ordnungsgemäß erschien er auch mit seinem Wagen im Hof des Schweinemetzgers. Da stellte es sich heraus, daß das Mastschwein unterwegs krepiert war. Durch die Erschütterungen des Wagens auf den schlechten Wegen war dem feisten Tier der Atem ausgegangen, so daß es erstickte. Der Metzger verweigerte selbstverständlich die Abnahme. Der Verwalter war wegen des entstandenen Schadens außer sich vor Wut. »Warum hast du es nicht abgestochen?« brüllte er Onkel Sutka an. »Warum hast du das Blut nicht ausfließen lassen, wo du bemerkt hast, daß es am Ersticken war? Hast du denn kein Messer in der Tasche?« – »Doch, ich habe ein Messer«, stöhnte endlich der Unglückliche. – »Wenn es dein Schwein gewesen wäre, hättest du es dann auch krepieren lassen? Wie?« – »Nein, ich hätte es abgestochen«, gestand Onkel Sutka nach langem Schweigen. – »Aber dann, aber dann…!« schrie der Verwalter, dem die Stimme versagte. Blaurot im Gesicht stürzte er in seine Wohnung, und erst dort kam ihm die Sprache wieder: »Achtzig Pengö hat der Mensch seiner Exzellenz aus der Tasche gestohlen!« klang sein Ruf zum Himmel. Dann kehrte er schwer atmend wieder zurück, wie jemand, der in der Eile etwas vergessen hat, um Onkel Sutka einen Fußtritt in den Hintern zu versetzen. Ich beobachtete das starre, gleichgültige Gesicht des Kutschers. Es war so ohne jede Regung, so verständnislos vor diesem einfachen Problem und dermaßen bar jeden Interesses oder Eifers, als hätte man ihn im Hörsaal vor eine mit mathematischen Exempeln vollgeschriebene Tafel hingestellt. Es stand auf seinem Gesicht geschrieben, daß er, noch einmal in die gleiche Lage versetzt, wieder genauso handeln würde. Er bemühte sich nicht einmal, den Standpunkt des Verwalters zu verstehen: die ganze Sache ging ihn einfach nichts an. In der Tiefe seiner Seele ein Rebell, war diese Empörung desto hartnäckiger und entschlossener, als sie im Unterbewußtsein vor sich ging.

Gegen diese Gleichgültigkeit, dieses Sich-um-nichts-kümmern-Wollen, ist schwer anzukämpfen, um so mehr, als sie beim Hinzögern der Arbeit von einem besonderen Erfindungsgeist und besonderer Durchtriebenheit beseelt sind. »Nicht ihre Hände, sondern ihre Augen regen sich!« hieß es in Inspektorkreisen, und damit hatten sie recht. Sie suchten den Spalt, durch den sie vor der Arbeit entwischen konnten. Ihr Blick glich dem eines Adlers, sie waren wachsam und unerschöpflich an Geduld. Ihr ganzes Leben taten sie ja nichts anderes.

Der Zufall half ihnen auch. Oder halfen sie unbewußt dem Zufall? Wer könnte es glauben, und wenn er es glauben würde, wie könnte er es beweisen, daß menschliche Absicht dabei im Spiele war, wenn auf dem schmalen Fahrweg, der zur weit entfernten Bahnstation führte, stets die Achse des ersten oder zweiten Wagens der Weizen fahrenden Kolonne brach und nie die des letzten? War es Absicht? Bestimmt nicht. Die Ochsentreiber waren schuldlos am Bruch. Der schadhafte Wagen geriet nicht absichtlich, sondern zufällig oder vielleicht durch Gottes Fügung an die Spitze der Kolonne, die jetzt gut einen halben Tag lang im Dreck steckenblieb. Denn die Ochsentreiber, die sich nun stundenlang hinter den Ohren kratzten und darüber berieten, was zu tun sei und wohin man um Hilfe senden sollte, kamen von selbst auf keinen Ausweg. Sie standen da und warteten, und damit taten sie das Richtige. Denn wenn sie die Weizensäcke vom Wagen heruntergeholt hätten, so hätten sie sie bestimmt mitten in den Dreck gelegt. Nicht aus Bosheit. Genauso wie der endlich eintreffende Inspektor nicht aus Bosheit schon von weitem hörbare Flüche ertönen ließ.

9

Das Gesinde ließ die Schmähungen mit asiatischer Gleichgültigkeit über sich ergehen. »Wenn ich nur wüßte, wen dieser arme Ochse befluchen kann«, sagte mir einmal kopfschüttelnd ein Ochsentreiber nach einer gründlichen Beschimpfung und im Zustand der tiefsten Zerknirschung. Bei den Beschimpfungen wurde nämlich die genaue hierarchische Rangstufe eingehalten. Der Gutsbesitzer beschimpfte den Verwalter, der Verwalter die Inspektoren, diese wieder die Aufseher und die Aufseher das Gesinde. Danach folgten nur mehr die Kinder und die Ochsen. »Vielleicht beschimpft der den Karren«, fuhr mein Ochsentreiber fort, »der Karren das Holz, das Holz den Herrgott dort oben, der diese dreckige Welt geschaffen hat.« Und damit war er aus dem Zustand der Zerknirschung wieder in sein übliches Geleis geraten.

Im Verkehr der Dorfbewohner untereinander herrschte eine steife und komplizierte Etikette wie an einem fürstlichen Hof. Schwer zu verdolmetschende Gefühle oder heikle Mitteilungen – zum Beispiel, ob ein Gast gerne gesehen war oder ob der Bursche sich einem Mädchen, dem er schöntun wollte, nähern durfte oder nicht – wurden statt mit Worten durch kleine Gepflogenheiten mitgeteilt, die nicht nur je nach dem Dorf, sondern selbst nach Dorfteilen verschieden waren und noch dazu jährlich wechselten. Es war nicht nebensächlich, wer dem Eintretenden den Hut abnahm, der Hausherr, die Frau oder die Tochter, und wohin dieser gelegt wurde, auf die Truhe, auf den Kleiderhaken oder auf das Bett – der Besucher war in einer Minute über alles im Bilde, wozu Worte ein halbes Jahr gebraucht hätten. Ein Fremder konnte natürlich sein Leben lang nicht aus alldem klug werden. Einmal verbrachte ich einen Schulurlaub in B. und besuchte hin und wieder den Weinkellernachbarn meiner Verwandten. Beim Weggehen reichte ich jedem der Anwesenden der Reihe nach die Hand und so auch einmal der unverheirateten Tochter des Hauses. Sie nahm meine dargebotene Rechte etwas zögernd, und es schien mir, als ob sie auch errötete. Später erfuhr ich, daß der Vater sie gleich nach meinem Weggehen erbärmlich verprügelte. Reichte nämlich ein Mädchen einem Burschen die Hand, dann gab sie offen und ehrlich zu, daß sie mit ihm ein Liebesverhältnis hatte, falls der

Händedruck in Anwesenheit von Verwandten ausgetauscht wurde. Das galt aber nur im oberen Dorfteil und nicht im unteren. Wahrscheinlich bedeutete es dort wieder etwas ganz anderes.

Zwischen den Pusztabewohnern gab es keine Formalitäten dieser Art. Sie lebten Tag und Nacht in einer so engen Gemeinschaft, daß selbst ein »Grüß Gott« überflüssig geworden war. Wenn sie sich begrüßten, so wünschten sie sich nichts, sondern teilten sich sofort eine Tatsache mit. »Kalt ist's«, sagten sie in frühen Morgenstunden, worauf die Antwort hieß: »Kalt.« Wer sich mit einer Harke näherte, bekam etwas wie »Fertig?« zu hören; wenn es ein Mann war, so antwortete er zum Beispiel: »Noch was übrig« und setzte einen kernigen Fluch hinzu.

Nur beim Betreten und Verlassen des Hauses war es üblich, zu grüßen. Beim Kommen: »Grüß Gott« – »Gott befohlen«, beim Gehen: »Gott mit Euch«. Eine andere Redensart kannten sie nicht. Von einer alten Tante verabschiedete ich mich mit »Na, auf Wiedersehen, Tante!«, worauf sie verlegen blinzelte und errötend antwortete: »Dir auch, mein Lieber.«

Einer der Gründe, warum der Verkehr sich in dieser kleinen Gemeinschaft so vertraulich abspielte, war die enge Verwandtschaft fast aller Familien untereinander. Für die Jugend war jeder Alte mindestens ein Taufpate, ich selbst hatte wohl an die fünfundzwanzig, da ich nicht nur die Paten meiner Eltern, sondern auch die meiner Vettern und Basen so nannte. Dazu kam noch der Firmpate, der näher stand als die Taufpaten, da er ja eines Tages bei der Hochzeit die Rolle des Brautführers mit allen Pflichten und Obliegenheiten zu übernehmen hatte.

Der dauernde intime Verkehr untereinander, gepaart mit den gemeinsamen schweren täglichen Sorgen, versetzte diese Menschen in eine merkwürdig reizbare Gemütsverfassung. Es war, als ob jeder fortwährend sein Spiegelbild sehen müßte – sie vertrugen sich schlecht untereinander. Die Jugend lebte in Frieden – die Alten stritten sich. Sie knurrten sich an, waren neidisch aufeinander, zankten sich und wären sehr erstaunt gewesen, wenn jemand ihnen erklärt hätte, daß sie im Grunde trotz aller Fehden zusammenhielten. Sie lebten wie ein Rudel Wölfe: verbissen sich, jagten sich die Beute in der Not ab – aber blieben beisammen.

Der schroffe Ton der Pusztabewohner untereinander verblüffte den Fremden immer wieder. Dieses friedliche und unterwürfige Volk drückte selbst eine Schmeichelei oder gute Wünsche durch

Flüche aus. Was bei den Bauern durch ihre komplizierten Gebräuche zum Ausdruck gebracht wurde, gaben sie bis in die feinsten Abstufungen ihrer seelischen Regungen durch die Skala ihrer Flüche kund. Wie reich und voller Abwechslung war diese Skala! »Das Donnerwetter soll nicht in dich, aber neben dir einschlagen!« war zwar ein Fluch, aber keine Beleidigung. Wenn man einem Mädchen mit schlauem Blinzeln sagte: »Der Leibhaftige soll bei deiner Hochzeit die Braut holen!«, so bedeutete das sogar ein Kompliment. Oder der zur Arbeit anspornende Satz: »Glotz nicht auf den Boden – wirst doch darin verfaulen!« und das damit verwandte: »Laß den Kopf nicht wie eine Sonnenblume hängen!« waren geradezu zärtlich. Die mit Vergleichen bekräftigten Mahnungen wurden des Wohlklanges wegen gebraucht. Der Ausspruch »Bleib nicht weg wie das gute Trinkgeld!« war ein freundschaftlicher. Leider gab es aber auch viel drastischere und einfallsreichere Flüche; das Volk der Puszta entwickelte in dieser Beziehung ein bemerkenswert erfinderisches Talent.

Die meisten modernen Sprachen besitzen nur wenige und dürftige Redewendungen, um die Gefühle der Wut und Empörung zum Ausdruck zu bringen. Bei manchen Völkern ist die Auswahl geradezu kläglich. Der durch die verschiedensten Ursachen erzeugte Ärger löst bei Menschen aller Bildungsstufen automatisch immer wieder dieselben drei, vier Worte aus. Nicht so bei dem Volk der Puszta.

Meine sogenannte künstlerische Phantasie wurde in der Kindheit zuerst durch Flüche beschäftigt, vielleicht sogar befruchtet. Voller Staunen hörte ich den treffenden Beobachtungen, den gewagten Assoziationen und dem Bilderreichtum der Aussprüche zu. Ich bereitete mich, zwar etwas früh, auf das Thema meiner Dissertation »Die Psychologie des Fluchens« vor.

Die reiche Anhäufung der Beiworte, die knappe und doch abgerundete Form der Satzbildung ließen auf eine gewisse Gesetzmäßigkeit in der Konstruktion und im Rhythmus schließen. Die Improvisation, zu der großer Gedankenreichtum und eine stets bereite Inspiration notwendig waren, erinnerte an die Poesie.

Das Fluchen eines gebildeten Menschen empfinde ich als geschmacklos und darum unerträglich. Wenn aber ein Pusztabewohner fluchte, so horchte ich auf. Im Sumpf des Obszönen fand man bei genauer Beobachtung die schönsten und farbenprächtigsten Blumen als Überreste einer Art von Volkspoesie, ja vielleicht die Rudimente eines längst vergessenen religiösen Kultes, die Religion eines verzweifelten, mit dem Allmächtigen ewig hadernden Volkes. Das Volk der Puszta war fähig, in Verbindung mit allen Heiligen aus dem Stegreif Flüche hervorzustoßen.

Lange Zeit tröstete ich mich damit, daß es sich hier um eine Verdorbenheit der Sprache und nicht der Seele handelte, daß die Begriffe vielleicht vertauscht und mit einem anderen Namen benannt wurden. Ich dachte, daß es gewissermaßen bildlich gesprochen war, wenn die Kutscherfrau, anstatt ihrem Kinde zu sagen: »Was machst du denn da?«, es anheulte, daß der »Franz« (französische Krankheit, Syphilis, Anm. d. Üb.) seine Eingeweide zerfressen solle, oder daß seine Augen ihm herausrinnen sollten. Das zornrote Gesicht der Frau und der harte Schlag, den sie dem Kind versetzte, bewiesen aber, daß die Wurzeln des Vorgangs tiefer saßen und daß der Fluch von Herzen kam. Was sollte ich daraus schließen, wenn ich bedachte, daß jeder Satz mit einem Fluch begann, daß bei einem Gedankengang zunächst wie eine Invokation ein Fluch herausgeschleudert wurde und daß die Redepausen, wenn der Geist sich auf einige Sekunden ausruhte, mit Flüchen ausgefüllt wurden? Was ging in diesen Menschen vor, wenn sie sich gegenseitig von früh bis spät mit wutverzerrtem Gesicht und zitternd vor Erregung die ausgewähltesten und qualvollsten Todesarten wünschten? Ich versuchte manchmal, mir den Gott vorzustellen, der sie beherrschte, und zeichnete in Gedanken nach den ihn apostrophierenden Worten sein Bild. Es war nicht das sanfte Gesicht des Gottessohnes, sondern das fletschende Grinsen eines asiatischen Götzen.

Die Pusztaleute gaben, in der Rangordnung nach unten, nicht nur die von ihren Vorgesetzten erhaltenen Schmähungen, sondern auch die Prügel weiter, und zwar nach streng vorgeschriebenen Regeln. Bis zu einem gewissen Alter straften die Eltern die Kinder, dann folgte eine kleine Pause, nach der die Rollen vertauscht und die Eltern von den Kindern verprügelt wurden. Es handelte sich auch um die Überreste althergebrachter Sitten. Onkel Palinkas Geschichte wurde geradezu als Anekdote erzählt. Wenn sein Sohn ihn an den Haaren durch das Zimmer und die gemeinsame Küche bis zur Wohnungstür schleifte, pflegte er auszurufen: »Laß mich hier los, mein Sohn, ich habe meinen Vater auch nur bis zu dieser Stelle geschleppt!«

Das Volk der Puszta war im Grunde seiner Seele friedlich, sogar sanft. Wenn ein außergewöhnliches Geschehen – ein Todesfall, eine neue Pelzmütze oder ein guter Trunk – die Ochsentreiber ihr Schicksal vergessen ließ, dann begrüßten sie sich lächelnd und schüttelten sich freundschaftlich die Hände. Sie trösteten, ermutigten oder beglückwünschten sich von ganzem Herzen; sie umarmten sich mit Tränen in den Augen und sprachen mit vor Rührung bebender Stimme zueinander. Es fehlte auch nicht an derben Späßen, die trotz ihrer Ursprünglichkeit aus gutem Herzen kamen, so daß zuletzt der Gefoppte wie auch der Spaßmacher sich die Seiten vor Lachen hielten und die Tränen nur so kullerten. Wie selten aber war solch ein Ereignis!

Die Monotonie der Alltagsstimmung der Puszta wurde nach meiner Erinnerung eher durch Flüche und Raufereien als durch derartige heitere Szenen unterbrochen. In Racegres glich der Ablauf des ganzen Jahres einer ununterbrochenen Rauferei, ebenso in der Umgebung. Vielleicht gründeten sich diese Erinnerungen jedoch eher auf eine gewisse Voreingenommenheit, die instinktmäßig nur das Schlechte im Gedächtnis bewahrte. Ich kannte auch Gegenden, wo das Gesinde monatelang Frieden hielt. Dagegen waren die Komitate Tolna und Somogy berüchtigt für ihre Raufereien, beinahe als ob die dortige Atmosphäre die Menschen dazu angeregt hätte. Das war aber nicht der Fall, denn in Tolna unterschieden sich die dort seßhaften Deutschen und ihre Dörfer nicht nur durch Ordnung und Wohlstand von den benachbarten ungarischen Gemeinden, sondern auch durch den Frieden und die Ruhe, die dort herrschten. Das Raufen gehörte gewissermaßen zum Leben der armen Teufel, und auf den Pusztas und in den ärmeren Gemeinden wohnten nur Ungarn. Zu ernsteren Raufereien kam es eigentlich selten, kaum öfters als in den Elendsquartieren einer Großstadt – desto öfter aber zu kleineren Keilereien, die sie als etwas ganz Alltägliches überhaupt nicht weiter beachteten. Ebensowenig wie die täglich sich wiederholenden körperlichen Züchtigungen.

Die Mütter überhäuften ihre Kinder mit Liebkosungen, um sie dann plötzlich ohne jeden Übergang mit dem ersten besten Gegenstand, der ihnen in die Hände kam, zu schlagen, daß man meinte, das Kind müsse an Ort und Stelle liegen bleiben. Dann aber nahm die Frau das Kind heulend in die Arme, lief verzweifelt umher und, wenn es nötig war, auch zum Arzt im nächsten Dorf. Die Kinder kannten die schnelle Hand der Eltern, und bei der ersten wahrnehmbaren Handbewegung suchten sie, so schnell sie nur konnten, das Weite. Der aufgestachelte Zorn aber forderte Befriedigung, genau wie die Liebe. Für die Pusztabewohner war es deshalb ein alltägliches erheiterndes Bild, eine Mutter mit haßverzerrtem Gesicht und trojanische Flüche ausstoßend ihren flink flüchtenden Sprößling verfolgen zu sehen, der nach Hektors Vorbild zurückblickend den Flüchen in keiner Weise etwas schuldig blieb. Die mit ihrer eigenen Brut sonst nicht nachsichtigeren Nachbarn nahmen bei solcher Gelegenheit stets die Partei der Verfolgten. »Beruhige dich, Rozi, laß das Kind!« hielten sie die wild Schnaufende zurück, die ihre Fäuste schüttelnd dem Entsprungenen nachrief: »Wart nur, der Hunger bringt dich schon zurück!« Die Prophezeiung stimmte meist, doch bis es zurückkam, war auch die Wut und damit die Gefahr verflogen. Mit ruhiger Überlegung und aus rein »pädagogischen Gründen« schlug keine Mutter ihr Kind. Im Gegenteil, sie verteidigten es blind und unter allen Umständen.

Die Männer schlugen ihre Frauen, denen der Anstand verbot, sich zu wehren, gewöhnlich mit einem Lederriemen; später, nach dem Beispiel eines aus dem Somogyer Komitat zu uns gezogenen Kutschers und gewissermaßen aus Mode, mit dem Stiefelrohr. Es tat weh, klatschte tüchtig und brach keine Knochen.

Die männlichen Mitglieder des Gesindes schlugen sich nur, wenn sie unter sich waren, aber niemals vor den Augen der Herren.

Die Ursachen dieser Schlägereien waren meist Nichtigkeiten, wie es eben bei Menschen mit überspannten Nerven der Fall ist. Die von oben herunterprasselnden Beleidigungen, gegen die sie sich mit keinem Wort, nicht einmal mit einem Blick wehren konnten, ließen die Luft wie mit Leuchtgas geladen sein, und es genügte ein Funke, um die sofortige Explosion herbeizuführen. Während manchmal die unerhörtesten Beleidigungen lächelnd eingesteckt wurden, genügte ein andermal eine harmlose Anspielung, daß eine Ohrfeige den Hut weit wegfliegen ließ, daß Messer blitzten und zittrige Greise in die Remisen rannten, um mit einem Jocheisen in der Hand wiederzukommen. Die Schlägerei griff um sich wie ein Strohfeuer, und vielleicht hörte sie darum auch ebenso schnell wieder auf. Bei den Schweineställen »spuckte ein Schweinehirt den roten Saft aus«, im nächsten Augenblick entspann sich ein Kampf in den Ochsenstallungen, wildes Frauengeschrei ertönte aus den Wohnungen, und ein paar Kutscher, die bis dahin auf dem Feld friedlich nebeneinander gingen, versetzten sich schnell einige Schläge. Wenn aber die Inspektoren auf den Lärm hin herbeieilten, fanden sie alles wieder in Ordnung bis auf die am Boden liegenden Verletzten, bei denen niemals festgestellt werden konnte, wer eigentlich der Urheber ihrer blutigen Wunden war. Die Solidarität war, stärker denn je, wieder hergestellt.

Die Raufereien der Frauen wurden von den Männern nicht ernst genommen, sondern nur belächelt. Selten mischte sich ein Mann ein, und wenn, dann nur aus disziplinarischen Gründen handgreiflich oder mit Worten, wie die Situation es eben gebot. Schutz gewährten sie ihnen jedoch nie.

Die Frauen dagegen verteidigten ihre Männer wie Löwinnen und warfen sich mutig ins Getümmel. Schlagen durften sie nicht, statt dessen fingen sie mit ihren Körpern die ihren Männern zugedachten Schläge auf. Wenn ein Mädchen dies tat, so war es ein offenes Eingeständnis, daß es mit dem Kämpfenden ein Verhältnis hatte.

Beim Blitzen der Messerklingen klärten sich manchmal die kompliziertesten Probleme. Die junge Frau des Karikas wurde von einem Ochsentreiber von der benachbarten Puszta verführt, der sie auch heiraten wollte. Der Ehegatte willigte ein und bewirtete den Verführer sogar, als er kam, um die Frau abzuholen. Sie aßen zu dritt und tranken zum Abschied von dem Wein, den der Gast spendierte. Die Frau war schon reisefertig, als die zwei Männer, vielleicht gar nicht ihretwegen, ins Handgemenge gerieten. Die bäuerliche Helena kam mit wilder Entschlossenheit ihrem Gatten zu Hilfe, sie hielt unter den Schlägen aus und hing sich an die Arme ihres Liebhabers, so daß es dem Ehemann gelang, den Rivalen tüchtig zu verprügeln. Der halb bewußtlose Liebhaber wurde dann mit vereinten Kräften hinausgeworfen. »Da wurde mir klar, wen ich wirklich liebe«, gestand die junge Frau später ihren Freundinnen.

Zu einer Anzeige oder Klage kam es selten, wer hätte auch in diesen komplizierten Fällen Recht sprechen können? Zwischen zwei Gesindehäusern entbrannte einmal ein Kampf wegen einer Katze, der sich zu einer wahren Schlacht steigerte und einen halben Tag dauerte. Besser gesagt, es handelte sich um die Jungen der Katze, richtiger noch, waren es die toten Kätzchen, die irgendwohin geworfen worden waren, genau wußte es am Ende niemand mehr.

In einer Gemeinschaftswohnung gerieten zwei Frauen aneinander. Die dritte Einwohnerin, die junge Frau Beszedes, ergriff zwei Topfdeckel und schlug sie mit lautem Getöse aneinander, um die Kämpfenden anzuspornen, bis sie selbst eins auf die Nase bekam.

Das Gesinde beklagte sich über seinesgleichen fast nie. Höchstens wurde der andere mit dem »Auf-die-Diele-stellen« erschreckt. Die etymologische Erklärung für diese Redensart ist die, daß ein Pusztabewohner nur im Verwalterbüro auf einem gedielten Boden stehen konnte, da es sonst nirgendwo einen gab. Entschloß sich aber einer voller Befangenheit doch zu diesem Gang, so kam er mit seiner Erzählung selten zum Ziel, und am Ende der unentwirrbaren Geschichte wusch man ihm genauso den Kopf wie dem Angeklagten. »Haltet doch Frieden, habt ihr keine anderen Sorgen?« war der obligate Ausspruch der Obrigkeit. Und diesmal hatte sie recht, früher oder später kam jeder, selbst der bestgesinnte Verwalter auf diesen Standpunkt. Zeigte er nämlich das geringste Verständnis für die Privatangelegenheiten des Gesindes, so gab es kein Halten mehr, er wurde einfach überrannt und hätte seinen Posten mit dem eines Richters vertauschen können. Es galt, entweder eine neue Welt aufzubauen oder sich vor dem Althergebrachten stillschweigend zu beugen.

So leicht das Gesinde eine Rauferei anfing, ebenso schnell versöhnte es sich auch wieder. Die Blutrache der Südländer war genauso unbekannt wie die rührseligen Versöhnungsszenen der Slawenvölker. Eines Sonntags versetzte der junge Toth seinem Freund Szabo einen solchen Schlag auf den Kopf, daß man ihn nach Hause tragen mußte. Eine Woche später erblickte sie der Verwalter, wie sie mit anderen jungen Burschen zusammen ein beliebtes Gesellschaftsspiel spielten. »Na, vertragt ihr euch wieder?« fragte er erstaunt. »Ja«, antwortete der junge Toth. »Es ist schon geheilt«, bemerkte Szabo noch, auf seinen Kopf deutend.

Der Verkehr zwischen den Einwohnern der benachbarten Pusztas war äußerst zwanglos. Die Bauern blieben ihnen fremd, während sie instinktiv schon von weitem die Zusammengehörigkeit von ihresgleichen wie Tiere witterten. Dementsprechend verstanden sie sich auch sofort. Gegenseitige Besucher der Pusztabewohner waren sehr selten, es geschah wohl nur, wenn etwas hin oder her gefahren werden mußte. Die Alten sahen sich jahrelang nur auf den Märkten, wenn sie das Vieh dorthin trieben. Die Jungen trafen sich an Wallfahrtsorten, wo auch regelmäßig die größten Schlägereien stattfanden.

Über die Wallfahrten nach Ozora erzählte Gereben Vas, der auf einer in der Nähe gelegenen Puszta aufwuchs, daß sie schon in der Kindheit traditionelle Feste des Blutvergießens waren. Wenn sich unter den Burschen während des Jahres aus persönlichen Gründen oder durch Klatschereien Differenzen ergaben, so trafen sie sich an Wallfahrtsorten zur Aussprache. Sie marschierten die ganze Nacht hindurch, hörten in der Früh die Messe, versammelten sich, und dann verprügelten sie sich nach einem kurzen Wortwechsel manchmal bis zu Tode. Auch in meiner Kindheit war es noch so, nur mit dem Unterschied, daß die Rauferei nach der Litanei anfing und gewissermaßen in Abteilungen abgehalten wurde. Während die Kutscher sich totschlugen, warteten die Hirten auf ihre Stöcke gestützt vor dem Wirtshaus, bis die Reihe an sie kam. Ruhigen Blickes standen sie da in dem Bewußtsein, daß keiner seinem Schicksal entgehen konnte. In ihrer abwartenden Haltung wirkten sie weniger als rauflustige Männer, sondern eher als Opfer, die auf den Schlag warten, um zu bluten und zu sterben. Ein Militärurlauber aus K., geschwellt von dem überwältigenden Gefühl der Exterritorialität seiner Uniform, schlug im Wirtshaus sein Bajonett in die Diele mit dem Schwur, jeden zu erschießen, der sich traute, es anzurühren. Vier Burschen mußten ihr Leben lassen, bis es gelang, den Rasenden von hinten mit einer Selterwasserflasche niederzuschlagen. Die Gendarmen pflegten sich erst am Ende der Schlägerei einzumischen, nachdem die Kämpfenden zur Genüge ermüdet waren. Wären sie früher erschienen, so hätten sich die Kämpfenden sofort versöhnt, um als Verbündete gegen den neuen Feind aufzutreten. An einem Karsamstag kreuzigten in Ozora betrunkenes Gesinde und Dorfbewohner einen Gendarmen an die Tür des Wirtshauses. Sie vollzogen an ihm alle Grausamkeiten, mit denen unser Heiland zu Tode gemartert wurde und wie sie es kurz vorher von der Kanzel herab gehört hatten. Wie sich später bei der gerichtlichen Untersuchung herausstellte, war das halbe Dorf Zeuge dieser Scheußlichkeit gewesen.

Die moderne Seelenforschung wird Mittel und Wege finden, um die geschilderten Vorkommnisse zu erklären. Das mit dem Tod des jungen Szappanos zusammenhängende Rätsel löst jedoch bestimmt niemand. Dieser pflügte mit seinen Kameraden am Tag einer Treibjagd. Einer der Jäger, ein freundlicher Herr aus der Stadt, ließ sich auf ein Gespräch mit den Leuten ein und erklärte auf die neugierige Bitte der Ochsentreiber die neuartige Repetiervorrichtung seines Winchestergewehres. Er erlaubte sogar, daß der eine von ihnen, ein gewisser Paul Ratki, es in die Hand nahm. »Ist es geladen?« fragte dieser mit dankbarem Lächeln, hob das Gewehr an die Wange und zielte, immer noch mit einem glücklichen Lächeln, auf seinen besten, wie es sich bei der Untersuchung später herausstellte, wirklich besten Freund, den jüngeren Szappanos. Und frohgemut, als wollte er ihm eine besondere Gefälligkeit erweisen, oder wie um ihn in die Freuden des Spieles mit einzubeziehen, schoß er ihm mit einer Ladung Schrot den Kopf zu Brei.

Das Gesinde beschenkte seine Herren mit der gleichen Freigebigkeit und Freude, wie dies die Armen überall tun. Vor ihresgleichen hüteten und verteidigten sie eifersüchtig Gegenstände, die für den eigenen Bedarf eigentlich unbrauchbar waren. Ihren Vorgesetzten dagegen schenkten sie freudig die teuersten Familienreliquien. Jahrelang bettelte ich beim Bruder meines Großvaters um ein wunderbares selbstgeschnitztes, mit Bleiverzierungen eingelegtes Kistchen, das meine Mineraliensammlung aufnehmen sollte. Er gab es nicht her. Dem Güterdirektor schenkte er es bei dessen erster Anspielung. Er säuberte es, brachte es in Ordnung und trug es selber ins Schloß. Mit Tränen in den Augen kam er zurück, denn es hatte ihn gekränkt, daß der Güterdirektor darauf drängte, sich mit einer Gegenleistung zu revanchieren, und eine solche kam für den Onkel natürlich nicht in Frage. Er schenkte einfach, wie jeder Dienstbote und wie jeder Arme dem Reichen, weil es ihm Freude bereitete. Eine eventuelle zukünftige Gegenleistung, etwa eine Festigung seiner Stellung oder sonstige Vorteile, kamen nicht in Frage, denn der Güterdirektor lebte nicht auf der Puszta, sondern befand sich auf der Durchreise. Die Armen schenkten uneigennützig und taten es um so freudiger, je höher die Stellung des Beschenkten war. Beim Schlachtfest wanderten die feinsten Bissen ins Schloß, und der Geber verschwand verschämt, um dem Dank auszuweichen. War es vielleicht ein seelisches Bedürfnis, ein den Göttern dargebrachtes Opfer? Oder war es die geheime Auflehnung des Selbstbewußtseins gegen das Schicksal? Wollten sie durch ihre Handlung unter Beweis stellen, daß sie ebenso gut waren wie die Herren? Ein Schweinehirt verfertigte in dreijähriger Bastelarbeit aus weißem und schwarzem Roßhaar eine kunstvolle Uhrkette, um sie dem König zum Geschenk anzubieten. Bis es soweit war und das Begleitschreiben geschrieben, beliefen sich seine Kosten auf fünf Gulden.

Sie bereiteten sich aber auch untereinander, allerdings unbewußt, Freuden. Das Schöne und Menschliche, vereinzelt sogar Rührende der gegenseitigen Beziehungen äußerte sich fast ausnahmslos unter dem Zwang alter, überlieferter Gebräuche. Von woher stammten diese Überlieferungen? Aus den Bruchstücken konnte man auf ein versunkenes, glückliches, paradiesisches Zeitalter schließen, in dem die Menschen in liebevoller Gemeinschaft zusammen lebten. Die mit Tüchern zugedeckten Gabenteller wanderten nicht nur nach dem Schweineschlachten hin und her. Es geziemte sich auch, Frauen im Wochenbett Gaben zu senden. Selbst verfeindete Familien beschenkten sich bei solcher Gelegenheit.

Meine Schwestern sandten mich fast jede Woche, wenn Fladen oder Kuchen gebacken wurden, mit Gabentellern zu Freundinnen. Diese Art der Freundschaftsbeteuerung war nur mehr zwischen Mädchen Usus, aber der Name Gevatterteller sowie der Vers, den ich bei der Übergabe herunterleiern mußte, bewiesen, daß diese Freundlichkeit früher auch zwischen Männern und Familien üblich war. Die in Racegres noch eingehaltene Sitte der Wahl einer Pfingstkönigin spielte sich nur noch zwischen Kindern ab. Vier größere Mädchen hielten über ein jüngeres ein Leintuch und gingen so singend von Haus zu Haus. Am Ende des Liedes packten die vier das kleine Mädchen, hoben es hoch und verspeisten dann gemeinsam die gespendeten Gaben.

Auch die Belustigungen verliefen nach althergebrachten Gebräuchen. Dem Anschein nach hätte man glauben können, sie seien die Frucht des Augenblicks. Mir scheint aber, als hätte sie eine längstvergessene Religion ritusartig ausgelöst. Die sich müde nach Hause schleppenden Ochsentreiber fingen plötzlich an, sich anzurempeln und zu stoßen, so daß man jeden Augenblick das Knallen der ersten Ohrfeige erwartete – bis statt dessen auf einmal Lachen ertönte; Scherze und Wortspiele flogen hin und her, aus denen das geübte Ohr eine gewisse Gesetzmäßigkeit heraushören konnte.

Der Frohsinn hatte genauso seine herkömmlichen Feiertage wie die Trauer oder das Blutvergießen. Am ersten Frühjahrstag mußte jeder pfeifen und lächeln. Es gab Tage, wo die halbe Puszta, die Pelzmützen und -röcke nach außen gekehrt, Tiere oder Teufel versinnbildlichend, Unfug trieb und sich belustigte. Ein anderes Mal erschienen sie bei Eintritt der Dunkelheit in Leintücher gehüllt als

Spukgestalten, in ausgehöhlten Kürbissen brennende Kerzen tragend. Wir lachten oder zitterten, je nachdem es die Gebräuche vorschrieben.

Die Burschen und Halbwüchsigen, manchmal sogar die Alten, benutzten die seltene Gelegenheit eines Schmauses, um diesen in ein richtiges Fest mit Tanz, Gesängen, Vorträgen und heiteren Spielen nach Art der attischen Ziegenfeste zu verwandeln. Kleine improvisierte Szenen wurden aufgeführt, die schallendes Gelächter und allgemeine Heiterkeit hervorriefen. Kinder steckten an das Fenster des Hauses, in welchem geschlachtet wurde, einen entlaubten Ast mit gespitzten Enden. Die Hausbewohner spießten dann kleine Stücke Wurst oder Speck auf die Spitzen. Die »Fenstergucker« bei Hochzeiten, meist ungeladene Halbwüchsige, versammelten sich vor den Fenstern, um Brocken vom Hochzeitsschmaus zu ergattern, die sie erst erhielten, wenn sie durch witzige und der Gelegenheit angepaßte Zurufe das Wohlwollen der sachverständigen Gäste erwarben. Diese wiederum hielten ihre witzigen Gegenwendungen schon in Bereitschaft. Am Dreikönigstag warteten herumziehende Sängerknaben mit einem streng nach der commedia dell'arte der Puszta sich richtenden und auf die Ansprüche des Hauses abgestimmten Programm auf. Am Vorweihnachtstag erzitterte die Luft der Puszta vom salvenartigen Geknatter der Peitschenknaller.

Im Mai wurde der Maibaum »ausgetanzt«. Als Maibaum diente eine hohe, schlanke Pappel, die außer einer an der Spitze übriggelassenen, kleinen grünen Laubkrone von ihren Ästen befreit worden war. Früher stellte man kleine Maibäume vor den Häusern mit heiratslustigen Mädchen auf. Später, als jede Puszta sich mit einem einzigen Maibaum begnügen mußte, richtete man ihn vor der Wohnung des Verwalters auf, bis sich die Verwaltersfrau den Lärm des Festes vor ihren Fenstern verbat und ein anderer Platz gefunden werden mußte. Nunmehr stand der Maibaum vor dem Ochsenstall, der danach repräsentativsten Stelle. Man stellte ihn nach althergebrachter Sitte in der Nacht zum ersten Mai auf. Am Pfingstsamstag wurde der Maibaum umgelegt und geschmückt. Die Mädchen zierten ihn mit Bändern, die Männer mit Zunftzeichen. Der Wagner mit einem kleinen Holzeimer, der Schmied mit einem mit Messing verzierten Hufeisen, die Winzer mit einem Kranz aus Bast und die Schäfer mit Käsestücken. Die Inspektoren stifteten, wenn sie eben guter Laune waren, einige

Flaschen Wein. Sodann wurde der Baum wieder aufgerichtet. Wir Jungen warteten in heller Aufregung. Das Fest eröffneten am Pfingstmontag mittags die Zither- und Harmonikaspieler mit dem neuesten Lied. Dann kam das Erklettern des Maibaumes. Außer den Kindern hatte jeder Bursche, der Stiefel besaß, das Recht hinaufzuklettern und sich einen Gegenstand – aber nicht mehr – zu holen. Für Barfüßige war die Teilnahme verboten. Der Spaß fing unter der lärmenden Beteiligung der Zuschauer an; anfeuernde und höhnische Zurufe erschollen, je nach Erfolg oder Mißerfolg der Bewerber. Ein Bursche erreichte die Spitze, griff nach einer Weinflasche und war schon wieder unten. Wenn überhaupt Wein in der Flasche war! Denn es kam auch vor, daß sie eine dem Wein nur in der gelben Farbe ähnliche Flüssigkeit enthielt. Die Inspektoren trugen mit derlei geistreichen Einfällen zur Hebung der guten Stimmung bei. Der Erfolg blieb aber nicht aus, denn die allgemeine Heiterkeit über den hereingelegten Kameraden war groß. Nachdem der Baum leergeplündert war, begann der Tanz und dauerte bis zum Ausbruch einer Rauferei.

10

Meine Großmutter nahm sich der kleinen Tochter einer entfernten Verwandten an. Kaum erwachsen, verliebte sich das Mädchen sterblich in einen auffallend schönen Unteroffizier namens Daniel Szerencses. Der schöne Unteroffizier, der mit einer Pferdeeinkaufskommission auf die Puszta gekommen war, zog, um heiraten zu können, den bunten Rock aus, und Tante Malvi erwachte plötzlich zur Wirklichkeit. Ihr Mann war im Zivilberuf einfacher Kutscher.

Trotzdem hielt sie heldenhaft an seiner Seite aus. Erhobenen Hauptes und mit dem stolzen Lächeln einer Märtyrerin folgte sie ihrem Mann in das benachbarte Komitat Fejer und tauchte in der schrecklichen Welt der Familie Szerencses unter. Als ob sie ein Wunderbad genommen hätte, wurde sie den neuen Familienmitgliedern vollkommen gleich. In der Familie meiner Mutter sprach man leise. Tante Malvi mit auf die Hüften gestemmten Fäusten schrie nach vierwöchiger Ehe und fluchte wie ein Kutscher. Sie brachte ausschließlich Zwillinge auf die Welt, in drei Raten, insgesamt sechs Kinder, von denen aber nur zwei das zehnte Lebensjahr erreichten. Im vierten Jahr der Ehe starb der schöne Kutscher an Lungenentzündung. Tante Malvi, die mit ihren Schwiegereltern gemeinsamen Haushalt führte, aß dort nun ihr Gnadenbrot, was man sie oft genug spüren ließ.

Die Mitglieder der Familie Szerencses verbreiteten sich über die Gegend von einem in der Nähe von Vajta gelegenen Gut her. Sie waren überaus zahlreich und hielten mit Begeisterung die verwandtschaftlichen Beziehungen nicht nur mit uns, sondern, unbekümmert um Gleichgültigkeit und eisige Blicke, auch mit der Familie meines Vaters aufrecht. Nach einer durchwanderten Nacht kamen uralte Weiblein in unser Haus gehumpelt und blieben dort, ohne daß man wußte warum, zwei bis drei Tage hocken. Sie aßen kaum. »Etwas Magermilch ist nur zu gut für mich«, seufzten sie so leise und bescheiden wie ein kranker Vogel, der seinen letzten Seufzer piepst. Umsonst bot ihnen Mutter manchmal zorngerötet dies und jenes an. Sie nahmen nur Brot und lutschten es in Magermilch getaucht. Dies war anscheinend bei ihnen die alleinige Nahrung der alten Frauen. Um nichts in der Welt hätte man sie bewegen können, im Zimmer zu schlafen. »Gott bewahre, daß ich dieses schöne Zimmer« – in dem auch ein selbstgefertigter Lumpenteppich prangte – »diese wunderbare Wohnung vollstinke!« wehrte die eine Alte ab. Ich erinnere mich dieser Worte, da mein Vater die Geschichte oft als seine Lieblingsanekdote lachend zum besten gab. »Und Tante Teca war im Recht, denn sie stank wirklich«, lautete die Pointe seiner Geschichte. Er ließ sich von den alten Weibern nicht stören; vielleicht hatte er sie sogar gern. Vater schlief gewöhnlich in der Küche, so daß wir den alten Weiblein auf dem Dachboden oder im Sommer unter dem Vordach ihr Lager richteten. Tagsüber saßen sie wortlos da mit leicht beleidigtem Gesichtsausdruck, als erwarteten sie eine Frage. Man mußte ihnen höflichkeitshalber den ganzen Hausrat Stück für Stück anbieten, bis es sich herausstellte, auf was sie es eigentlich abgesehen hatten. »Also die kleinen Stiefelchen würde ich schon für den Imrus mitnehmen, wenn ihr sie sowieso wegwerfen wollt«, seufzte Tante Teca, Rozi oder Kati, griff schnell nach dem Korb, der bisher empfangsbereit in einer Ecke stand oder an einem Nagel hing, verpackte fein säuberlich die Stiefelchen, das Hemdchen oder das Nudelbrett und verschwand innerhalb weniger Sekunden. Manchmal kamen auch Männer aus vierzig Kilometer Entfernung eines Guldens wegen. Es gab auch welche, die erst beim dritten Besuch mit der Sprache herausrückten. Da sie in ihren Ansprüchen genau so bescheiden waren, schliefen sie im Stall. Das war die Familie Szerencses. »Die berühmten Stiefelhelden«, spaßte mein Vater, da er einmal sah, wie der eine mit geschulterten Stiefeln barfuß in der Richtung zu uns wanderte, um sie erst zwischen den Ochsenstallungen anzuziehen.

In Stiefeln, barfuß oder in Pantoffeln strömten abwechselnd Frauen, Männer und Kinder in unser Haus; Tante Malvi war der Kanal, durch den sich die gärende Armut hervorbrechend einen Ausweg zu schaffen versuchte. Das Hauptziel des Angriffs war natürlich Großmutter. Sie wehrte sich zwar heldenhaft, doch gegen so viel Energie und Ausdauer konnte auch sie nicht standhalten. Sie half Tante Malvi, wo sie konnte, trotz der mit ihr vorgegangenen Verwandlung, die sie wie eine leider unheilbare Krankheit ansah. Im allgemeinen kümmerte sie sich am liebsten und meisten um Familienmitglieder, denen es eben schlecht ging. Mit Scharfblick stellte sie die gerechte Reihenfolge der vom Unglück oder von anderen, nur zu reichlichen Heimsuchungen des

Lebens betroffenen Kinder fest. Bei Tante Malvi war jede Hilfe vergeblich, denn ihre Sorgen waren zu sehr mit denen der Familie Szerencses verwachsen, der nicht einmal mehr durch ein göttliches Wunder zu helfen war. Tante Malvi war viel bettlägerig, abwechselnd gebar und begrub sie. Dazwischen kamen wöchentlich Boten von der Zeiselpuszta und nahmen Schweinefett, Mehl und vor allem Honig mit, den sie, wie böse Zungen behaupteten, unterwegs aufaßen, denn Tante Malvi vertrug all das nicht. »Die Gute sehnt sich nach dem und dem«, stöhnte die Botin, die wußte, daß Großmutter ihr letztes Hemd hergeben würde, wenn man sie bat. Umsonst versuchten wir sie zu überreden, zu uns zurückzukehren; sie kam nicht. Sie wollte das Schicksal der Szerencses auch nach dem Tod ihres Mannes teilen. Sie pries und deckte ihr Tun und Lassen. Ich glaube sogar, daß sie allmählich anfing, uns zu hassen. »Die können leicht reden«, sagte sie eines Tages, »sie essen jeden Tag warm!« Großmutter lud sich manchmal einen großen Korb auf den Kopf, nahm zwei Taschen in die Hände und machte sich auf den Weg, um das Elend an Ort und Stelle zu bekämpfen. Gerne begleitete ich sie, denn bei Dorog überquerten wir den Bahndamm, neben dem sie stundenlang sitzen konnte, um mir Gelegenheit zu geben, einen vorbeifahrenden Zug zu sehen.

Die Dreizeisel-Puszta lag, von Wäldern umgeben, in einer wunderbaren Landschaft auf einem Hügel. Ich war oft in dieser Gegend und weiß darum nicht, warum mir gerade die herbstliche Landschaft vorschwebt, wenn ich sie in meine Erinnerung zurückrufe. Wir schritten hinunter ins Tal; unten in der Ebene glänzten im lauen Sonnenlicht die Fäden des Altweibersommers wie ein Feenteich. Rechts und links rauschten die rostbraunen Wipfel der Eichen. Der schmelzende Reif glänzte auf den hohen, schon trockenen Gräsern. Hasen sicherten mit erhobenem Kopf, und mit einem schwirrenden Rrss gingen Rebhühner hoch. Sogar Hirsche zeigten sich. Die Landschaft badete sich in einer Art urzeitlichen, jungfräulichen Glücks. Die gegenüberliegende Berglehne war von dunklen Tannen bestanden; zwischen ihnen verliefen klar ersichtlich die hellen Kurven einer Serpentine. Am höchsten Punkt dieses Panoramas lag die Puszta mit ihrer emsigen Bevölkerung, gleich wimmelnden Ameisen auf einer Vogelleiche.

Außer den Stallungen, Scheunen und Remisen waren noch drei lange Gesindehäuser hingepflanzt. Kein Schloß, keine Inspektorenwohnung, keine Kirche und auch keine Schule. Dreizeisel war eine Nebenpuszta des Gutes, das mit seinen Hauptgebäuden irgendwo in der Ferne zwischen idyllischen Hügeln und Wäldern verborgen lag. Ein Aufseher regierte hier. Es gab nicht einmal einen Brunnen, so daß Tränkwasser für die Tiere in einem Zisternenwagen aus der Niederung geholt werden mußte, während es für die Menschen in Kannen heraufgetragen wurde.

Die Familie Szerencses wohnte mit einer anderen Kutscherfamilie »unter einem Dach«, das heißt in einem Zimmer. Als wir eintraten... aber zwischendurch möchte ich noch erzählen, daß uns bei jedem Besuch außer dem üblichen Jammer bei Tante Malvi stets noch eine besondere Neuigkeit erwartete. Einmal war der Flurhüter in die Kalkgrube gefallen; ein anderes Mal brannte eben eine Remise. Wieder ein anderes Mal war der Stier wild geworden und hatte einen Mann niedergetrampelt. Sobald wir im Dunst der Ferne die Puszta erblickten, überkam uns ein seltsam beklommenes Gefühl. Es kam auch vor, daß wir zu den gleichzeitigen Vorbereitungen einer Hochzeit und eines Begräbnisses eintrafen, während der Schweinehirt mit der Axt zwischen den sich Versammelnden auf seine Tochter Jagd machte. Die Einwohner der Zeiselpuszta lebten nun einmal ein absonderliches Leben.

Traten wir in die Wohnung der Szerencses durch den Tumult eines unerwarteten Ereignisses oder, falls die Sensation in der Umgebung stattfand, durch die menschenleere Puszta erregt und erschöpft ein, so empfing uns eine wie durch die Lehren Rousseaus in hellem Aufruhr befindliche Kleinkinderbewahranstalt. Im Bett, auf dem Lehmboden, auf den Truhen und auf der Fensterbank lagen oder saßen meist nackte, sich in den Haaren liegende Kinder. Auch auf der Ofenbank und oben auf dem Ofen saßen dicht aneinandergepreßt Reihen von Kindern, wie Putten auf dem Altar eines sich selbst überbieten wollenden Barockmeisters. Sie weinten und waren hungrig.

Die ganze Familie Szerencses hungerte zu Hause ohne jede Scham. Auch die mit ihnen unter demselben Dach wohnende Familie hungerte. Man könnte wohl behaupten, daß kein Einwohner der Puszta je satt war. Zwar war der Hunger nicht von ihren Augen abzulesen, sie jammerten auch nicht, ihre Bäuche haltend, sondern hungerten still, systematisch, aber offenkundig. Wenn es keine Pilze oder Beerenfrüchte gab, dann stahlen sie Zuckerrübenblätter von den Gutsfeldern und aßen diese. Sie aßen zwar jeden Tag etwas, aber so wenig, daß die genossene Nahrung den durch den Kauakt verursachten Energieaufwand kaum decken konnte. »Etwas Gemüse hätte ich anbieten können«, sagte Tante Rozi, als sie endlich erschien, den Tisch vom Kinderschwarm reinfegte und uns Sitze anbot, »wenn diese armen Würmer es nicht aufgegessen hätten.« Sie aßen im Handumdrehen unser Mitgebrachtes auf, auch den Anteil der trauernden oder im Wochenbett liegenden Tante Malvi, die mit saurer Miene alles zurückwies. Auf der ganzen Puszta war sie die einzige, die keinen Hunger empfand.

Ich bedauerte die Bettler, verachtete aber, offen gestanden, diese mit der Scholle verwachsenen systematischen Hungerleider und Elenden. Später jedoch, nach meiner reumütigen Heimkehr, schlugen meine Gefühle nach der entgegengesetzten Richtung um. Obwohl wir nicht eigentlich hungerten, würde ich, wenn ich meine Kinderjahre noch einmal durchleben müßte, sie dennoch als im Elend verbracht empfinden. Damals dachte ich anders. Man könnte nicht behaupten, daß wir gut lebten. Wir aßen zwar regelmäßig, vielleicht nicht immer Speisen, die wir mochten, und oft auch mit Unlust, nur zu oft Spinat oder Kartoffeln »barfuß«, das heißt ohne Fleisch. Viele Lebensmittel kannten wir überhaupt nicht, und wenn wir auch nach allgemeinen Begriffen Not litten, wußten wir doch nicht, daß wir vieles entbehrten. An Röstkastanien, die uns ein Verwandter schenkte, erinnere ich mich als an ein besonderes Ereignis. Ebenso erinnere ich mich an das festliche Geschehnis, als mein Vater von irgendwo mit einer Dose Ölsardinen heimkam und uns voller Begeisterung, wie immer, wenn er etwas erklären konnte, mit ihrem Ursprung und der Art und Weise, sie zu genießen, bekannt machte. Anläßlich meiner Firmung bekam ich drei Orangen zum Geschenk, und als ich nach Wochen die erste in Angriff nahm, wanderten einzelne Schnitzchen bis zum fünften Nachbarhaus. Am Ende aßen wir die Schale, ja sogar die Kerne auf. Speiseeis genoß ich mit dreizehn Jahren zum erstenmal, als meine Schulkameraden mich gelegentlich der Schlußprüfung zu dieser Näscherei verführten. Außer dem Gegenwert der schnell verkauften Schulbücher verschwendete ich auch das für die Heimfahrt bestimmte Reisegeld dazu. Zu Hause angelangt, erklärte ich vergebens die Wonne, die mich in Versuchung geführt hatte. Wir aßen zu Hause nur das Notwendige; außer in der Früh und abends manchmal sogar zur Jause ein Stück Brot. Warum hungerte die Familie Szerencses und mit ihr die ganze Zeiselpuszta, ja sogar das Gesinde sämtlicher Pusztas? Weil das Leben auf der Puszta eben so war. Das Brot wurde inmitten weitausgedehnter, fruchtbarer Weizenfelder in den Gesindewohnungen unter Schloß und Riegel gehalten. Umsonst versuchten die Kinder die Truhe aufzubrechen, umsonst stießen sie mit den Füßen dagegen und heulten umsonst schon vor Hunger eine Stunde nach dem Mittagessen ohne Nährwert. Warum mußten selbst die arbeitenden Erwachsenen entbehren? Darüber kann ich genau Bescheid geben.

Das Einkommen des Pusztavolkes, das sich aus Bezügen verschiedenster Art zusammensetzte, war leicht und in allen Einzelheiten feststellbar. Der Dienstvertrag zählte ausführlich die Bezüge auf, die sich aus »Bargeld, Naturalien und Boden zur Eigenbewirtschaftung« zusammensetzten. All dies zusammen trug den Namen »Konvenzio« (Deputat). Die Bedingungen dieser »Kommenzio« (wie der Volksmund sagte) wurden von Jahr zu Jahr schlechter. Sie waren schon vor dem Ersten Weltkrieg sehr streng und für westliche Begriffe ungeheuerlich. In Gegenden, wo sogenannte wissenschaftliche intensive Landwirtschaft betrieben wurde, sprachen diese Verträge dem Gesinde knapp so viel zu, daß es kärglich sein Leben fristen konnte. Dort sah man blankgestriegelte, wunderbar gepflegte, stolze Hengste, schwere, gutgenährte Bullen mit geblähten Nüstern. An dicke Ochsentreiber kann ich mich nicht erinnern, auch nicht an wohlgenährte Kutscher, Schweine- oder Kuhhirten. Daß einer dick sein sollte, klingt für mich geradezu grotesk. Das Pusztavolk neigte nicht zur Fettleibigkeit, es war dürr und knochig. Die Leute waren sonnengebräunt und sahen deshalb auch dann noch zäh und gesund aus, wenn sie schon mit einem Fuß im Grab standen. Ein Anthropologe verglich sie mit dem dinarischen Typ der hageren Dalmatiner. Leider muß ich ihn enttäuschen, denn die aus ihrer Mitte stammenden Aufseher neigten durchweg zu Fettleibigkeit.

Die Entwicklung des Körperbaus der Pusztabewohner war meiner Ansicht nach vom Ausmaß des Deputats bedingt. Die Grundlagen der heutigen Deputatsbestimmungen hatte man nämlich zu Zeiten festgelegt, als sich das Gesinde noch hier und da etwas dazu »verschaffen« konnte. Das Deputat war früher, um einen Vergleich zu gebrauchen, Trockenfutter, neben dem es eine Weide gab, und zwar mit der stillschweigenden Zustimmung des Gutsbesitzers. Zu Anfang des Jahrhunderts konnten selbst die ärmsten Gesindefamilien, wie ich aus der eigenen Familiengeschichte weiß, eine kleine Eigenwirtschaft betreiben, mit den Produkten aus den zur Hälfte bearbeiteten Feldern Handel treiben und ihr Vieh aus den Vorräten des Gutsbesitzers füttern. Mit der Intensivierung der Landwirtschaft wurden diese Begünstigungen Schritt für Schritt abgebaut. Nur das Deputat blieb, und das nicht in seiner ursprünglichen Form. Die Nationalökonomen der neunziger Jahre sprachen von 60 bis 100 Gulden Jahresgehalt, zwei Paar Stiefeln pro Jahr, Riemenschuhen (Bocskor) und Mänteln gratis. Und heute?

Vorerst sei bemerkt, daß es dreierlei Deputate gab, und zwar das der Ochsentreiber und Kutscher, das der Erdarbeiter und das der Minderjährigen. In den Bezügen der ersten zwei Klassen war wenig Unterschied. Die Minderjährigen erhielten die Hälfte dieser Bezüge. Das Vierteldeputat oder der »Bettelteil«* wird als Gnadenbrot ausgedienten, treuen Dienstboten für leichte Arbeiten in Haus oder Stall gelegentlich als große Ausnahme zugebilligt. Das Gesinde hat weder Anrecht auf Ruhegehalt noch auf Altersversorgung.

Das Jahresbargehalt der in die erste Klasse gehörigen Ochsentreiber und Kutscher mit vollem Deputat wechselte zwischen zwölf und vierzig Pengö.**

Bei einer fünfköpfigen Familie – Mann, Frau und drei Kindern – entfielen pro Tag zwei Filler auf den Kopf. Wenn das Bareinkommen des Familienvaters zwölf Pengö betrug, dann erhielt die Familie 3,3 Filler pro Tag, also auf den Kopf 0,66 Filler. Es gab aber auch Güter, die überhaupt kein Bargeld zahlten.

An landwirtschaftlichen Produkten erhielten sie 16 Doppelzentner, das ist so viel, wie auf einem Joch*** eines drei- bis viertausend Joch großen Gutes wuchs. Von den 16 Doppelzentnern waren 6 Weizen, 5 Roggen und 5 Gerste. Aus den beiden ersten lassen sich jährlich ungefähr 500 Kilogramm Brot backen und 180 bis 200 Kilogramm Teigwaren zubereiten. Es entfielen also auf Person und Tag 230 Gramm Brot und – gut gerechnet – 110 Gramm Teigwaren.

Weiter erhielten sie als Heizmaterial pro Jahr 5 bis 6 Kubikmeter Stangenholz. Wenn es nicht reichte, so wurde mit Stroh und

---

* Tatsächlich heißt es auf ungarisch wörtlich so.
** 1 Pengö = 71 Pfennig, 1 Filler = 0,71 Pfennig.
*** 1 Kastraljoch = 1200 qm.

Reisig nachgeholfen. Im übrigen besorgte die Heizung des einzigen Zimmers die überschüssige Körperwärme der zusammengepferchten Bewohner. Weiter hatten sie 300 Quadratmeter Garten und 1600 Quadratmeter Feld, das sie selbst bebauten, das aber von der Gutsverwaltung gepflügt wurde. Das Säen, Hacken und Inordnunghalten war Aufgabe der Frauen, eine Leistung, die nur auf Kosten der Gründlichkeit ihrer täglichen Hausarbeiten und ihrer Gesundheit erledigt werden konnte. Auf den Deputatfeldern wurden Kartoffeln und Mais gepflanzt, die laut neuesten Vorschriften auch nicht verkauft werden durften, sondern ausschließlich der Ernährung von Mensch und Tier dienen sollten.

Das Gesetz schrieb vor, daß die Deputatfelder von mittlerer Bodenbeschaffenheit sein sollten und daß das Deputatgetreide der zum Verkauf bestimmten ersten Qualität entnommen werden sollte. Trotzdem wurden meist ausgemergelte Felder aus dem letzten Ertragsturnus und eine so schlechte Qualität Getreide zugewiesen, daß das Gesinde es nur zu oft zurückweisen mußte.

Der Dienstbote hatte das Recht zur Tierhaltung. Er durfte ein oder – selten – zwei Säue halten, mußte aber die Ferkel nach der Entwöhnung verkaufen. Weiter konnte er 20 bis 30 Hühner halten. In meiner Jugend war der Dienstbote verpflichtet, von jedem Huhn fünf Eier und von jeder Gluckhenne fünf Hühnchen an die Schloßherrin abzuliefern. Sie durften auch ein bis zwei Enten halten. Auf der Puszta, wo mein Vater die letzten Jahre seines Lebens diente, mußten die Dienstboten jede zweite ihrer Enten abliefern.

Einst konnten sie auch eine Kuh halten. Dieses Vorrecht hörte aber nach der Urbarmachung der Weiden auf, und als Ablösung erhielt jede Gesindefamilie pro Tag einen Liter Milch. Auf vielen Gütern stellten sie auch dies ein. Ich nehme an, daß der Brauch, die Dienstbotenfrauen jährlich eine gewisse Anzahl von Tagen unentgeltlich im Schloß arbeiten zu lassen, schon vor der am Anfang dieses Jahrhunderts erfolgten gesetzlichen Arbeitsregelung eingestellt wurde. In meiner Jugend war es, dem Gesetz zum Trotz, immer noch Sitte. Es gab Zeiten, in denen sie im Jahr 20 bis 30 Kilogramm Salz und Speck erhielten. In unserer Gegend gab es auch dies nicht mehr.

Man hat genau den Geldwert sämtlicher wie immer gearteter Bezüge, die ein Ochsentreiber mit vollem Deputat erhält, berechnet. Wir wollen den Wert der Arbeit, welche die Männer, aber hauptsächlich die Frauen bei der Bebauung ihrer Felder und bei der Pflege der Tiere leisteten, nicht berücksichtigen. Der Geldwert sämtlicher auf das Jahr entfallender Bezüge, also Weizen, Gerste, Roggen, Feuerholz und freie Wohnung, betrug ungefähr 300 bis 400 Pengö, zum Verkaufspreis gerechnet. Im Jahr 1930 wären bei einer fünfgliedrigen Familie aus diesem Einkommen auf den Kopf pro Tag 16 Filler entfallen. Aus diesem Betrag mußten sie außer der Ernährung, Heizung und Beleuchtung die Bekleidung und alle sonstigen Bedürfnisse bestreiten.

Das waren die Zustände der halbvergangenen Zeiten und der Gegenwart, der normalen Zeiten des Friedens. Klagen wurden nicht laut, nur die Kinder rüttelten und traten die verschlossene Brottruhe.

Das war das Einkommen der Familie Szerencses wie auch jeder anderen Familie auf der Puszta, ausgenommen die Aufseher, die mehr Tiere halten durften. So war auch unser Einkommen, außer daß mein Vater vier Kühe auf die Weide treiben konnte. Diese vier Kühe zogen uns qualvoll langsam, aber stetig aus dem Dreck der Puszta heraus. Ihnen verdanke ich den Platz, an dem ich heute stehe, und mehr noch als ihnen den sechs Schweinchen, die unter der sorgenden Aufsicht meiner Großmutter mit fabelhafter Geschwindigkeit gediehen, groß und fett wurden, um sich am nächsten Markttage wieder in magere Nachfolger zu verwandeln. Denn im Reichtum meines Großvaters sonnten wir uns nur ideell. Aus seinem Vermögen sahen wir keinen Heller, forderten auch nichts. »Das Bäumchen muß begossen werden, wenn es in neue Erde kommt«, meinte verständnisvoll mein Vater und war glücklich, wenn er hie und da auch im Schatten dieser Bäume ausruhen konnte. »Mein Bruder Imre...«, begann er vor den anderen Pusztabewohnern, und es war ihm ein verlorenes Haus wert, fortfahren zu können: »... der in seinem eigenen Haus Küfer ist.« Des öfteren streiften wir gesprächsweise das Leben der Szerencses oder der anderen Pusztabewohner, ein Leben, das ich erst richtig bei der Familie Szerencses kennenlernen sollte.

Da Großmutter Tante Malvi nicht mehr retten konnte, wollte sie wenigstens die Kinder retten. Sie lud sie zu diesem Zweck zu uns ein, da bei ihr nicht genügend Platz war. Man konnte sie aber nur mit den größten Schwierigkeiten der Familie entreißen. Plötzlich entwickelten die Szerencses eine nie bekundete Anhänglichkeit an die Nachkommenschaft. Das Leben schien ihnen ohne sämtliche Kinder unerträglich. Als sie endlich nachgaben, geschah es nur unter Einhaltung der formellsten verwandtschaftlichen Beziehungen. Als Gegenleistung mußten wir auf längere Zeit ihre Gastfreundschaft annehmen. Zuerst war mein älterer Bruder auf der Zeiselpuszta und erzählte zurückgekehrt Wunder. Ich selber verbrachte Monate bei ihnen. Aber nicht mehr auf der Zeiselpuszta, denn inzwischen hatte man den alten Szerencses auf eine andere Puszta versetzt, und Tante Malvi zog mit. Ich folgte ihnen nach der Hegyem-Puszta auf das Gut einer bekannten Bankierfamilie. Die Welt der Szerencses war auch hier die gleiche.

Wir aßen ununterbrochen Rübenblättersuppe. Ich erinnere mich daran so genau, weil ich vom ersten bis zum letzten Tag, obgleich ich keinesfalls wählerisch war, den Löffel mit leichtem Brechreiz eintauchte, um ihn mit geschlossenen Augen an den Mund zu führen. Sonst gab es kaum etwas. Es galt als Feiertag, wenn Tante Malvi sich entschloß, Kartoffeln oder weiße Bohnen zu kochen. Die Szerencses gaben nicht viel auf Essen und betrachteten es als eine nebensächliche Angelegenheit, als notwendiges Übel. Wenn die Mahlzeit fertiggekocht war, so wurde nicht gedeckt, sondern Tante Malvi drückte auf der Schwelle jedem von uns ein Töpfchen mit einem Löffel in die Hand, und ein jeder konnte den Inhalt dort verzehren, wo er eben wollte: vor dem Haus, auf dem Hauklotz oder am Grabenrand sitzend. Die Kutscher aßen meist auf dem Kutschbock ihres Wagens, selbst dann, wenn die Pferde ausgespannt waren. Vielleicht handelte es sich hier um eine alte Tradition, wie auch bei den Ochsentreibern, die, wenn sie unterwegs waren, sich zur Mahlzeit unter dem Wagen niederließen, während sie sich zu Hause auf der Schwelle des Stalles hinhockten. Nach der Suppe erhielten wir noch ein Stück Brot. »Verschafft euch etwas dazu!« rief Tante Malvi natürlich nicht aus der Speisekammer, sondern unter Gottes freiem Himmel. Wir verzehrten das Brot und verbrachten den Nachmittag zum größten Teil mit der Suche nach Nahrung. Wir aßen Maulbeeren und Waldbeeren, die süßlichen, gallertartigen Teile der Frucht des Gleditschienbaumes, Sauerampfer und Sauerkleeblätter, was eben die Jahreszeit bot. Wir sogen den Honig aus den Blüten des Akazienbaumes und unternahmen große Fußmärsche, um Hagebutten zu pflücken. Andere lutschten die geschälten und in kleine Stücke geschnittenen Stämmchen der jungen Maispflanzen. Maisstengel schmecken süß, aber leicht ekelerregend.

Im Winter ernährten sich die Szerencses hauptsächlich von Kürbis, der zu Mittag im Rohr gebacken, abends aufgewärmt und in der Frühe kalt gegessen wurde. Die von der Gutsverwaltung erhaltene Milch, nicht mehr als ein Liter, wurde möglichst verkauft. Die Kartoffeln holten wir erst nach Weihnachten aus den Mieten, damit sie bis zum Frühjahr reichten.

Die im Zusammenhang mit der Lebensweise der Szerencses nur zu oft betonte Anklage, das Gesinde könne nicht wirtschaften, erwies sich als berechtigt. Von der Einteilung der Lebensmittelvorräte hatten die Szerencses tatsächlich keine Ahnung. Die Gutsverwaltung verteilte vierteljährlich die dem Gesinde zustehenden Naturalien mit Abzug der Vorschüsse. In dieser Zeit, alle drei Monate einmal, wurde Tag und Nacht gekocht und gebraten. Das Fett brutzelte nur so! Die Szerencses liebten Pfannkuchen (Palacsinta) über alles, darum aßen wir eine Woche lang ununterbrochen kalte, warme, mit Marmelade gefüllte oder ungefüllte Pfannkuchen. Dasselbe taten auch die anderen. Den ganzen Tag prasselte und qualmte mit beißendem Rauch das feuchte Reisig auf dem gewaltigen Herd. Anstelle der täglichen Zänkereien und Zwistigkeiten herrschte eitel Freude und Liebenswürdigkeit. Mit zwingenden Gebärden bot man sich die Leckerbissen an und konnte sich nicht genug tun an schmelzenden Redewendungen. Wo war der kalte, unwirtliche Rußgeruch der Küche geblieben? Wir bewegten uns den ganzen Tag um singende und brutzelnde Pfannen.

Vier Zimmer mündeten in die Küche. In der Mitte stand der große, aus Lehm gemauerte Herd. Jede Familie machte sich darauf ihr eigenes Feuer. Vom breiten offenen Rauchfang, zwischen dessen mit dicker Rußschicht bedeckten Wänden der Regen einfiel, hingen für die Kessel bestimmte Ketten herunter. Die Pfannen wurden auf zwei hochkant gestellte Ziegelsteine gesetzt und das Feuer darunter entfacht. Jeder hielt den ihm zustehenden Teil der Küche in Ordnung, weißte die Wände und verzierte sie mit dem in Ruß getauchten Maurerpinsel nach eigenem Geschmack. Geschirr und Lebensmittel wurden nicht in der Küche, sondern in den Zimmern, und zwar gesondert, in Truhen verschlossen aufbewahrt. Denn hier wohnten in jedem Zimmer mehrere Familien.

Im Zimmer der Szerencses schliefen, soweit ich mich zurückerinnern kann, nur neun Personen, denn das ihnen zugeteilte Ehepaar war jungverheiratet, und die Frau stillte eben ihr zweites Kind. Sie hieß Viktor, eine kleine, bescheidene Person, die nie im Wege war. Meist schlief sie auch nicht im Zimmer, sondern ging, nachdem sie ihre Kleinen in Schlaf gelullt hatte, hinaus zu ihrem Mann in den Stall.

Desto dichter waren die anderen drei Zimmer bevölkert. In dem uns benachbarten wohnten drei Familien. Die Väter waren große Musikfreunde, und schon frühmorgens erklangen Zitherklänge. Der Hauptmusikant war der alte Onkel Andras, der selbst die Mittagspause dazu benützte, um schnell nach Hause zu eilen und etwas herumzuklimpern. Abends vor dem Schlafengehen spielte er auf dem großen trogartigen Instrument, je nach Stimmung, frohe oder traurige Weisen. Am Ton der zusammenklingenden verschiedenen Instrumente erkannten wir, wer von den Dreien eben nach Hause gekommen war. Sie spielten ganz wunderbar auf den eigenartigen Instrumenten, deren Ton zart war wie das Zirpen einer Grille. Die Frauen sangen mit nasalen Stimmen leise die Begleitung. Selbst in der Nacht ertönte manchmal drüben die klangvolle und doch zarte Musik. Dann konnte wohl der eine vor quälenden Gedanken nicht einschlafen und nahm Zuflucht zu den Tönen, um sie zu verscheuchen.

Uns gegenüber, hinter der Tür, die auf der anderen Seite der Küche mündete, wohnten neben Onkel Szabos eigener zahlreicher Familie auch die seines verheirateten Sohnes und seines Schwiegersohnes. Hier wimmelte es geradezu von Kindern. Die Frauen gebaren um die Wette, und die alte Tante Szabo tat dabei tüchtig mit. Es kam vor, daß sie mit ihrer Tochter zur gleichen Zeit niederkam. Die Frauen gingen zur Arbeit und wechselten ab im Stillen der Säuglinge, die im Verhältnis von Onkel und Neffen zueinander standen. Die alte Tante Szabo, im einen Arm ihr eigenes Kind, auf dem anderen ihren Enkel, stritt sich stolz mit den anderen Frauen, die über diese im alttestamentarischen Sinne »blühende« Familie allerhand unmoralischen Klatsch verbreiteten. Es wurde behauptet, bei den Szabos würden nicht nur die Säuglinge verwechselt. Fest steht, daß, wenn sie miteinander stritten, die drei Frauen sich in aller Öffentlichkeit gegenseitig wenig erbaulicher Dinge beschuldigten. Wenn der Radau losging, so verließen die Männer im Gänsemarsch das Zimmer. Zwischen den drei sich mit dem Nudelwalker und sonstigen Haushaltsgegenständen bekämpfenden Frauen stiftete meist Tante Malvi Frieden; sie war beliebt und genoß ein gewisses Ansehen. Wir standen mit der Familie Szabo im »Kinderaustausch«, was bedeutet, daß die Kinder, wenn bei Szabos alle Erwachsenen abwesend waren, zu uns herüberkamen, und umgekehrt. So sparte man die Heizung.

Im vierten Zimmer wohnten die Familien zweier Pferdehirten. Sie hießen Csikos und verkehrten mit niemandem, auch nicht mit uns, obwohl die eine Frau eine geborene Szerencses, also anverwandt war. Sie lebten gut, da die Kinder schon halb erwachsen waren und zu den zwei vollen Deputaten noch zwei halbe ins Haus brachten. Sie trugen eine stolze Haltung zur Schau, grüßten nicht, und wenn eines von uns Kindern ihnen in den Weg kam, so wurden wir kurzerhand beiseite gestoßen. Manchmal tranken sie. Der eine nahm einen halben Sack Hafer vom Fohlenfutter auf den Buckel und marschierte in der Nacht nach dem nächsten Dorf und zurück. Er holte Wein, der sofort in Angriff genommen wurde. Sie tranken im geheimen und still, um Aufsehen zu vermeiden. Ihr Gesichtsausdruck wurde noch härter, nur am Feuer ihrer Augen konnte man bemerken, wie wohl sie sich fühlten.

Im Gesindehaus befanden sich drei derartige gemeinsame Wohnabteilungen, zusammen zwölf Zimmer. Der Gutsmaurer wohnte getrennt in einer Wohnung am Ende des Hauses. Seine Frau zog sich immer adrett an und trug auch wochentags Schuhe. Das einzige Kind, ein Töchterchen, war ebenfalls gepflegt und hübsch angezogen. Wir sahen sie nur selten. Einmal traf ich sie in den Gesindegärten und sprach sie an.

»Meine Mutter hat mir verboten, mit euch zu sprechen«, war ihre Antwort, mit der sie sich geziert abwandte. Man sah es ihr an, daß sie nur zu gern dem Befehl der Eltern gehorchte. Verständnislos sah ich ihr nach.

11

Die Kinder lebten auf der Puszta wie frei auf dem Feld ohne Aufsicht streunende Tiere. Ihre Einstellung zum Leben und die allmählich erwachenden sinnlichen Regungen wurden nicht durch gesellschaftliche Sitten und Gesetze geregelt, sondern durch den Anschauungsunterricht, den sie von den herumtummelnden, sich beißenden und beschnüffelnden Pferden, Kühen und Stieren erhielten. In den Gemeinschaftswohnungen, im Staub der Straße, in den Tümpeln um die Tränken sich tummelnd und wälzend, gewöhnten sie sich mit der Unbefangenheit jungfräulicher Unschuld aneinander, betasteten und entdeckten sich körperlich und seelisch wie ein Wurf Hündchen im Korb. Unendlich waren die Grenzen der Puszta, man brauchte auf die Kinder nicht achtzugeben, da sie sich weder verirren noch entlaufen konnten. Jenseits der hallenartigen Getreidespeicher, Stallungen und Remisen erstreckten sich Akazienhaine, Wälder und unübersehbare Weiden und Weizenfelder, am Fluß, der jedes Jahr die niedrig liegenden Wiesen überschwemmte, gab es sumpfige Niederungen mit undurchdringlichen Weidengebüschen.

Die Ereignisse fließen ineinander, und ich weiß heute nicht mehr, was ich selber erlebte, was ich vom Hörensagen weiß oder beobachtete. Im Zimmer, in dem ich meine Kinderjahre verbrachte, lebten nur die fünf Mitglieder meiner Familie. Ich bewegte mich aber so viel und so oft in den übrigen, von anderen Familien bewohnten Räumen, in denen oft bis zu zwanzig Personen Unterschlupf fanden, und meine Spielkameraden, die in der Frühe ausnahmslos aus solchen Höhlen hervorkrochen, atmeten so sehr die stickige Luft und Moral dieser Wohnungen aus, daß ich noch heute die Gerüche in meiner Nase habe, ebenso wie ich die Geräusche des Lebens, die Seufzer und das Stöhnen höre. Manchmal scheint mir, als ob ich meine Kindheit dort verbracht hätte, wo sich von Geburt an, ja von der Empfängnis bis zum Tod, alles in Anwesenheit anderer abspielte.

Die Hochzeiten, an denen ich oft teilnahm, wüste Freß- und Saufgelage in den herrschaftlichen Remisen, oder bei schönem Wetter unter den großen Akazienbäumen, endeten um Mitternacht mit dem Abzug des jungen Paares in eine Gemeinschaftswohnung. Die Hochzeiten waren von verschwenderischer Üppigkeit, Wein und Fett vermischten sich auf den Tischen, in den Pfannen schmorten Hühner und Enten, magere Dienstboten würgten kindskopfgroße Krautwickelfüllungen den dürren Hals hinunter. Sie entschädigten sich für das Fasten eines ganzen Jahres und vertilgten die Jahresvorräte der zwei feiernden Familien. Diese Völlerei war ebenso ein hergebrachter Bestandteil der Hochzeitszeremonie wie der kirchliche Segen. Sie war noch wichtiger als dieser, denn es kam oft vor, daß die Paare ohne kirchlichen Segen heirateten, nie aber, daß ohne eine »richtige« Hochzeit an die Kirche gedacht wurde. Eine solche Schande hätte keine Familie über sich kommen lassen. Wir alle wußten, daß die Tochter unseres Nachbarn in einen Burschen aus der Nachbarschaft verliebt war und daß ihre Liebe erwidert wurde, das heißt, daß die beiden ein Verhältnis hatten. Trotzdem wurde sie nicht seine Frau, sondern die eines anderen Burschen, von dem sie ganz richtig schon vor der Hochzeit ahnte, daß er sie ihr ganzes Leben lang noch mehr als üblich schlagen würde. Ihren Geliebten heiratete sie nur darum nicht, weil sie sich über die Hochzeitsfeierlichkeiten nicht einigen konnten. Dabei waren es nicht einmal die zwei Familien, die unstimmig wurden, sondern das Mädchen zerstritt sich mit ihrer zukünftigen Schwiegermutter darüber, was gebraten und welche Personen eingeladen werden sollten. Zu den Hochzeiten holte man entweder für 15 Pengő Zigeuner oder eine Blechmusik, die für 30 Pengő den furchtbarsten Spektakel machte. Zu uns kam immer eine Blasmusik-Kapelle aus dem benachbarten Schwabendorf Nagyszekely. Eines der schönsten Mädchen der Puszta wartete anderthalb Jahre mit der Hochzeit, bis sie das für die Musikkapelle notwendige Geld zusammengespart hatte, denn die Schwaben forderten von den Pusztabewohnern Vorauszahlung. In Kölesd erhängte sich ein Bursche aus ähnlichen Gründen. »Er starb, der Arme, weil er seine Liebe nicht heiraten konnte«, meinte das Gesinde voller Verständnis. Den Frauen einer uns verwandten Familie wollte meine Mutter klarmachen, daß es vernünftiger sei, statt der Verschwendung anläßlich der Hochzeit dem jungen Paar einige Möbel oder ein paar Schweine zu schenken. Der Erfolg war, daß sie uns zur Hochzeit nicht einluden und uns den guten Rat jahrelang nachtrugen. Die Hochzeit mußte in dieser Wüstenei von Elend und Hunger so sein, daß man sich ihrer »erinnerte«. Sie war nicht nur ein Anlaß, sondern sozusagen ein Racheakt für das viele

Darben, nicht etwa eine weitere Belustigung oder ein Genuß, sondern sie glich einem barbarischen, selbstverstümmlerischen Menschenopfer. Der Vorstadtproletarier konnte sich jeden Samstag betrinken; die Pusztabewohner dagegen sahen, da es auf der Puszta kein Wirtshaus gab, monatelang keinen Alkohol, und selbst, wenn es welchen gegeben hätte, hätten sie kein Geld gehabt, ihn sich zu kaufen. Auch duldete keine Gutsverwaltung Trunkenbolde in ihrem Bereich. Wenn die Leute sich dennoch hier und da Alkohol verschaffen konnten, so flüchteten sie sich mit der fieberhaften Gier eines Verdurstenden in diese kurzfristige Freiheit, in das Vergessen und das innere Beschwingtsein des Rausches. Wie schön, wie engelhaft rein und kindlich waren sie nach dem ersten Glas, in den ersten Stunden des künstlich erweckten menschlichen Selbstbewußtseins!

Froh und feierlich war der Hochzeitsgang zur nächsten Dorfkirche im Herbst durch den bis zu den Knöcheln reichenden Staub, oder im Winter durch den Matsch. Mit Gesang zog man dahin. Wenn die Burschen auch nicht wie die Söhne der Dorfbewohner ihre Pferde tummeln konnten, so hüpften sie doch wie die Besessenen herum, sprangen über Gräben und Hecken und wieherten voller Ausgelassenheit. Dann, auf dem Rückweg, erfolgte die herkömmliche Vorstellung des neuverheirateten Paares vor der Verwalterwohnung, die als ein Andenken an die Zeiten des *ius primae noctis* eigentlich mit stillem Ernst wie eine Trauerfeier hätte vonstatten gehen sollen, sich aber heutzutage fröhlich abspielte. Nach der Vorstellung, bei welcher der Bräutigam meist ein Taschenmesser und die Braut ein paar nette Worte zum Geschenk erhielt, wurde das heraustretende Paar mit weitschallenden Jubelrufen in froher Stimmung begrüßt. Wer durch die Puszta kam, wurde angehalten, mit Speise, Kuchen und Wein bewirtet, bis er unfähig war, noch etwas zu sich zu nehmen. Die Wirkung des selten genossenen Alkohols machte sich bald in einer allgemeinen Trunkenheit bemerkbar. Nach überlieferten Sitten schickte es sich für die Braut nicht, während der Hochzeitsfeierlichkeiten richtig zu essen oder zu trinken. Sie knabberte nur etwas an den Speisen herum, um für den Brauttanz auf festen Füßen zu stehen. Beim stundenlang währenden Brauttanz durfte jeder, der ein Geschenk, ein Salzfaß, ein Töpfchen, ein Paar Pantoffeln oder eine Gabel stiftete, auf der noch das schlecht abgeschabte Monogramm einer Herrschaft oder eines Hotels zu sehen war, sich mit der Braut im Tanze drehen und dabei »Mein ist die Braut!« rufen. Der glückliche Bräutigam durfte essen und trinken. Er tat es auch reichlich, denn der Anstand gebot, daß er an seiner Hochzeit so satt wurde, wie er es weder vorher noch nachher je war oder werden konnte. Man stopfte ihn wie eine Mastgans. Nachdem auch jene mit der Braut getanzt hatten, die sich dieses Recht nicht mehr mit Geschenken, sondern mit Geld, meist mit 10 Filler, in außerordentlichen Fällen mit einem Pengö erworben hatten, war die Zeit für den Bräutigamstanz gekommen. Wankend verließ er den Ehrenplatz, drehte sich einige Male mit seiner Erkorenen im Kreis herum und wendete sich rülpsend dem neuen Heim zu. Der noch standfeste Teil der Hochzeitsgesellschaft begleitete die beiden mit Jauchzen und derben Späßen in Versform, ließ die beim Brauttanz gespendeten Münzen im Topf klimpern, paßte auf, ob die Braut den auf die Schwelle gelegten Besen bemerkte und aufhob und so eine fleißige Hausfrau würde oder nicht. Auch die Gemeinschaftsküche hatte sich in die Szylla und Charybdis von tausend abergläubischen Proben und Deutungen verwandelt. Endlich erreichte das junge Paar doch sein Zimmer. Was dann geschah, das erzählten mir am nächsten Tag mit strahlenden und grinsenden Gesichtern meine fünf bis sechs Jahre alten Freunde, die man wegen der Hochzeit noch früher als sonst in ihre Ecken und Schlafstätten verbannt hatte. Weder für sie noch für mich waren selbst in diesen jungen Jahren die naturgetreu geschilderten Einzelheiten dieser nächtlichen Geschehnisse mehr Neuigkeiten, obwohl das Was und Wie mit ungeschminkten Namen genannt wurde.

Die Kinder der Puszta waren, sobald sie sich halbwegs besinnen konnten, auf erotischem Gebiet »aufgeklärt«. Ich überlege mir oft, ob diese Aufklärung, die schon darum nicht als frühreif bezeichnet werden kann, weil sie parallel mit der Erkenntnis der körperlichen Voraussetzungen und Notwendigkeiten verläuft, als schädlich für die körperliche und geistige Entwicklung bezeichnet werden kann? Ist diese schrittweise Einführung in die Mysterien des Lebens, ohne die heutzutage so gefürchtete Erschütterung einer jungfräulichen Seele im Pupertätsalter, nicht besser als die späteren, bittersüßen Lehren des Lebens, um die wir sowieso nicht herumkommen können?

Das Gefühlsleben des Pusztakindes richtete sich schon im Säuglingsalter nach den Gesetzen der Puszta. Sobald sie nur gehen konnten, wurden nicht nur die Kinder der Gemeinschaftswohnungen oder -häuser, sondern der ganzen Puszta gemeinsam der Obhut einer alten Frau anvertraut, hatten doch die Mütter neben der Mutterschaft auch andere Obliegenheiten. Die Kinder erzogen sich gegenseitig. Wenn sie die elterliche Behausung verließen, traten sie mit forschendem Blick, wie Adam nach der Vertreibung, über die Schwelle, um sich die Welt anzusehen. Eine innere Stimme sagte ihnen, daß sie den Fährnissen ihres Lebens leichter begegnen könnten, wenn sie sich so früh wie möglich zu Paaren zusammenschlössen.

Ich erinnere mich eines kleinen Mädchens. Meine erste Erinnerung ist, daß das Kind eines Nachmittags, als uns meine Mutter eben das Brot zur Jause schnitt, in der Küche erschien und ebenfalls um ein Stück Brot bat, da sie meine Geliebte sei. Ich war damals fünf Jahre alt und ging noch nicht in die Schule. Zehn Jahre später, als sich die gleiche Szene mit demselben Mädchen wiederholte, wußte ich vor Scham nicht wohin, nickte trotzdem zustimmend, ohne daß mein Geständnis irgendwie Aufsehen erregte, im Gegenteil: man fand es ganz natürlich. Meine Mutter kam der Bitte, die eher wie eine Forderung oder ein angemeldeter Anspruch klang, lächelnd nach, streichelte und küßte das Kind, das unser Dauergast wurde und sich sofort an meine Fersen heftete. In die Volksschule der Puszta kam sie ein Jahr später als ich. Auch hier behauptete sie das gleiche wie seinerzeit bei uns zu Hause in der Küche, um sich in der noch strenger als die Welt der Erwachsenen organisierten Kindergesellschaft den gebührenden Platz und Achtung zu verschaffen. Sie erhob Anspruch auf mich, verteidigte und dirigierte mich, veranstaltete sogar mit mir und meinetwegen Szenen. Wenn ich dort geblieben wäre, hätte ich zweifelsohne sie, die mich aus unerklärlichen Gründen erwählt hatte, wie viele meiner Kameraden es mit ihren Spielkameradinnen taten, heiraten müssen. Auch während meiner jahrelang dauernden Abwesenheit hielt sie unbeirrt an mir fest und beobachtete mit wachsender Sorge meine inneren und äußeren Veränderungen. Wenn ich für die Sommerferien nach Hause kam, starrte sie mich mit dem Ausdruck eines Kalbes an, das, von der Weide zurück, im Zweifel über die heimatliche Stallung ist, da in seiner Abwesenheit ein neues Tor aufgestellt wurde. Mit Bestürzung vernahm sie in meiner Stimme den fremden Klang, beobachtete die fremden Manieren, die ich mir während meiner Abwesenheit angeeignet hatte, beschnüffelte mich wie ein Tier und zog sich allmählich verständnislos zurück. Dann, als ich, nun selber an ihr Gefallen findend, mich ihr nähern wollte, flüchtete sie. Dabei war sie nie meine Geliebte und gehörte auch nicht zum Kreise meiner Kameraden, mit denen ich herumstreunte und so manches erlebte.

Außer vor den Gefahren der Landstraße warnte mich Mutter nur vor dem Wasser, dem Fluß und den tiefen Viehtränken. Ferner noch vor der Schweineherde, seitdem die Säue ein fünf Jahre altes Kind zerfleischt und aufgefressen hatten. Sonst war ich frei und konnte tun, was ich wollte. Sie schickten mich sogar von zu Hause fort, was seinen besonderen Grund hatte. Ich war als ganz kleiner Junge etwas täppisch und wäre den halben Tag auf der Schwelle hocken geblieben, wenn man mich in Hausnähe zu bleiben geheißen hätte. »Geh doch etwas herum!« höre ich noch heute Mutters Stimme. Ich ging bis zum Ende des Gartens und stand kurz darauf wieder mit fragendem Blick in der Küche, denn ich wußte nicht, was ich mit meiner Zeit anfangen sollte. Später litt ich an Nervenanfällen, und meine Mutter war voll berechtigter Angst, daß ich – das Schlimmste, was einem Pusztabewohner geschehen kann – nicht vollwertig sei. Nichts wurde versäumt, um mich zu heilen, die richtige Arznei fand aber instinktiv die Großmutter, indem sie meine weitere Erziehung den Kindern überließ. Sie lud sie zu uns ein und schickte mich dann mit ihnen fort. Nun war ich einer der »Bande« und nahm, vorerst mit ernstem Gesicht, teil an ihren Unternehmungen. Ich hockte tagsüber auf den kleinen Inseln im Schilf, in tief in den Heuschober hineingegrabenen Höhlen, in selbstgebauten Laubzelten. Wir buddelten uns tief bis zum Hals in den Haufen frischgedroschenen Weizens ein und schritten im Trockenraum auf den weichen Wolken ausgebreiteter Schafwolle. Wir lebten wie die Sprößlinge eines wilden Stammes. Dabei verschwand allmählich meine täppische Schüchternheit, ich machte alles mit, beobachtete aber auch alles mit hellen Augen und aufnahmebereitem Geist, als ob ich schon wüßte, daß ich eines Tages von all dem Rechenschaft ablegen müßte.

Die Bande rekrutierte sich aus Kindern, die volle Freiheit genossen, da sie für die Arbeit zu jung waren und die Volksschule noch nicht besuchten. Ich war der Jüngste meiner Kameraden und erreichte bei einem Wettlauf zum Sio-Fluß atemlos als letzter das Ufer. Die anderen, die schon ein schnelles Bad hinter sich hatten, saßen auf einer kleinen schilfgeschützten Insel braungebrannt und nackt wie eine Affenherde im Kreis herum und befleißigten sich um die Wette der Kunst der Onanie. Ich setzte mich und versuchte vergebens, es ihnen gleichzutun – es wollte nicht gelingen. Voller Neid schaute ich den Eingeweihten zu und gewann in meiner kindlichen Phantasie die Überzeugung, auch diese Kenntnisse seien der Schule zu verdanken, womit ich gar nicht so sehr im Unrecht war. Ein kleines Mädchen, das noch jünger war als ich, versuchte mich noch vor meiner Schulzeit einzuweihen. Es erschien in der Früh, nachdem wir das Waschen überstanden hatten, oder besser gesagt bei Tagesanbruch, denn Mutter hatte frühzeitig auf dem Feld zu tun, vor unserer Tür, nahm mich bei der Hand und führte mich fort. Wir gingen hinter die Schweineställe, uns durch eine Brennesselwildnis durcharbeitend, und erreichten eine von Akaziengebüsch umwachsene Höhle, Reste eines eingestürzten alten Kellers. Das war unsere Wohnung. Während es mich auszog, zitterte ich vor Kälte, denn der Morgen war merklich frisch. Mir war nicht ganz geheuer zumute, denn ich wußte ja gar nicht, was es von mir wollte. Nur widerwillig duldete ich die täglichen Brennesselstiche und die Kälte. Zu ihrem größten Leidwesen wußte sie selber nicht, was sie mit mir tun sollte. Zwar hatte sie in der Gemeinschaftswohnung oder am Fußende des Bettes zusammengekauert manches gehört, ja sogar gesehen, das sie mir treu und brav, jeden Tag um mehr Einzelheiten erweitert, erzählte. Da saßen wir Kinder der Unschuld uns gegenüber, beschauten und betasteten die Schlüssel unseres Seins mit der ernsten, strengen Aufmerksamkeit von Wilden, die sich eine tick-tackende Weckeruhr von allen Seiten besehen, oder wie Kinder ein neues Spielzeug, um es sofort zu zerlegen. Der Aufsicht der Welt entflohen, fühlten wir erschauernd, daß wir uns durch Brennesselwald und Akaziendornen auf dem gewundenen Pfad der Geheimnisse des unser harrenden Lebens, auf dem Weg zu einer urzeitlichen Freiheit befanden und nun an uns selbst erprobten, was es heißt: zu sein. Wir saßen ratlos im süßen Eden der Gelegenheit, und die Befangenheit, die sich unser bemächtigte, sagte uns, daß sich das Glück hier in unserer nächsten Nähe befand. Wir konnten es aber nicht verwirklichen, nicht in uns aufnehmen. Wir glichen Gefangenen, die sich nicht befreien konnten, ja schlimmer noch, wir waren von unsichtbaren Gefängnismauern umschlossen. Wir hatten alles, was zu erkennen war, erkannt, und dennoch vermochten wir des Rätsels Lösung nicht zu finden. Der Schlüssel war zwar unser, er drehte sich jedoch nicht im Schloß. Meine kleine Freundin stampfte und weinte vor Ohnmacht, getraute sich aber trotz allem nicht, zu Hause ihre Mutter zu befragen. Daneben vertrieben wir uns die Zeit auch mit anderen, mehr harmlosen Spielen. Sie ließ aber keine Ruhe und fing täglich neu an, legte mich auf den Boden und drehte mich im Staub der Höhle herum wie einen Fisch, der in Bröseln gebacken werden soll. Das gleiche tat ich mit ihr. Nach langwierigen Versuchen erreichte sie ein bescheidenes Resultat, vielleicht hatte ich damals sogar die ersten Ahnungen meiner schlummernden Männlichkeit erlebt. Ich war keineswegs überrascht, wie man es glauben sollte, fand es vielmehr ganz natürlich. Nicht die Empfindungen, sondern die verschmitzt mich anlachenden Augen der Kleinen blieben in meiner Erinnerung. Übrigens war es das letzte Zusammensein mit meiner Freundin. Sie kümmerte sich nicht mehr um mich und kam nicht mehr, um mich zu holen. Sie lebte wohl ihr Leben mit einem anderen, und mir kam es nicht einmal in den Sinn, sie zu suchen.

Das Leben der Dorfjugend war eine ständige Suche nach einem dem Wesen und den wirtschaftlichen Umständen nach passenden Partner. Burschen und Mädchen wechselten den oder die Erwählte, ohne Groll zu hinterlassen oder nachzutragen. Die Häusler vom Dorfrand, Kinder besitzloser Taglöhner und Erntearbeiter fanden auf gleiche Weise ihre Lebensgefährten. Sie kümmerten sich nicht um den Besitz, der sowieso nicht vorhanden war, sondern suchten Gesundheit und Kraft, also Leistungsfähigkeit, das einzige für sie wertvolle und zinsentragende Kapital. Wie mir die jährlich im Sommer auf unsere Puszta kommenden Erntearbeiter erzählten, nahmen die Burschen meist Mädchen als Hilfsarbeiterinnen mit, die ihnen gefielen und die sie gerne geheiratet hätten. Denn das winterliche Zusammensein und die bescheidenen Belustigungen erheiterten zwar die Gemüter und brachten die jungen Leute auch näher zusammen, die große Probe, das Examen für die Zukunft begann jedoch im Sommer. Wie das Mädchen von der Frühe bis zum Abend arbeitete und wie sie die schwere Arbeit vertrug, bestimmte, ob aus der Heirat etwas wurde oder nicht. Mit fachkundigem Blick verfolgte der Bursche seine Zukünftige, wie auf einem großen Markt vor einem Kauf für das ganze Leben. So verfolgte auch das Mädchen den vor ihr in heißer Sonne arbeitenden Gefährten mit ihrer Aufmerksamkeit, während die anderen kritisch beobachteten, ob die zwei zusammenpaßten. Die Tatsache, daß sie als Arbeitspaar zusammenarbeiteten, galt als offenes Geständnis der Zusammengehörigkeit fürs Leben, vorausgesetzt, daß sie sich gegenseitig von ihrer Tüchtigkeit überzeugt hatten. Dieses System war richtig und lobenswert. Wenn sie nämlich in der Arbeit zusammenpaßten, so folgten das Herz, die Seele und der Körper von selber dem Ruf.

Bei den Pusztabewohnern spielte sich alles ganz anders ab. Wie die Abkömmlinge fürstlicher Familien oder wie die Hindus verlobten sie sich meist, wenn auch nicht in der Wiege, so doch nach der Schulentlassung, nur mit dem Unterschied, daß die Eltern damit nichts zu tun hatten – sie besorgten alles selber. Für die Eltern konnte es auch vollkommen gleichgültig sein, denn alle Mädchen hatten die gleiche Aussteuer und kein Bursche erbte mehr als der andere. Sie achteten auch nicht auf den Gesundheitszustand des anderen, teilweise aus Unkenntnis und teils, weil es ihnen gleich war, ob der Mann oder die Frau früh starb; es gab andere zur Genüge, die man heiraten konnte – denn nichts ist leichter zu ersetzen als der Mensch.

Die Kinder erprobten also frei, uneingeschränkt und ohne Schuldbewußtsein die in ihnen durch das andere Geschlecht, durch Sympathie oder Liebe erweckten sinnlichen Regungen. Und bis sie sich vage des Gesetzes einer zivilisierten Gesellschaft, bewußt wurden, das sie, wenn auch mit jahrhundertelanger Verspätung, in ihrer Abgeschiedenheit erreichte, wonach jeder Mensch, wenigstens in der Liebe, gesetzliches Privateigentum würde, kannte jeder bereits den erwählten Lebensgefährten. Zwar gab es keine große Auswahl, denn auf einer Puszta lebten durchschnittlich nur zwanzig bis dreißig Familien. Und diejenigen – das bezog sich aber nur auf die Männer – die in dieser kleinen Welt keine Passende fanden, die Erwählte verloren oder als Erwachsene auf die Puszta kamen, suchten sich im Umkreis von 10 bis 12 Kilometern die Braut. Natürlich nur von einer Puszta, denn es hieß mit Recht, daß ein Dorfmädchen nicht auf eine Puszta umgepflanzt werden sollte, selbst wenn sie es wünschte. Sie wollten aber nie, jedenfalls kann ich mich keines einzigen Falles erinnern.

Die Paare fanden sich also schon in der Kindheit und hielten einander von dem Augenblick an die Treue – nach Pusztabegriffen –, in dem sie zueinander Liebesbeziehungen irgendwelcher Art anknüpften. Aus diesen Beziehungen machten sie kein Geheimnis, für Pusztabegriffe wäre dies sogar unbegreiflich, ja lächerlich gewesen. »Es fehlt ihnen jedes Schamgefühl«, erklärte mir eines

Tages mit scheinheiliger Empörung ein Verwalter. Er hatte nämlich in der Morgendämmerung neben einem mit der Bewachung der Erbsenernte betrauten Burschen ein sechzehnjähriges Mädchen gefunden. Sie schliefen noch, als er sie weckte, und das Mädchen schämte sich nicht einmal, sondern richtete dort vor seinen Augen ihre in Unordnung geratenen Kleider: »Wie eine Dame, die sich vor ihrer Zofe anzieht.« Und dazu kam noch, was sich in den Stallungen abspielte. Folgende Szene blieb mir in der Erinnerung: Ein Bursche und ein Mädchen nahmen, jeder bei der Kuh, die sie melkten, so ihren Platz ein, daß die Rücken sich fast berührten. Beide wandten den Kopf, und während die Hände an den Eutern zogen, fanden sich ihre Lippen zu einem langen, kein Ende nehmen wollenden Kuß. Und das inmitten einer schweren Arbeit, die bekanntlich besondere Anforderungen an die Muskelkraft stellt. Tränen traten mir in die Augen, während ich mich abwandte. Als ich, bei der Tür angelangt, in den dämmrigen Stall zurückblickte, hafteten sie immer noch aneinander.

Nach den Begriffen der Puszta spielte die Jungfräulichkeit die gleiche Rolle wie die anderen Zubehöre des Privateigentums. Meine eigenen Erfahrungen bestätigen es. Die Treue bedeutete mehr als die treue Bewahrung des Körpers, sie war wesentlicher und höher zu stellen. Die Geliebte des Militärdienstleistenden wartete meist mit Entsagung auf die Rückkehr des Freundes; tat sie es aber nicht, so hielt sich niemand darüber auf, und es entstanden auch keine besonderen Konflikte. Und wenn solche entstanden, dann nicht der Untreue selber wegen, sondern dann war die Person des Betreffenden schuld, mit dem sie die Untreue begangen hatte. Gelegentlich eines Gesprächs erwähnte ein Ochsentreiber so nebenbei, daß ihm seine Geliebte, während er mit Vieh anderthalb Jahre im Oberland fort war, untreu wurde. »Dieser Deli war gut Freund mit mir; er hatte es zu büßen, als ich zurückkam.« Vom Mädchen kein schlechtes Wort. »Sie hat ja trotzdem bei mir ausgehalten.« Ehebruch kam selten vor, oder es wurde vielleicht nur wenig darüber gesprochen. Es kam auch selten zu ausgesprochenen Auseinandersetzungen. Wenn, dann nur, weil der Ehebrecher zu weit gegangen war, das heißt, weil er etwa von seiner Geliebten allerhand weggeschleppt hatte, wie Fett, Speck, einen Korb Weizen; oder daß er ihr während der Arbeit etwas »verschafft« hatte; oder gar sich mit dem Gedanken abgab, ihretwegen seine Familie zu verlassen. Übrigens schlichteten sie diese Differenzen, wie manches andere, soweit wie möglich unter sich. Die Frau wurde auf der Puszta geschätzt, und es lag kein Widerspruch darin, daß man sie hier und da schlug. Bekanntlich überwiegt im allgemeinen das weibliche Geschlecht zahlenmäßig das männliche, außer in Ländern mit besonders unwirtlichem Klima, wo es gleich einer besseren Boden und bessere klimatische Verhältnisse beanspruchenden Pflanze weniger Frauen gibt. Vielleicht sind auch auf den Pusztas deshalb weniger Frauen. Nach der Volkszählung vom Jahre 1930 kamen in Racegres auf 140 Männer nur 125 weibliche Einwohner. Dies kam vielleicht daher, weil die Mädchen leichter in den großen Städten als Dienstmädchen Arbeit fanden und suchten, um so der Armut zu entgehen. Alte Frauen gab es genug, sogar zu viele, nur die jungen fehlten. Man mußte acht auf sie geben, und die Männer taten das auch, indem sie sich mit ihnen gut zu stellen trachteten. Die Männer waren den Frauen gegenüber in Liebesangelegenheiten nachsichtig; wie hätten sie auch ihr Besitzerrecht ernst nehmen können, nachdem doch seit Jahrhunderten ebenso in dieser Frage wie hinsichtlich der Verteilung irdischer Güter einseitige Bestimmungen getroffen wurden, ohne daß man sie zu Rate zog? Die Herren nämlich, vom Gutsbesitzer bis zum letzten Praktikanten, konnten frei nicht nur über die Arbeit der Hände des Gesindes verfügen, sondern auch über seine Körper. Dagegen gab es keinen Einspruch und gibt es auch heute keinen. Die Inspektoren und Verwalter, ja selbst die aus den Gesindehäusern emporgekommenen Aufseher konnten jedes Mädchen, wenn es ihnen so paßte, zu sich bestellen. Diese Tatsache war ein selbstverständlicher, traditioneller Zustand.

12

Die Tochter unseres Nachbarn beging Selbstmord. Das Mädchen »ging« ins Schloß, darum nahm sie sich das Leben. Die Stallschweizer zogen sie im Morgendämmern aus dem Brunnen. Als wir auf dem Weg zur Schule vorbeikamen, lag sie auf der Eisschicht, die sich um den Brunnen gebildet hatte und unter deren dünner Platte die schwarzen Erdschollen, Strohhalme und Dungabfälle wie von Glas bedeckte Schätze in allen Farben spiegelten. Sie lag da mit offenen Augen, in die Entsetzen und Schrecken wie eingefroren standen, offenen Mundes, mit leicht gerümpfter Nase, blutige Schrammen auf der Stirn und dem schönen Gesicht, die entweder beim Sturz oder aber während der Zeit, bis die Schweizer sie im Halbdunkel des Wintermorgens entdeckten, durch den schweren Holzeimer entstanden waren. Sie war barfuß, die Stiefel waren im Zimmer des Inspektors neben dem Bett stehen geblieben, das sie fluchtartig verlassen hatte, um sich, so wie sie war, in den Brunnen zu stürzen.

Die sich aus den Stallungen und Speichern zusammenrottenden Ochsentreiber standen stumm und achselzuckend neben der Leiche herum, bis der Inspektor, aus dessen Armen sie sich in die des Todes geworfen hatte, wahrscheinlich um seine Verlegenheit zu verbergen, die Männer mit besonders rohen Worten zur Arbeit zurücktrieb. Anscheinend achteten die Anwesenden diese nervöse Verlegenheit, denn sie gehorchten auffallend schnell, und als sie beim Fortgehen scheu zurückblickten, waren Beileid und Verständnis in ihren Blicken. Der Inspektor (ich kann nichts dafür, daß es wie aus einem Schauerroman klingt!) schlich blaß im Kreise um die Leiche herum, sein eigener Gefangener im unsichtbaren Käfig seiner Ohnmacht. Scheu um sich blickend, mit zuckendem Gesicht, jagte er die Neugierigen von der Stelle fort wie ein auf seine Beute eifersüchtiger Hund. Er war klein, beleibt, und man sah es ihm an, daß er sich, so ins Unrecht versetzt, schwer von seiner Entrüstung erholen konnte. Das Mädchen hatte sich gegen den üblichen und gewohnten Gang der Dinge versündigt, denn die vornehmste Pflicht des Gesindes war ja der Gehorsam. Weder er noch das Gesinde verstanden diese Empörung. Wegen einer solchen Nichtigkeit war es doch nicht notwendig, so weit zu gehen!

Durch ihren Tod aber erhob sich das Mädchen über alles, schied aus der Gemeinschaft aus. Ihr unverbrüchliches Todesschweigen erboste selbst ihren Vater, der sich mit gezogenem Hut und entrüstetem Schweigen sozusagen vor dem Inspektor für die Tat seiner Tochter zu entschuldigen schien. Eines Tages wurde dieses blasse Kind mit dem zerschundenen Gesicht in meiner Phantasie zum Symbol des Trotzes, zum Engel der Auflehnung. Ich verglich sie mit einer Jeanne d'Arc, diesem unbeugsamen Charakter, der sich in der Person eines einfachen Bauernmädchens erst im Feuer des Leides offenbarte. Damals konnte ich es aber noch nicht verstehen, warum sie es so eilig hatte, aus dieser Welt abzutreten.

Sie verließ ihre gewohnte Welt, in der nach dem höhnischen Bauernsprichwort »nur das Brot nicht Gemeingut« ist. Starb sie vielleicht um eines Bräutigams willen? Selbst nach dem Gesagten wird sich der Leser schwer in die Gedankenwelt eines Brautpaares hineinleben können, in der es eine Treue ohne körperliche Treue gab. Nur wer in dieser Welt geboren und aufgewachsen war, konnte das verstehen. Wie man die Stiche der Schnaken und sonstigen Ungeziefers hinnehmen muß, ohne sich dagegen wehren zu können, so gibt es auch andere Stiche und Belästigungen, die man erdulden muß und gegen die man sich gleichfalls nicht schützen kann, die aber ebenso weder die Ehre noch die Seele des Betroffenen beschmutzen können. Die Pusztabewohner waren Wirklichkeitsmenschen in ihrer Denkungsart. Selbst ich kannte als Kind diese Gedankenwelt und fand sie selbstverständlich. Erst jetzt fange ich an, über manches Gehörte und Gesehene nachzudenken und mir eine eigene Meinung zu bilden. »O, das alte Schwein!« sagten die Dienstboten kurz vor diesem Fall von einem Aufseher, als sich die Nachricht verbreitete, daß er junge minderjährige Mädchen, die unter seiner Aufsicht arbeiteten, mißbrauchte. »Schickt sich denn so etwas für einen Alten?« Man hielt sich über sein Vergehen auf, aber niemand dachte an die kleinen Mädchen. Auch die Gutsverwaltung nicht, die wie auf jedem Gebiet nur dann handelte, wenn sie ihre eigenen Interessen gefährdet sah. Bei irgendeiner Gelegenheit zum Beispiel fiel es auf, daß ein Aufseher der Tagelöhner drei seiner Truppe unterstehende Mädchen immer nur zur leichtesten Arbeit, nämlich zum Wassertragen, beorderte. Als sich fand, daß er sie mißbrauchte, verdankte er es nur den Bitten, Tränen und Beschwörungen seiner Familie, daß er nicht sofort entlassen wurde. Nicht seines moralischen Vergehens wegen, sondern weil er durch seine Handlungsweise die Disziplin gelokkert hatte. Die Puszta verfolgte sein Schicksal mit einer von Beileid gemischten Besorgnis.

Lockerung der Disziplin aus Liebesgründen war selten. Die Mädchen versuchten nicht aus den erwiesenen Gunstbezeugungen Vergünstigungen für sich zu erzielen. Der Inspektor, der sich mit dem todentschlossenen Mädchen verging, sie ohne jede tiefere menschliche Regung wie ein Trinkglas oder einen Stiefelzieher gebrauchte, hatte von der Familie der Toten nichts zu befürchten. Sie leitete für sich aus dem Ereignis kein Recht ab zu Vertraulichkeiten oder sonstigen Ansprüchen. Nein, selbst der Trauer gelang es nicht, nähere Beziehungen zwischen ihnen und dem Inspektor herzustellen (der nebenbei gesagt nicht zum Begräbnis erschien). Das Mädchen starb, und ihr Tod wurde in der Erinnerung der Leute verbucht, als ob sie in eine Maschine geraten wäre oder der Stier sie totgetrampelt hätte. Onkel Sövegjarto, der Leichenbeschauer, von dem der Ortswitz wissen wollte, daß er den Tod nach den Klagen der Anverwandten feststellte, unterschrieb den Totenschein, die Leiche wurde eingesegnet und begraben. Ich war der einzige, der um die Gestalt des Inspektors selbst noch Jahre später die romantische Atmosphäre des Todes und des Schicksalhaften wob und fast erwartete, daß er in diese seine Rolle hineinwachsen würde. Er tat es nicht. Er konnte unbändig fluchen, und die einzige Äußerung seiner Trauer und seines gestörten seelischen Gleichgewichts bestand darin, daß er noch lange nach dem Ereignis noch gröber und reizbarer war. Wir brachten dem auch Verständnis entgegen.

Ich erwartete weiter, wahrscheinlich auf Grund romantischer Geschichten vom reichen Grafen und der armen Leibeigenentochter, daß die Inspektoren und Verwalter auf ihre Liebchen Rücksicht nehmen oder sie beschützen würden. Davon war keine Rede. Die Mädchen brüsteten sich nicht mit derartigen Beziehungen, vor allem nicht in Gegenwart ihrer vornehmen Geliebten. Wahrscheinlich lehrte sie die Erfahrung, dies nicht zu tun. Die Herren vertrugen öffentliche Vertraulichkeiten schlecht. Ich erinnere mich des ungewöhnlich brutalen Tones, mit dem ein Inspektor ein Mädchen, das beim Arbeiten im Weingarten etwas zurückgeblieben war, zur Ordnung rief. »Glaubst du«, brüllte er, »daß du faulenzen kannst, weil ich dich gestern abend ...« und gebrauchte ein Wort für den Geschlechtsverkehr, das selbst das Gesinde nur als Zeichen tiefster Verachtung aussprach.

Das Gesicht des Mädchens wurde bei der öffentlichen Beschimpfung flammend rot. Sie senkte den Kopf und beeilte sich mit der Arbeit, aber als das leichte Gefährt des Inspektors von dannen rollte, richtete sie sich mit einem mir unvergeßlichen, gequälten Lächeln in ihrem noch immer flammenden Gesicht auf und rief dem sich Entfernenden eine Bemerkung nach, die ich selbst aus dem Munde eines Pusztamädchens noch nie gehört hatte.

Anfänglich flößte mir das Mädchen Abneigung ein, aber nicht weil ich sie für verdorben hielt, sondern vielleicht, weil sie Einblick hatte in eine Welt, aus der ich ausgesperrt war, und weil in mir schon der kindliche Hochmut der Ausgeschlossenen im Erwachen begriffen war. Ich kannte zwar nur zu gut die Einwohner dieser Welt; das Schloß selbst blieb eine unnahbare Ritterburg, eine Hexenküche, die im wahrsten Sinne des Wortes Jungfrauen verzehrte. Beneidete ich das Mädchen? Es konnte sein. Ich hielt sie für dumm, da sie blind in dieser betörenden Welt wandelte, ohne daß insgeheim etwas an ihr haften blieb und sie weder in eine Märchenprinzessin noch in eine Katze verwandelt wurde. Frühmorgens erschien die Arme unausgeschlafen unter uns, gähnte und rieb sich die Augen. Ich wandte mich von ihr ab. Allmählich gewann aber in mir die Neugierde über das Gefühl des Beleidigtseins die Herrschaft. Wenn wir nebeneinander arbeiteten, fing ich an, sie unparteiisch auszufragen, was denn in der fraglichen Nacht geschehen sei. In mein Interesse mischten sich allmählich auch andere Gefühle. Ich war im Pubertätsalter. »Erzähle mir alles von dem Augenblick an, als du eintratst.« Über die dichten Rebblätter blickte sie mich verwundert an. »Was ist schon darüber zu sagen?« – »Was sagten sie dir, wie wußtest du, was zu tun sei?« Bei der Mittagspause ließ ich mich neben ihr nieder. Je hartnäckiger sie schwieg, desto mehr wollte ich wissen, desto üppiger wucherte meine Phantasie. »Man schenkte mir einen Bleistift«, sagte sie. Ich stieg ihr überall nach, und am Ende versuchte ich, mich ihr mit der überlegenen Brutalität eines Tolpatsches zu nähern. »Ist es dir nicht einerlei?« fragte ich prahlerisch, aber mit hochrotem Gesicht. Sie stieß mich von sich. Daß sie die Nächte im Schloß verbrachte, das zählte nicht und beeinträchtigte auch nicht ihr Selbstbewußtsein. Ihr war es, als wäre alles im Traum geschehen. Ich sah auch ihre Gestalt, vielleicht ihres Schweigens wegen, von geheimen Todesahnungen umdroht und hätte nicht gestaunt, wenn sie eines Tages in den Brunnen gesprungen wäre. Sie tat es nicht, sondern ist die »glückliche Mutter« von vier Kindern in der Ecke einer Kutscherwohnung geworden.

Was ich in allen Einzelheiten wissen wollte, erfuhr ich viele Jahre später, als ich mich, frei von jeder abergläubischen Befangenheit, nicht mit vorgetäuschter, sondern mit echter Langeweile in den muffigen Räumen der berühmten Schlösser mit ihren Hirschgeweihen, geschmacklosen Möbeln und Öldrucken aufhielt. Nur mußte ich Gefallen und Freude vortäuschen. Die Einwohner dieser traurigen vier Wände hätten meine Freunde sein können, es hing von mir ab, wieweit sie mich in ihr Herz schlossen. Schweigend, mit glattem Lächeln hörte ich ihrem Gespräch, ihren empörenden Erzählungen und Ansichten zu, gleich einem Gesandten, der nicht das Recht hat, sich in die Angelegenheiten fremder Länder einzumischen. Ich war der vielgereiste Schriftsteller, für die Versierten der Herr Redakteur, ohne daß glücklicherweise einer von ihnen jemals eine einzige von mir verfaßte Zeile gelesen hätte. Ich stellte höfliche Fragen und konnte im stillen die vollkommene Ignoranz selbst der Älteren betreffs der in ihrer nächsten Umgebung herrschenden Zustände bestaunen. Ich bewunderte den zähen Selbstschutz des Gemütes, der die jungen Leute befähigte, sich über den in ihrer nächsten Nähe brodelnden Schmutz und sonstige Ungeheuerlichkeiten hinwegzusetzen, den engelsgleichen unschuldigen Blick, den sie sich zu bewahren wußten, wenn sie Mädchen waren, und den idealen Patriotismus, wenn es sich um junge Männer handelte. Sie brachten es fertig, rein zu bleiben, der Dreck beschmutzte kaum ihre Stiefel. Sie schenkten all dem keine Beachtung, so wie die neben ihrem Kavalier dahinsprengende und höflich lächelnde, wohlerzogene Komtesse die natürlichen Verrichtungen ihres Pferdes nicht zu bemerken schien. Wenn sich nach dem Abendessen und einigen Flaschen Wein die Zungen lösten und nur die älteren, erprobten Mitglieder der Männergesellschaft übrigblieben, getraute ich mich, die intime Frage zu stellen, wie es eigentlich mit den Mädchen auf der Puszta bestellt sei. Es war eine dankbare, tausend schöne Erinnerungen, saftige Geschichten und männliche Eroberungen wachrufende Frage. Die brutalen Besitzergreifungen verwandelten sich in galante Abenteuer. »Auch zu meiner Zeit...«, fingen sie an, und die Augen wurden beim süßen Nachgeschmack der Vergangenheit weich. »Im vergangenen Jahr hier auf der Puszta...«, fuhren sie fort und nannten Mädchen, die ich teils kannte oder die man mir morgen zeigen wollte, beim Namen und tischten Geschichten auf. Lachsalven ließen den Zigarettenrauch erzittern. »Na, darauf wollen wir eins trinken!« Ich lachte mit, und in der kurzen Stille eines »ex« oder Rundtrunkes, während meine Augen, um auszuruhen, zur Decke schweiften, wurde ich mir betroffen bewußt, wie wenig dazugehören würde, um mich eins mit dieser Gesellschaft zu wissen, wie wenig, und meine Teilnahme an ihrer Unterhaltung wäre eine aufrichtige gewesen. Glücklicherweise fand sich immer jemand, der über das Ziel hinausschoß. Sie nahmen mich beiseite, und mit der klebrigen Vertraulichkeit, mit der Halbgebildete meist den Schriftsteller auszeichnen (weil der alles versteht und als »Bohemien« Feinschmecker des Schmutzes ist), erzählten sie mir, ihre Schamlosigkeit mit Gelächter bemäntelnd, solche Geschichten und enthüllten auf meine Frage solche Einzelheiten, daß mich, wenn schon nichts anderes, mein guter Geschmack an meine selbstauferlegte Rolle erinnern mußte. »Daraus wirst du eine gute Geschichte drechseln!« Eine Erzählung folgte der anderen. »Erlaubst du, daß ich mir Notizen mache?« bemerkte ich. Der Gefragte blinzelte mir zu: »Natürlich ohne Namen, Freundchen.« – »Selbstverständlich.«

Meine alte Neugier erwachte. Die Geschichten waren alle ziemlich gleich, und die Einzelheiten bezogen sich meist auf die körperliche Beschaffenheit der Mädchen. Mich interessierte hauptsächlich, wie sich die Mädchen verhielten. »Wie wußten sie, was sie jeweils zu tun hatten? Erzähle alle Einzelheiten!« fragte ich mit innerer Erregung nun auch meine gelegentlichen Freunde, »von dem Augenblick an, als sie zu dir eintraten, nachdem du sie rufen ließest. Wie ließest du sie wissen, daß sie kommen konnte, oder vielmehr, daß sie kommen sollte?«

Alles spielte sich viel einfacher ab, als ich annahm. »Man läßt halt eben sagen, daß die oder die des Abends kommen soll«, klärte mich ein Verwalter mit sympathischem Gesichtsausdruck auf, indem er mich umarmte. »Um meine Anzüge zu stopfen. Zu mir kamen die Mädchen ausschließlich zum Stopfen. Ich war dafür bekannt. Wenn ich draußen bei der Dreschmaschine oder beim Harken eine fragte: ›Kannst du nähen?‹, so schlug sie die Augen nieder und wußte schon, was das bedeutete. Eine kam vom Vater begleitet. Zwar hatte der Alte Grund genug, gefällig zu sein, denn wir wollten ihm eben wegen einer Schweinerei auf die Finger klopfen.«

»Es gibt also auch welche, die ungern kommen?« fragte ich weiter. »Es gibt schon welche, aber alle wissen, daß es sein muß. Höchstens, daß die Frecheren hier etwas Krach schlagen. Aber kommen tun sie alle. Du verstehst, es ist in gewissem Sinne eine Ehre, eine Art Auszeichnung. Die ›Zutritt haben‹, werden sogar beneidet, da sie etwas zu erzählen haben. Eine mit einem blinden Auge zerkratzte mich gottserbärmlich – der Teufel soll sie holen! Eine andere brachte als Gardedame gleich ihren Bruder mit. Also gut, wir starrten uns eine Zeitlang ziemlich streng an. Dann setzten wir uns und begannen zu plaudern, bis wir die besten Freunde waren. So um zehn Uhr fragte mich der Bursche: ›Also, Herr Verwalter, soll ich das Mädchen hier lassen?‹ ›Laß sie hier, mein Sohn‹, sagte ich.«

»Das Gespräch kommt so unter vier Augen natürlich schwer in Gang. Dagegen gibt es aber auch eine Medizin. – Der Alkohol, Freund, der Alkohol! Ohne Alkohol ist es etwas komplizierter, besonders bei denen unter dem Paragraphen (das heißt jünger als 15 Jahre), auf die ich eine Zeitlang besonders scharf war. Ich war wie verrückt nach ihnen, irgendwo hatte ich etwas gelesen, seitdem wollte ich nur ungerittene Fohlen, wie man hier sagt; und je mehr nacheinander, desto besser. Ja, ich war ganz närrisch. Wie gesagt, eine Flasche Wein ist schon notwendig, damit sich die Zunge löst. Denn ohne etwas Plauderei taugt die ganze Sache nichts. Natürlich wollen sie nicht trinken und tun verschämt. Wenn sie den Wein nicht wollen, dann kannst du ihnen Tee mit viel Rum geben, den nehmen alle. Abendessen? Nicht um alles in der Welt würden sie etwas anrühren. Vom Kuchen brechen sie ein Stückchen ab und knabbern den ganzen Abend daran. Die eine erwartete ich mit Bonbons. Sie nahm die ganze Schachtel und steckte sie, ohne einen Blick darauf zu werfen, in ihre Rocktasche. Sie meinte, es schicke sich nicht, den Inhalt in meiner Anwesenheit anzusehen. Ja ja, manierlich sind sie alle. Aber wenn du es fertigbringst, ihr ein Glas Wein einzutrichtern, dann ist alles in Ordnung.«

»Man konnte über allerhand ganz nett mit ihnen plaudern. Wo sie Sonntag waren? Wie getanzt wurde? Wer die Freundin sei? Kurzum, über alles, nur nicht von der Arbeit, denn das würde sie an ihren Stand erinnern. Dann unter keinen Umständen von der Mutter. Über Vater, Geschwister kannst du, wenn du willst, sprechen, sogar von der Großmutter; erwähne aber – das rate ich dir –

ja nicht die Mutter. Denn dann ist es aus, und du kannst wieder von vorne anfangen. Am liebsten singen sie. Wie viele schöne Abende hatte ich auf diese Weise! Sie setzte sich in eine Ecke, wo der Lampenschein sie nicht voll traf, und fing dort an, leise vor sich hin zu singen und zu lachen, in dem Maße, wie es dir gelingt, sie unter Alkohol zu setzen. Als ich hier in B. in der Nachbarschaft angestellt war, da befand sich mein Zimmer im Haus des Güterdirektors, der noch Kinder zu Hause hatte ... Es hieß also aufpassen und keinen Krach schlagen. Bei mir war keine Gefahr, denn ich ließ die Mädchen ganz leise und zart singen, wie das Zirpen einer Grille. Es gibt keine große Dame, mit der ich mich so wohl gefühlt hätte, wie mit diesen kleinen Sängerinnen. Bis in alle Herrgottsfrüh hätte ich sie anhören können. Sie wurden aber bald schläfrig, besonders nach dem Bad, denn ich ließ sie sogar baden.«

»Wie ich annahm, mißbrauchen sie das Vertrauen nie. Im Gegenteil. Die ›Zutritt haben‹, sind besonders fleißig und folgsam. Als ob sie einem eine besondere Freude erweisen wollten... Sie ordnen sich noch mehr unter, als ob aus der Geschichte noch etwas mehr herauskommen könnte. Sie sind eben Frauen wie jede andere. Einem Dritten würden sie es aber nie verraten, daß sie etwas mit uns haben. Besser gesagt, sie verraten sich selbst nur allzu leicht, indem sie den Blick zu Boden niederschlagen und ihre Arbeit auffallend beschleunigen, wenn man sie draußen bei der Arbeit trifft, wenigstens in unserer Gegenwart.«

Ich hörte fachkundige Vorträge über die Gebräuche in verschiedenen Gegenden. Über die Unterschiede zwischen Gegenden mit hartem und solche mit Sandboden, der sich auch in der Moral der Einwohner äußert. Wo Lehmboden vorherrscht und die Bearbeitung des Bodens, insbesondere das Hacken, große Körperkraft erfordert, ist das Volk schweigsam, düster und kann abends kaum erwarten, ins Bett zu kriechen. Wo aber der Boden sandig ist, so daß die Hacke leicht in die Erde eindringt, dort sind die Leute abends frohgemut und voller Übermut. Dann hörte ich von dem verfeinerten Seelenleben Westungarns, und daß dort das Volk gewissermaßen seine Ursprünglichkeit bewahrt hatte (unter der Bezeichnung »ursprünglich« hat man bei Leuten dieser Art etwas Sklavisches, Tierisches und Unmenschliches zu verstehen). Im Gegensatz zu den nördlichen Teilen der Gegend zwischen Donau und Theiß, wo die Bewohner ihren Frauen so wenig gönnen, daß sie in der Nacht kaum etwas zum Zudecken haben, dagegen rot sehen, wenn wer immer, selbst die Herrschaft, ein Auge auf sie wirft. Dann vernahm ich noch andere Einzelheiten, zum Beispiel, daß sich im Komitat Fehér die Mädchen ausziehen, während sie in unserer Gegend vor lauter Scham nicht einmal die Schürze ablegen wollen, sondern sie über ihr Gesicht breiten. (Gleich am nächsten Tag erlebte ich eine dieser Behauptung widersprechende Szene. Ich saß im Zimmer eines Inspektors auf dem Sofa, als ein Tagelöhnermädchen eintrat. Vor einigen Tagen hatte sie sich an der Dreschmaschine geweigert, eine schwere Last zu heben, da angeblich ihre Schulter weh tat. Den Grund, warum sie jetzt gerufen wurde, konnte sie nicht ahnen, denn der Zwischenfall hatte sich, wie schon gesagt, vor einiger Zeit zugetragen. Mein Bekannter, der sich auch um den Gesundheitszustand der Leute zu kümmern und zu entscheiden hatte, wer arbeitsfähig war oder wer zum nächsten Dorfarzt in Behandlung gehen mußte, sagte zu ihr: »Zieh dein Hemd aus!« Gleichzeitig verließ er wegen einer anderen zu erledigenden Angelegenheit das Zimmer. Das Mädchen warf einen Blick auf mich, errötete dann, als ob sie eine plötzliche Erleuchtung überkommen hätte, und als ich kurz darauf von meinem Buch, das ich im Schoß hielt, aufsah, stand sie splitternackt vor mir. Ich erhob mich, legte meine Hand auf ihre Schulter und wandte mich in meiner Verlegenheit ebenfalls zur Tür. Ich griff so unglücklich nach der Klinke, daß ich die untere Scheibe der Glastür durchstieß und mein Handgelenk nicht unerheblich verletzte. Als das Mädchen das Blut sah, trat es erschrocken an meine Seite und war im Begriff, mir, so wie sie war, ins Freie zu folgen.) Weiter bekam ich, mit gepfefferten Episoden ausgeschmückt, Einzelheiten über die tatsächliche oder geheuchelte Passivität der Mädchen zu hören. »Sie benehmen sich wie ein Stück Holz« (aber »stacheliges!« warf eine dröhnend lachende Stimme ein), »denn es ist ihrer Meinung nach schändlich, zu zeigen, daß sie bei der Sache beteiligt sind.« Dann über das geschickte Vertuschen selten drohender Skandale mittels einer schnellen Verheiratung, oder indem man einen Burschen auf die Betreffende »losläßt«. In diesem Fall forderte das Mädchen die Alimente von jenem. Dann hörte ich Erzählungen über die unglaubliche Dummheit oder Leichtgläubigkeit der Pusztabewohner, die es möglich machte, daß selbst die etwas Hochgekommenen und mit mehr Selbstbewußtsein Ausgestatteten eine solche Braut erhobenen Hauptes zum Altar führen. »Sie sind in diesen Fragen, Bruderherz, unerhört einfältig, das ist sicher! Hör zu! Ein Mädchen kam ungefähr zwei Monate lang zu mir. Es ward natürlich darüber gemunkelt, einzelne sahen es sogar. Eines Tages erschien ein Bursche bei mir, natürlich drei Schritte vom Leib, wie es sich geziemt, in ›Habt acht‹-Stellung, den Hut in der Hand, und stammelte in aller Hochachtung etwas, er hätte dies und jenes gehört. Leugnen konnte ich nicht. Er tat mir aber leid. Warum sollte ich ihm weh tun – nicht wahr? ›Ja, sie war bei mir‹, sagte ich ihm, ›aber nur, um zu plaudern‹. Der Kerl glaubte mir vom Fleck weg und bedankte sich am Ende noch recht höflich. Sie sind auch ungeschickt und gierig wie Tiere, von Geschliffenheit keine Rede. Unlängst, gelegentlich eines Festes, schlug ein Mädchen einem Burschen um ein Haar ein Auge aus. Sie kamen zum Rapport vor mich, die Sache geschah auf der dunklen Dreschtenne, wohin sie sich in einer Tanzpause verzogen hatten. Wenn das Mädchen mit dem Burschen beiseite ging, warum wollte sie ihm dann an die Augen? ›Er wurde gewalttätig‹, sagte das Mädchen, natürlich nicht mit diesen Worten. Na denn! Ich nahm mir den Burschen unter vier Augen vor. ›Was wolltest du von ihr?‹ fragte ich. ›Nur das‹, antwortete er. ›Hast du sie geküßt?‹ – ›Hätte ich das auch tun sollen?‹ fragte er verwundert. Sie verstehen sich weniger auf ihre Frauen als wir. Dabei gibt es im Volksmund ein treffendes Sprichwort: ›Kuh und Frau kann man nicht betrügen.‹ Verstehst du, wie es gemeint ist? Keinem der beiden kann man vorenthalten, was ihnen zusteht.«

Das sind die Geschichten, die ich hörte. Wenn ich zurückdenke an diese fernen schwülen Abende, die ich schon beim Erwachen am nächsten Morgen in erschreckende Ferne gerückt empfand, so überhäufen und überlagern sich die bizarren und doch simplen Geschichten, die Anekdoten ohne Pointe und die ohne jeden Grund plötzlich erschallenden diabolischen Lachsalven. In Erscheinung treten groteske und doch brutale Männchen, mit Montmartre-Orgien wetteifernde raffinierte Lustbarkeiten, die bleichen Gesichter ohnmächtiger Mädchen auf Lustbetten, Prügel und blutige Leintücher, Verhöre, bei denen ein Mädchen Beziehungen zu sechsundzwanzig Burschen zugab, zu Huren gewordene Jungfrauen: Pusztas, deren gesamte männliche Einwohnerschaft auf ein Jahr zur Arbeit in eine entfernte Gegend versandt wurde und wo jetzt – zum allgemeinen größten Gaudium der bei der Erzählung Anwesenden – jedes Kind aufs Haar einem gewissen Inspektor gleicht, Abtreibungen und Kindsmord, saftige Beschreibung der Regeln, in welcher Reihenfolge die Körperteile der Mädchen nacheinander zu berühren sind.

Zum Verwalter W. »kam« ein besonders hübsches Mädchen. (Zwischenruf »Meine Erziehung!«) Er beschwor sie, ihm treu zu bleiben. Das Mädchen, ein ganz junges Ding, war die verkörperte Jugendfrische, und die beiden schwammen in Glück und Liebe. Drei Wochen später erwischte er sie unter einem Heuschober mit einem jungen Dachs. »Die helle Wut überkam mich, ich hob den Arm – das kleine Mistvieh wich einen Schritt zurück und fing an zu maulen, was mich denn eigentlich die Sache anginge? So sind sie, Freund, von Anstand haben sie keine Ahnung!«

Geschenke waren nicht üblich. »In dieser Hinsicht wissen sie wenigstens noch, was sich gehört.« In Wirklichkeit verhielt es sich damit so, daß sich die Mädchen nicht getrauten, Geschenke anzunehmen. Es konnte zwar allgemein bekannt sein, daß die eine oder die andere »ging«. Der Klatsch fing aber erst an, wenn greifbare Beweise vorhanden waren. Dann aber richtig. »Sie tun es aus Neid«, behauptete ein Milchkontrolleur, der von Puszta zu Puszta fuhr und von dem behauptet wurde, überall erwarte ihn eine Familie. Als er Anfänger war, beschenkte er ein Mädchen mit einem Tuch. Am nächsten Abend beim Brunnen rissen die Frauen der Beschenkten mit Mordsgeschrei das Tuch vom Leib und trampelten es in den Schmutz. Seitdem nannten sie das Mädchen, wo sie es nur trafen, selbst zu Hause in Gegenwart ihrer Mutter, eine Hure.

Der größte Teil dieser Geschichten beruhte wohl auf männlicher Prahlsucht. In Wirklichkeit waren infolge ihrer Abgeschlossenheit von der Welt und ihrer Unbildung die Mädchen der Puszta nur viel wehrloser als die städtischen Dienstboten und Büroangestellten. Wenn jemand sich mit der Lage der Fabrikarbeiterinnen beschäftigen würde, so könnte er wahrscheinlich keinen günstigeren Bericht erstatten. Die Pusztabewohner waren natürlich gebundener, denn sie konnten ihre Stellung nicht von einem Tag auf den anderen, ja nicht einmal von einem Jahr auf das andere wechseln. Ein Ochsentreiber mit acht bis zehn Kindern würde seine Stelle nicht kündigen, nicht deshalb seine Kleintierstallungen, Möbel und Schweinchen auf den Wagen laden und eine neue Stellung suchen, weil seine Tochter unternehmungslustig wurde. Und selbst wenn er dies am Jahresende doch täte, erwartete ihn anderswo ein anderes Los? Denn eine andere Arbeitsmöglichkeit gab es für ihn nicht. In der dunklen Nacht der Lebensunerfahrenheit, der Verlassenheit und der Unkultur gab es für sie keine andere Wahl, als nachzugeben oder Tod. Aber sie starben nicht daran. Bliebe noch der Tod des Verführers, wie es die Romanliteratur empfiehlt. Etwas Derartiges kam aber selbst in der Erinnerung der Ältesten nicht vor. Ganz selten, sagen wir einmal in hundert Jahren, geschah es, daß jemand im Jähzorn einen Inspektor niederschlug. Aber selbst dann nicht wegen einer Liebesangelegenheit. Die Dienstleute vergaben ihnen, bedauerten sie sogar mit dem Verständnis, ja der allgemeinen übertriebenen Bereitwilligkeit, welche die Armen den Reichen entgegenbrachten. »Er ist doch auch Mensch«, lautet ihre Meinung über einen Inspektor oder Verwalter, der besonders viel Unfug anstellte. »Es liegt in seiner Natur, was soll er tun?« Gewissermaßen hatten sie auch recht. Was auch sollte ein junger Inspektor tun, der oft jahrelang auf einer Puszta leben mußte, wo sich die Füchse gute Nacht sagten, und der höchstens alle Jahreszeiten einmal in die Stadt kam?

Neben den zwei Lösungen, nämlich sich in ihr Schicksal zu ergeben oder den Tod zu wählen, versuchten es die Mädchen der Puszta hier und da mit einem unmöglichen dritten Ausweg. So viele galante Heldentaten ich vom Verwaltungspersonal erzählt bekommen habe, fast genauso viele herzerheiternde Kniffe hörte ich von seiten der erwählten Opfer, mit Hilfe deren sie den gestellten Fallen zu entschlüpfen versuchten, wenn sie aus einem außergewöhnlichen Grund nicht bereit waren, sich zu fügen. Dann verwandelte sich die Puszta wochenlang allabendlich in eine Lustspielbühne mit verschmitzt lächelnden Verschwörern, verworrenem, nie enden wollendem Ränkespiel, mit Perückenzauber und verwechselten alten Weibern, wenn es sich darum handelte, daß jemand gerettet werden sollte. Wieviel Heiterkeit und dankbaren Beifall, späterhin monatelange Nachrufe ernteten diese Spiele, bei denen ich einige Male eine Rolle übernahm, wenn auch nur die des Souffleurs! Hier lernte ich, daß man – wenigstens was meine Person betrifft – auch frohgemut kämpfen kann, selbst wenn die gute Laune nur Galgenhumor ist oder Hohn.

Die Wirtschafterin Onkel Hanaks öffnete um halb acht Uhr früh die Türe der Schule. Gerne gedenke ich dieser Schule, des dort Gelehrten und Erlebten, das recht eigentlich erst jetzt nach vielen Jahren als freudige Saat in mir reift. Die um halb acht Uhr erschienenen, besonders fleißigen Schüler verteilten sich in mehrere Haupt- und Nebengruppen. Am angenehmsten war die Abteilung der Wasserträger, welcher die Wirtschafterin, Tante Papa, sechs Jungen und vier Mädchen zuteilte. Wir Jungen ergriffen, jeweils zwei an jeder Seite, eine Kanne oder einen Bottich und trugen ihn scherzend zum großen Brunnen. Nach vier bis fünf Gängen waren der in der Küche stehende große Waschtrog wie auch die im Garten stehenden drei Fässer voll, aus denen die Mädchen die kleinen Tröge für die Bienen füllten und Wasser in die geschickt angelegten Kanäle der Berieselungsanlage für die Tomatenbeete weiterleiteten. Onkel Hanak war nämlich ein weithin berühmter Imker und Gärtner. Eine andere Gruppe Kinder schnitt inzwischen Rübenschnitzel für die Kühe, fütterte die Schweine und das Geflügel des Lehrers. Eine kleinere Abteilung raspelte Mais von den Kolben. Einige hackten Holz, das aber ungern, denn die Arbeit am Hauklotz war wenig beliebt. In der Arbeitseinteilung wurde auf strenge Ordnung gehalten, und man durfte nur mit besonderer Erlaubnis von einer Gruppe in die andere überwechseln. Die Morgenarbeit dauerte pünktlich eine Stunde. Dann erschien vor den inzwischen vollzählig versammelten sechs Klassen, von lebhaften Freudekundgebungen begrüßt, Onkel Hanak. Es gab keine getrennten Klassen, sondern Jungen und Mädchen saßen in zwei Bankreihen gesondert in einem Raum. Die Schule begann.

Da der Lehrstoff sehr vielseitig und reichhaltig war, konnte jeder, der Lust und Willen dazu hatte, viel lernen. Onkel Hanak gab zuerst der ersten Klasse Unterricht, dann der zweiten, der dritten und so weiter. Während er sich mit der einen Klasse beschäftigte, machten die anderen ihre Aufgaben oder holten, wenn gerade Waschtag war, noch Wasser für die Waschküche. Das Aufsagen erfolgte nach dem Grundsatz des freien Wettbewerbs, indem auf die an die oberen Klassen gerichteten Fragen auch die Schüler der unteren antworten durften. Bei Versetzung in höhere Klassen wurden diese gegebenen Antworten besonders berücksichtigt. So konnte es geschehen, daß ich mir schon als Schüler der ersten Klasse gewisse Kenntnisse in der Verfassungslehre, die auch zum Lehrstoff gehörte, aneignete. Dagegen entschloß ich mich erst kurz vor dem Abitur, um nicht durchzufallen, das Einmaleins und die vier Grundrechnungsarten richtig zu erlernen, da ich während meiner Gymnasiastenzeit, selbst als guter Durchschnittsmathematiker, es nie der Mühe wert gefunden hatte, sie mir anzueignen. Das Beichtgebet, das täglich und in immer schnellerem Tempo aufgesagt werden mußte, war Onkel Hanaks Steckenpferd. Er kontrollierte das Tempo mit der Uhr in der Hand und schwang dazu wie ein Dirigent sein Rohrstöckchen. Beim Einzelaufsagen war es ein richtiger Kampf um den Sieg mit dazugehörigen Meistern.

Wie ich schon erwähnte, gehörte die Puszta zum Sprengel von Palfa. Einmal in der Woche wurde ein Wagen abgeschickt, um den Kaplan von Palfa zu holen. Öfters aber kehrte das Gefährt auch leer zurück. An der Schmalseite des Schulraumes gegenüber dem Lehrerpult verbarg eine Flügeltür eine kleine Kapelle mit einem richtigen Altar und zwei Bänken für die Notabilitäten. Die Tür wurde am Samstagabend geöffnet, die Bänke wurden umgedreht, und schon war die Umwandlung des Schulraumes in eine Kapelle vollzogen. Montags sperrten wir die Türe wieder zu, und nur ein empfindliches Gemüt wie ich vergaß nicht die Nähe der geweihten Stätte. Manchmal wurde im Schulraum, in dem eine feine Nase noch tagelang die Spuren von Weihrauchgeruch wahrnehmen konnte, auch getanzt. Ebenso stellten herumziehende Schmierenkomödianten den Thespiskarren hier auf, um das Publikum mit ihren saftigen Scherzen zu unterhalten.

An den Samstagen vor den großen Feiertagen konnten wir den Pfarrer, der auch der Superintendent der Schule war, in höchsteigener Person in unserer Mitte begrüßen. Bei dieser Gelegenheit beichtete und kommunizierte am nächsten Tag die ganze Puszta. Von der Kapellentür bis durch den Saal, im Hof und weiterhin bis zu den Stallungen stand das Gesinde in langen Reihen an. Sie schwatzten, dazwischen stieg der dünne Rauch einer Zigarette auf, Mädchenlachen erklang. Die Burschen spielten wie bei allen nur möglichen Gelegenheiten, Kupfermünzen hochwerfend, ihr kleines Glücksspiel, Onkel Hanak schaute dann und wann durchs Fenster um nachzusehen, wie viele noch wartend dastanden. Zwei- bis dreihundert Leute beichteten im Verlauf eines Nachmittags. Den Anfang machten wir Schulkinder, indem wir mit gefährlicher Schnelligkeit das Gebet und das in letzter Not mit Hilfe unserer Mutter zusammengestellte Sündenregister herunterplapperten.

Der Pfarrer war streng, und für die Pusztabewohner war das richtig so. Seine Sprache, sein Blick und sogar sein Gang waren eher die eines Soldaten, mehr die eines Dieners der Ordnung und Zucht als der Demut. Die Beichte glich einem Verhör, denn in seinen Augen war jeder von vornherein ein Sünder und somit streng zu behandeln. Es gab keinen Beichtstuhl. Der Pfarrer saß hoch aufgerichtet, mit übereinandergeschlagenen Beinen und fest gefalteten Händen da; so prüfte er den Eintretenden mit scharfem Blick. Mit Rücksicht auf die draußen Stehenden trachteten wir, schnell fertigzuwerden. Er maß uns dann und wann mit einem Blick, manchmal erteilte er uns mit kurzen, kernigen Worten einen Verweis; aber man merkte ihm an, daß er sich beeilte. Wir schütteten ihm unsere Seele aus, und wie ein tüchtiger Kaufmann, der den Wert der Ware erkannte, legte er uns die gebührende Buße auf. Dann reichte er die Hand zum Kuß hin als Zeichen, daß wir gehen konnten. Wir gingen auch sozusagen im Laufschritt.

Meiner guten Stiefel wegen, in denen ich mich vor dem Altar in der Öffentlichkeit sehen lassen konnte, ministrierte ich an den Sonntagen. Ich kniete nieder: »Ad Deum qui laetificat juventutem meam« – hob ich an, und er übernahm das Wort. Die eigentümlichen Sätze der Liturgie erklangen wie Kommandoworte. Einmal verschüttete ich in meiner Aufregung den Wein. »Dummkopf!« fuhr er mich an, so daß die Andächtigen es hören konnten. Ich duckte mich und fürchtete mich vor dem Gott, der einen solchen Diener hatte. Gebückt, voll Herzensangst und Demut schwang ich den Weihrauchkessel.

Es war bekannt, daß Onkel Hanak wegen seiner revolutionären Gesinnung strafweise vom Oberland hierher versetzt worden war. Seine Grundsätze gab er deshalb nicht auf. Bevor er zu uns gekommen war, herrschte die Sitte, daß die Sprößlinge der Inspektoren und des Verwalters von den anderen Kindern getrennt neben dem Lehrerpult saßen. Onkel Hanak stellte diese bevorzugte Behandlung mit einem Wink ab. Zwar beraubte er sich durch seine Handlungsweise sofort der Extrazulagen, welche die Verwaltung sonst dem Vertreter der Intelligenz zukommen ließ. Er kümmerte sich nicht um diese Schmälerung seiner Bezüge, denn er hatte ja seine

Bienen. Und da der Pfarrer ebenfalls Imker war, vertieften sie sich nach der Erledigung der dienstlichen Angelegenheiten in ein Gespräch, bei dem sicher nur von Bienen die Rede sein konnte, da Onkel Hanak selten von etwas anderem sprach. Manchmal kamen sie zu uns herüber und beehrten uns mit ihrem Besuch. Vater lief schnell zum Winzer hinüber, um einige Flaschen Wein zu holen. Der Pfarrer war außerhalb seines Berufes freundlich, ja sogar kameradschaftlich. Er hob das Glas in die Höhe, schnalzte mit der Zunge, lachte über Anekdoten, legte die Hand auf die Schulter meines Vaters und machte launige Bemerkungen über die ketzerische Abstammung meiner Mutter. Verwundert und erschrocken blickte ich ihn an, denn er war der erste Mensch, bei dem ich zweierlei sich widersprechende Wesensarten feststellen konnte, als handle es sich um zwei Menschen mit zwei verschiedenen Seelen. Die Soutane erweckte in mir ehrfurchtsvolle Scheu, und ich hatte die Empfindung, als trüge er mein Schicksal auf dem Handteller: er konnte mich erheben oder in Verdammnis stürzen. Er gefiel mir besser als strenger und unnahbarer Herr, als wenn er sich gutgelaunt mit dem Handrücken über den Mund strich und sich zum zweitenmal von den Krautwickeln bediente. In seiner Natürlichkeit lag etwas Gespenstisches, und ich hätte mich nicht gewundert, wenn er sich plötzlich geschüttelt hätte und, in einen Adler verwandelt, durchs offene Fenster entflogen wäre.

Ich schulde ihm und Onkel Hanak Dankbarkeit. Sie waren die ersten, die in mir, ich weiß nicht aus welchen Gründen, gewisse geistige Fähigkeiten zu entdecken glaubten. Ich zeichnete »auffallend« geschickt, besonders nach dem Gedächtnis, eigentümlicherweise besonders gut, wenn man mich plötzlich aus dem Schlaf weckte. Ich zeichnete mit Vorliebe Dampfpflüge. »Erstaunlich«, rief Onkel Hanak nach dem dritten Glas, »selbst der Manometer ist daran!« Ich las gut, zwar stellenweise stockend, doch mit korrektem, natürlichem Tonfall; »man sah es mir an, daß ich es verstand«. So wurde ich eine Art Wunderkind, wie ausnahmslos jedes Kind, dem man besondere Beachtung schenkt. Diese Ansicht verbreitete sich in der Familie und kam mir bald zu Ohren, um auch mich in diesem Glauben anzustecken. Ich wurde stolz, gleichzeitig fürchtete ich die Probe auf das Exempel, denn angeblich war ich auch ein guter Rechner.

Allerdings ging ich gern in die Schule. Da es auf der Puszta keinen Kindergarten gab, so sandte mich meine Mutter mit meinen älteren Geschwistern noch vor dem schulpflichtigen Alter in die Schule. Ein Lehrbuch bekam ich aber nicht, und damit ich doch etwas in der Hand trug, gab mir meine Mutter das Preisverzeichnis einer Maschinenfabrik mit, das ich geöffnet vor mich hinlegte, währen die anderen laut aufsagten. So lernte ich manches durchs Zuhören. Lesen konnte ich zwar nicht; wenn man mir aber das Preisverzeichnis vorlegte, so konnte ich die in der Schule gehörten Gedichte und Geschichten auswendig hersagen. Nach Behauptung der Pädagogen erlernt das Kind selbst bei den schlechtesten Lehrmethoden Lesen und Schreiben, und auch wir lernten unter Onkel Hanaks Leitung Lesen und sogar ziemlich schnell Schreiben.

Ich schrieb auch auf Lattenzäune, am liebsten aber auf schön geweißte Wände. Ich gab dort gewisse primitive physiologische Tatsachen kund und erteilte Ratschläge mit Buchstaben, deren Größe von der Reichweite meiner Arme abhing. Ich betätigte mich auch in der Kolportage und erfand Verlobungsanzeigen. Doch schreckte ich selbst vor persönlichen Angriffen nicht zurück, die sich aber meist nur auf treffend schmückende Beiworte beschränkten. Leider, ob aus Geltungstrieb oder schriftstellerischem Stolz, setzte ich unter diese Schöpfungen meinen Namen, da es mir eine besondere Freude bereitete, meinen Namenszug zu üben, dessen Schriftbild mich in diesen glücklichen Zeiten besonders erfreute. Diese Passion führte zu schweren, sich dauernd wiederholenden Konflikten. Nicht genug, daß ich mit dem Fleiße der Arbeit eines halben Tages auf die frisch geweißte Wand der Verwalterwohnung einen Dampfpflug zauberte, man muß sich auch noch eine Pferdeherde vorstellen, deren sämtliche Geschöpfe, Hirt wie Pferde, sogar die fliegenden Störche, ihre Notdürfte verrichteten. Mein Talent fing an zu degenerieren.

Von der Obrigkeit der Puszta war niemand der Schule wohlgesonnen. Die Schulhaltung ging laut Gesetz zu Lasten der Güterverwaltung, ohne einen unmittelbaren Nutzen einzubringen. Es gab gewisse Arbeiten, die nach dem Urteil unserer landwirtschaftlichen Sachverständigen nur von Kindern vollwertig ausgeübt werden können: so zum Beispiel das Sortieren von Bohnen und Linsen. Den elastischen Rückenmuskeln der Kinder macht das Sammeln des Rübenkäfers keine besonderen Beschwerden, auch sind sie der Mutter Erde näher. Bei entsprechender Beaufsichtigung werden sie auch mit dem Jäten schneller fertig als Erwachsene.

Mit Freudengeheul nahmen wir in der Frühe die Nachricht auf, statt Unterricht gäbe es Feldarbeit zu tun. Wir zogen hinaus, um Rübenkäfer zu sammeln. Wir waren schulfrei, ich könnte aber nicht behaupten, daß wir darum weniger lernten, denn wir lernten fürs Leben. Onkel Hanak begleitete uns nicht, sondern seine Rolle wurde von dem üblichen Aufsichtspersonal des Gutes übernommen, das selbstverständlich für diese wenigen Tage sein gewohntes Benehmen nicht ablegen konnte. Die Aufseher behandelten uns also wie Erwachsene. Mit einem Stöckchen bewaffnet gingen sie hinter unseren Reihen herum und knallten, wenn sie es für notwendig fanden, auf den beim Bücken hochragenden, von straff gespannter Hose bedeckten Körperteil, kurzum, sie taten ihr Bestes, um unsere frühmorgendlich zur Schau getragene Begeisterung in richtige Bahnen zu lenken. Es ist interessant festzustellen, daß bei der geringsten Züchtigung durch Onkel Hanak Klagegeheul erscholl, während sich hier niemand muckste. Warum? War es das Gefühl des Pflichtbewußtseins oder der Einfluß der Natur, die uns eingab, trotz Schweiß und Tränen männlich standzuhalten? Wir selber machten uns über die Weichlicheren lustig, ja schlugen sie noch obendrein, als wären sie die Störenfriede eines Spieles, dessen Regeln wir zu ahnen begannen.

Arbeiten dieser Art ließ die Gutsverwaltung auch gegen Entgelt ausführen. Wir erhielten einen Tageslohn von zehn oder zwanzig Filler und die Genugtuung, zur gleichen Zeit wie die Männer, also bei Sonnenaufgang, aufzustehen. Wir bekamen den gleichen Proviantbeutel wie sie, manche meiner Kameraden sogar ein Gläschen Schnaps, die frühmorgendliche »innere Waschung« der Dienstleute. Uns war der Genuß von Schnaps verboten, doch war Großmutter sehr dafür, daß wir als Tagelöhner beschäftigt werden sollten (selbst später noch, als ich die höheren Klassen der Mittelschule besuchte). »Sie sollen sich nur abhärten«, meinte sie, »desto höher werden sie es schätzen, wenn es ihnen im Leben vielleicht besser geht.«

Im allgemeinen liebten die Eltern die Schule nicht und betrachteten sie als Einmischung einer die Verhältnisse nicht kennenden, höheren Gewalt. Für die Feldarbeit erhielten die Kinder Lohn, für den Schulgang aber nicht. Neun- bis Zehnjährige konnten sogar in Stellung gehen. In die Schule wurde man gewissermaßen aus Gefälligkeit geschickt wie zu einer Gratisarbeit. Sie gaben den

Kindern auch kein Essen mit, meist waren sie dazu auch nicht in der Lage.

Ungefähr die Hälfte der Schüler wohnte so weit entfernt, daß sie zwischen Vor- und Nachmittagsunterricht nicht nach Hause gehen konnte. In der Mittagspause aßen sie nicht. Wer dennoch ein Stück Brot oder, in ein Taschentuch gewickelt, einige gekochte Maiskolben mitbrachte, war reich und konnte gegen einen sorgsamst abgewogenen Brocken als Herrscher auftreten und den Beglückten befehlen.

Die Intelligenz der Puszta sandte ihre Sprößlinge, wenn irgend möglich, in die Dorfschule oder in die Stadt. Über diese Frage wurde in meiner Familie manches Wort gesprochen, nicht weil wir vornehm sein wollten, sondern weil Großmutter es wichtig fand, daß die Kinder nicht nur ihren Hosenboden abwetzten oder ausklopfen ließen, sondern auch etwas lernten. Sie besuchte also die Dörfer, kam aber beladen mit schlechten Nachrichten zurück. Der Lehrer in K. verabreichte seinen Schülern in der Frühe der Reihe nach eine Tracht Prügel und fuhr dann aufs Feld. Er war ein ausgezeichneter Landwirt. Um elf Uhr zurückgekehrt, wiederholte er die morgendliche Prozedur. Unterricht gab es nur bei Regenwetter. In D. hatte jeder Schüler ein Scheit Brennholz mitzubringen, und waren es zwei, so war er für den ganzen Tag von jeder geistigen Anstrengung befreit. Es verblieb noch Ozora, über dessen Schule viel gesprochen wurde, weil das Schulgebäude einstöckig war. Meine Geschwister besuchten schon diese Schule, und das schien auch mein Los zu werden. Mutter packte meine Sachen zusammen, und wir zogen los. In Simontornya erhielt ich ein paar neue Stiefel, und es ging weiter. Draußen bei der zweiten Sio-Brücke blieb meine Mutter plötzlich stehen. Sie ging lange auf und ab, dann nahm sie mich in ihre Arme, aus ihren Augen flossen Tränen. »Willst du deine Mutter verlassen?« fragte sie. »Nein«, antwortete ich ernst. Wir kehrten um. »Ich kann schon lesen«, sagte ich später. Sie meldete mich in der Klasse von Racegres gleich in die zweite oder dritte Klasse an.

Lesen lernte jeder in der Schule. Die Lesekundigen waren die Kanäle, durch welche die europäische Kultur sickerte. Das Geheimnisvolle war der Weg, denn Zeitungen erreichten die Gesindehäuser kaum. Die ins Dorf fahrenden Kutscher brachten hie und da einige mit, die dann von Hand zu Hand gingen. Lesestoff kam sonst nur auf die Puszta durch die zum Verpacken benutzten

Drucksachen, durch Kalender und Brautführerbüchelchen, die in jedem Haus heimisch waren.

Die Gegend zum Beispiel, von der hier die Rede ist, war vor noch nicht lange zurückliegender Zeit der fruchtbarste Boden volkstümlicher Kunst. Bartok schöpfte zwei Drittel des Materials für sein geradezu klassisches Sammelwerk »Das ungarische Volkslied« aus der Gegend von Ozora. Heute singen die Dienstboten Schlager. Man behauptet, das sei die selbstverständliche Folge der Entwicklung. Es wird auch das Schlagwort von der »historischen Notwendigkeit« gebraucht. Doch kann ich mich mit der »historischen Notwendigkeit« schon darum nicht eins erklären, weil ich mich mit der Zeit daran gewöhnt habe, diese Bezeichnung auf anderen Gebieten als Deckmantel für die verblödete Unfähigkeit einer Generation zu betrachten. Was kann ich Gutes von einer Kultur erwarten, vor deren Hauch selbst alle hochwertigen seelischen Güter welken, um endlich ganz zu sterben? Ich brauche mich wohl nicht eigens zum »Fortschritt« zu bekennen, und der Leser wird verstehen, daß ich mich nicht über den Rückgang des Analphabetentums beklage, sondern über dessen Begleitumstände. Ich brauche wohl keine Beispiele anzuführen für die Tatsache, daß die Druckerzeugnisse der Presse beim Gesinde mehr und gefährlicheren Aberglauben über den Gang der Welt und das Gefüge der Gemeinschaft verbreitet haben als die alten Weiber. Die Presse importierte den konzentrierten und international bewährten Blödsinn auf die Puszta.

Wir können darum noch froh sein, wenn es nur im kleinen geschieht. Die Zeitung, in deren Spalten ein im Vergleich zum Schweinehirten einer Puszta dreimal knechtischerer, rückgratloserer, in der Lebenserfahrung und in der ungarischen Ausdrucksweise zehnmal unbewanderterer Herr besagtem Schweinehirten Mitteilung macht von einer erfolgreichen Parforcejagd, einer fürstlichen Hochzeit oder einem Lustmord, kann mich keinesfalls dazu bewegen, mich über die Feststellung zu freuen, daß die Zeiten, in denen Tagesnachrichten durch Gesänge verbreitet wurden, zu Ende sind. Der Nachrichtendienst lag in den Händen von Dichtern, scharfblickenden Soziologen, die selbst bei der Erzählung unwesentlicher Ereignisse mit sicherer Hand stets ins Lebendige trafen.

Neben Lesen auch Schreiben zu können, war auf der Puszta gleichbedeutend mit ernsthaftem Schriftstellertum. Ich weiß nicht, ob es auf andere Gegenden zutrifft: in den Komitaten Tolna und Baranya jedenfalls gab es auf jeder Puszta einen, manchmal sogar zwei bis drei Dichter. Besonders aber galt dies von den Häuslern der Dörfer, die mehr freie Zeit der Feder widmen konnten. Wenn überhaupt, so schrieben sie auf kleine Zettelchen; doch kamen sie, wenn nötig, auch ohne Tinte und Feder aus. Sie »sagten«, was ihnen am Herzen lag, in Vier- bis Achtzeilern, die je nachdem erhalten blieben oder nicht. Sie nannten sich »Nachrichtendichter«. (Wörtlich nach dem ungarischen »Hirköltök«. Anm. d. Üb.) Sie waren keine Wanderdichter, die im Land herumzogen, höchstens wenn sie sich als Erntearbeiter verdingten. Es waren meist stille, fleißige Leute, die sich während der Arbeit den Kopf über Verse zerbrachen. Nach dem Ersten Weltkrieg, als das Geld in den Dörfern locker in den Taschen saß, ließ sogar der eine oder andere sein Werk vierseitig im Zeitungsformat drucken. Dabei stellte sich dann auch heraus, wie viele es gab. In der Druckerei von Dombovar rasselten die Maschinen oft die ganze Nacht hindurch, und die Bauern, die sonst jeden Kreuzer umdrehten, wenn es sich um Schriften handelte, kauften und lasen lachend und voller Stolz die Flugschriften, die mit Nachrichten vom Leben aus ihrer Mitte unter die Leute flatterten. Fast jedes Dorf konnte einen Dichter sein eigen nennen, und wie viele gab es, die aus Bescheidenheit die Öffentlichkeit mieden! Die Landschaft wimmelte von dichterischen Talenten. In meiner Familie war ich nicht der erste.

In vielem waren sie Erneuerer, sie durchbrachen die starren Regeln der Dichtkunst. Eine wichtige Tatsache oder eine inhaltsreiche Beobachtung ließ an der traditionellen Form des Gedichtes einen handfesten Kloß entstehen wie die festen Brocken in der Füllung einer hausgemachten Wurst. Bei ihren Schöpfungen war eben dieser Teil, zwar nur für die Kenner, der schmackhafteste. »Biß ins Ohr in Baranya« war der Titel eines Gedichtes, »Waisenkind von Regöly springt in den Brunnen« verkündete der andere. »In Tamasi rasieren sich die Mädchen«, »Unberührte junge Frau in Egyhazber«, »Liebe für vierzehn Kreuzer«, »Sieben Liter Milch im Magen eines Deutschen« und so weiter. »Eine kleine Rosenknospe in der Hand des Teufels« gab kund, wie auf der Sütveny-Puszta ein pensionierter Feldwebel im Pferdestall ein dreizehn Jahre altes Mädchen vergewaltigte. Jedes Gedicht enthielt kurz und in ungekünstelten Worten eine genaue Nachricht. Zeilen wie »Nagyszokoler Ameisenforscher und Metzger in Ireg – Machten große Gaudi mit schöner Schauspielerin –« trugen die charakteristische Intonierung des Paul Toth in sich. Hier sein gedrängter Stil: »Ein Nagyberker Agent die Schleifmaschine drehte – Der Nachbar sein Beil drauf legte – Den Agenten, als es scharf war, er erschlug – Die Untreue der Frau er nicht ertrug – Auf den Schleifstein spritzt rotes Blut – jeder sei mit der Liebe auf der Hut.«

Sie schmückten die Episteln auch mit modernen Wendungen: »Poetische Botschaft an die Arbeiter von Mocsolad« heißt der Trost eines Dichters aus Döbrököz an Leute, die auf Anzeige des Ortspfarrers in polizeilichen Gewahrsam genommen wurden, weil: »Wir sangen auf der Straße nach der Arbeit – Der Pfarrer beschimpfte uns von weit – Wir nahmen, was wir fanden, in die Hand – Und drückten den Pfarrer an die Wand.« Der »Poetische Brief an meine siebzig Joch besitzende, gesetzlich geschiedene Frau, Alsonyek im Tolnaer Komitat« entlarvt die Schwiegermutter des Dichters. Der Autor heiratete im Winter in eine Familie ein, bei der das Einkindersystem herrschte. »Kaum aber war gekommen März und seine Triebe – mischte sich ein Bazillus in unsere Liebe – Einen so großen Bazillus sah ich noch nie – Denn deine Mutter war das schrecklichste Vieh – Deiner Mutter Sünde verrate ich nun dir – Die Vettel wollte Liebe von mir.« Dieses Gedichtes wegen mußte sich der Dichter sogar vor Gericht verantworten. In seinem »Poetischen Dank an einen herzlosen Feind« verkündete er ein wahres Wort: »Wer zum Dichter ist geboren, läßt die Heugabel ungeschoren – Den Schmerz in seinem Herzenshort – Erleichtert er durch das gedruckte Wort.«

Ich kannte selber viele Dichter, auch solche, die zwar schreibunkundig waren, aber nach kurzer Überlegung jedes aufgegebene Thema in Versform setzen konnten. Auch bei uns gab es einen Dichter, den Onkel Gondos. Oft saß ich an seiner Seite auf dem Kutschbock des Ochsenwagens und hörte entzückt und mich vor Lachen biegend seine neuesten Geisteserzeugnisse an, in denen ein Storchennest, ein Maulwurfshügel, der Mond und das Hinterteil der Ochsen fröhlich nebeneinander glänzten. »La poésie n'a qu'une ennemie: la littérature.« Die Dichter der Puszta arbeiteten im Zeichen dieses treffenden Ausspruches von Léon-Paul Fargue. Ich sage das keinesfalls ironisierend. Wahre Dichtung entsteht entweder fast unbewußt und unschuldig, oder immer dann mit Hilfe einer großen Kraftanstrengung, wenn sie sich durch eine feindliche Vergangenheit, nämlich die Literatur, durcharbeiten muß. Die Gedankenwelt von Jakob Marx und die Form seiner Schöpfungen ist denen der namenlosen Pusztadichter vergleichbar.

Ihre Erzeugnisse schwankten zwischen sachlicher Alltäglichkeit und fast seherischer Gehobenheit. Natürlich fand sich viel Spreu in ihren Werken. Ich glaube aber, wenn sie in der Lage wären, eine Zeitung zu machen, so würden sie diese nicht nur interessant gestalten, sondern nach entsprechenden Erfahrungen unbestreitbare Werte hervorbringen.

Während die Volkskunst schon längst aus den Häusern der vermögenden Bauern wie ein durch den Anblick der Aufgeblasenheit angeekelter Geist ausgezogen war, um anstelle der edlen und geschmackvollen Schöpfung der Dutzendware und der Seelenlosigkeit Platz zu machen, wetteiferten die Pusztabewohner noch darin, kunstvolle Streichholzschachteln zu schnitzen, die auf den Peitschenstiel geschnitzten Figuren einander abzugucken und herbeizueilen, wenn irgendwo ein neues Lied erklang. Mit der peinlichen Genauigkeit eines letztwillig Verfügenden übermachten die Alten ihren Nachfolgern Aberglauben und Tradition. Die Gebräuche wurden der neuen Generation mit Drohungen, wenn nötig mit Strafen, eingeimpft. Das war die Kultur der Puszta, welche die Seelen miteinander verband und bereitwilligst auf jede noch so beunruhigende Frage Antwort gab. Diese Gebräuche und Sitten leiteten das Gesinde durch alle Phasen des Lebens und durch die Irrgänge der Liebe. Sie trösteten das Volk der Puszta in all den Jahren auf seiner von Durst und Hunger begleiteten langen Wanderung. Sie rührten zum erstenmal auch an meine Seele, durch sie und nicht durch die Schule Onkel Hanaks wurde mein Wesen nach dem Bild des Lebens auf der Puszta geformt. Dies vollbrachte auch nicht die westliche Kultur, die vielleicht darum der barbarischen Puszta unterlag, weil sie nichts Besseres an ihre Stelle zu setzen wußte.

Das war die Welt, in der ich unbeachtet aufwuchs. Zuerst reichte ich bis zur Tischplatte hinauf, dann zur Kommode und plötzlich, eines Morgens, zwar noch auf den Fußspitzen stehend, bis auf den Schrank. Zuerst gehorchte meinem Ruf ein Hund, dann ein Schweinchen, eine Kuh, und schließlich gelang es mir, ein Vierochsengespann ohne Fährnisse vom Feld nach Hause zu lenken. Ich war reif für das Leben der Puszta.

14

Hin und wieder erschienen aus fernen, geheimnisvollen Regionen Gäste auf der Puszta. Sie bewegten sich wie auf Sumpfboden oder zwischen Tontöpfen. Unsicher und mißtrauisch blickten sie umher, blieben stehen und nahmen ihren Rundgang erst nach gutem Zureden wieder auf. Neugierig schauten sie durch die Fenster in die Gesindewohnungen hinein, getrauten sich aber nicht einzutreten. Unter ängstlicher Vermeidung der Dunghaufen durchwanderten sie, von den Gutsbeamten geführt, die breiten Gänge der Stallungen. Aus respektvoller Entfernung betrachteten sie die Stiere, die Kühe, die Schafe; aber auch uns. Aus respektvoller Entfernung starrten auch wir sie an. Wir folgten ihnen in entsprechendem Abstand Schritt für Schritt, wie von der Angst beseelt, sie könnten sich plötzlich umdrehen und uns angreifen. Sie hielten Taschentücher vor ihre Nasen. Anscheinend vertrugen sie den Druck der Atmosphäre schlecht.

Leicht war diese Atmosphäre bestimmt nicht, wie ich selber bald feststellen konnte, als ich Gelegenheit fand, von einer Gesellschaftsschicht in die andere hinüberzuwechseln, und annahm, ich könnte dies ohne merkliche Störung tun. Es ging nicht. Jede Gesellschaftsschicht hat ihre spezifische Atmosphäre. Nach einem plötzlichen Ortswechsel stellte ich genau dieselben Symptome an mir fest, die mich beim Abstieg in ein Bergwerk befielen, oder wenn der Aufzug ruckartig auf großer Höhe mit mir stehenblieb: mein Magen empörte sich, der Puls schlug schneller, mein Gehirn versagte den Dienst, ich schwankte und schnappte nach Luft. Damals entdeckte ich, daß die Verwirklichung der Gleichheit keine einfache Sache ist und wie sehr der in der Gesellschaft eingenommene Platz den Menschen formt und bis ins kleinste Glied bindet. Ich persönlich hatte, wie die scharfe Beobachtungsgabe der Großmutter schon in früher Jugend feststellen konnte, dauernd Schwierigkeiten mit meinem Geruchssinn. Gegen die schön gebundenen Krawatten und das reichliche Schuhputzen während meiner Flegeljahre hatte sie zwar nichts einzuwenden, verfolgte aber mit desto größerem Mißtrauen meinen sich immer stärker geltend machenden Drang nach frischer Luft im Zimmer. »Mach doch das Fenster zu!« rief sie mir zu und zog den hundert Jahre alten gestrickten Schal fröstelnd über ihrer Brust zusammen. »Oder verträgst du nicht einmal mehr unseren Geruch?« Ich vertrug ihn tatsächlich schlecht. Dabei schämte ich mich meiner Schwäche und kam mir vor wie ein niederträchtiger Verräter. Die altbekannten, lieben Gerüche verwandelten sich in quälende, würgende Ungeheuer. Bei meiner zweiten Heimkehr prallte ich sogar vor dem sonst so wohlvertrauten Dunst des gemeinsamen Wohnraumes an der Tür zurück. Der heimische Ruch, nach dem ich mich in der Ferne so sehr gesehnt hatte, verwandelte sich in das muffige Gemisch einer Ausdünstung von Ruß, kaltem Gemüse und im Zimmer trocknender Wäsche. Die geliebte Schürze, in die ich einst so glücklich meinen Kinderkopf vergraben hatte, roch heute nach ranzigem Spülwasser. Wie aber hätte ich über all dies sprechen können? Ich sprang bei der ersten Ermahnung der Großmutter auf, um das Fenster zu schließen, und setzte mich wieder an den Tisch. Doch der Dunst der in der Ecke stehenden, frisch mit Talg beschmierten Stiefel streckte durch das Meer der schweren Gerüche, die sich aus der qualmenden Petroleumlampe, dem gärenden Sauerkrautfaß und dem süßlichen Duft der im Rohr bratenden Kürbisstücke zusammensetzte, polypartig seine Fangarme aus, um mich zu ersticken. Ich stand auf und verließ das Zimmer. »Der komplette Herr!« hörte ich noch beim Schließen der Tür Großmutter zu Großvater sagen, der sich die Füße mit einer Mischung aus Knoblauchsaft und Treberschnaps einrieb. Dann stand ich unter dem sternbesäten Winterhimmel und sann über den Gang der menschlichen Entwicklung nach, über den berühmten Fortschritt, dessen Errungenschaften die trennende Kluft von Mensch zu Mensch nur verbreitern und vertiefen können. Im Mittelalter ließ der Burgherr zwar seine Leibeigenen köpfen, konnte aber, wenn es sich so ergab, mit ihnen in einem Zimmer aushalten.

Hatte der Nebander Großvater mit der Meinung, die einstigen Herren seien die richtigen gewesen, doch recht gehabt? Wenn der selige Börcsök mit dem Sack Silber in Wien ankam, so führte ihn der Fürst des öfteren in sein Zimmer, ließ ihn neben sich auf dem Sofa Platz nehmen und verplauderte mit ihm die Zeit. Wenn gegenwärtig die Dienstleute etwas im Schloß zu tun haben, so kommen sie höchstens bis zu den Gängen oder Vorhallen, wo der Schloßherr ihnen entgegentritt, um sie möglichst schnell abzufertigen. Ich kannte Verwaltersfrauen, die noch nie eine Gesindewohnung betreten hatten. Dabei waren die Wohnungen gar nicht schmutzig. Auch nicht das Gesinde. Die Leute trugen ihre Wäsche im allgemeinen ein bis zwei Wochen lang, selbstverständlich auch in der Nacht, da sie Nachtgewänder nicht kannten. Als Schmutz galt, was von der Grundfarbe des Körpers oder der Wäsche abstach, und dies befleißigten sie sich sofort zu entfernen. Alte Ochsentreiber klopften sofort den Staub von ihrer aus der Burschenzeit stammenden farblosen Hose, wenn sie sich gelegentlich auf den Boden knien mußten. In ihnen lebte der Drang nach Sauberkeit, und sie kamen ihm, soweit es möglich war, auch nach. Nach den im Ersten Weltkrieg gemachten Erfahrungen waren es nicht die Bauern, die sich im Feld am meisten vernachlässigten; sie wuschen sich auch im eiskalten Wasser und zogen auch bei kalter Witterung das Hemd aus, um Jagd auf Ungeziefer zu machen. Übrigens machten sie auch daheim einen Unterschied zwischen Ungeziefer und Ungeziefer. Verlaust zu sein galt als entehrend, während man nach Flöhen selbst in Gesellschaft mit aller Seelenruhe, ja sogar mit einer gewissen Heiterkeit Jagd machte. Aborte gab es nur im Schloß und in der Nähe der Aufseherwohnungen. Das Gesinde hätte aber, selbst wenn es erlaubt gewesen wäre, letztere aus guten Gründen nie betreten.

Wer sich je mit Armen unterhalten hat und nur halbwegs »den Ton traf«, wird wissen, mit wieviel Aufmerksamkeit und wieviel Freude von einer hungrigen Seele nicht nur die »Aufklärungen«, sondern sogar Ratschläge in den heikelsten Angelegenheiten aufgenommen wurden. Ich verstehe wenig von der Zuchtauswahl bei Schweinen, trotzdem wollten mich die Mitreisenden eines Abteils dritter Klasse nach meinem anderthalbstündigen Vortrag am Endziel meiner Reise kaum aus dem Zug herauslassen und hätten mir am liebsten noch eine Fahrkarte nach Somogyszob, wohin sie fuhren, und zurück bezahlt. Die Bauern und im allgemeinen die Armen hörten nur zu gern auf die Worte der Herren und bemerken es deshalb besonders schnell, wenn diese nicht viel von der Sache verstehen. Im Grunde genommen wäre das kein Unglück, denn es könnte sich eine erbauliche Diskussion entwickeln. Aber dazu sind wiederum die Herren zu überheblich. Die Armen beobachten mit dem Scharfblick eines Psychologen das Gesicht des Herrn und verstehen dem Mienenspiel des Sprechenden mehr zu entnehmen als den verdächtig gewundenen Sätzen, die meist nicht ihres hohen Niveaus wegen unverständlich wirken, sondern weil sie konfus und nichtssagend sind.

Darum ist es auch schwer, in der Mitte der Pusztabewohner

zu leben. Die Gäste der Puszta empfanden ganz richtig, daß sie gleichsam auf einer Bühne standen und eine Rolle zu spielen hatten. Sie spielten sie aber schlecht. Sie bekamen Lampenfieber und stellten sich nur ungern vor das Publikum. Das Leben auf der Puszta! Die Gutsbesitzer schauderten beim Gedanken an die Luft, die auf ihren eigenen Pusztas wehte; den Gestank gar nicht mitgerechnet.

Gesehen habe ich unseren Gutsherrn nie. Wo lebte er? Niemand wußte es. Man erzählte sich, er habe sich, nachdem ihm die Güter als Erbe zugefallen waren, entschlossen, alle ihm gehörigen Pusztas zu besuchen. In Racegres bereitete man sich monatelang auf den Empfang vor. Seine Exzellenz kam aber nicht, da er, bevor unsere Puszta an die Reihe kam, des langwierigen Herumreisens satt wurde. Dagegen besuchte uns einer seiner Neffen. Namen und Datum des Besuches sind in unserer Familienchronik leider für alle Zeiten mit roter Tinte verzeichnet.

Schon bei der Nachricht von diesem Besuch fieberte die Puszta seit Wochen. Die Stallungen wurden neu geweißt, die Hecken gestutzt, alles gesäubert, mein Bruder und ich erhielten rote Husarenmützen. Geheimnisvolle Vorbereitungen spielten sich von früh bis spät im Schloß ab. Endlich erschienen auf dem Hügelkamm zwei Viererzüge. Im Nu waren wir alle versammelt. Die aufgeregten Inspektoren stellten uns in zwei Reihen an den Straßenseiten auf.

Mein Bruder war damals neun bis zehn Jahre alt, ein frischer, quecksilbriger Junge, der vor Begeisterung nicht wußte wohin. Er sprang hin und her und lief dauernd aus der Reihe in die Straßenmitte, um zu sehen, ob sie kämen. Selbst einige tüchtige Ohrfeigen, die ihm ein Inspektor verabreichte, konnten seinen Mutwillen nicht dämpfen. Noch nie hatte er einen Grafen gesehen, aber desto mehr von ihnen gehört. Als nun das Hufgetrappel immer deutlicher wurde, klatschte er mit den Händen und stieß herumspringend kleine Freudenschreie aus. Der Wagen rollte stumm in Staubwolken gehüllt zwischen den langen Reihen barhäuptiger Dienstleute hindurch, wie der des Mars oder Jupiter oder sogar eines nicht entthronbaren Gottes. Endlich kam er vor uns. Feri warf sich mit einem Hechtsprung in die Höhe, stieß einen lauten Schrei aus und warf mit sicherer Hand – offenkundig als Zeichen seiner Huldigung – seine rote Mütze genau zwischen das erste Pferdepaar. Er war ein ausgezeichneter Schütze.

Eines der feurigen Vorderpferde bäumte sich auf, und da das andere wieder vorsprang, verlor es das Gleichgewicht und stürzte mit einer Halbdrehung zwischen die zwei in Bewegung gebliebenen Hinterpferde. Krachend zerbrach die Deichsel, und der Wagen stieß unsanft an die Kruppe der Hinterpferde. Feri suchte sofort das Weite und blieb wie gewöhnlich, wenn er etwas besonders Schlimmes angestellt hatte, bis Neband nicht stehen. Einen Grafen sah er auch diesmal nicht.

Der kam übrigens im zweiten Wagen, denn im ersten saßen zwei weißgekleidete Damen. Sie schnellten von ihrem Sitz hoch, und die eine zeigte mit ihrem Sonnenschirm auf mich: »Der war es!« rief sie, mich mit seltenem Scharfsinn der Tat beschuldigend, da ich ebenfalls eine rote Mütze trug. Jedes weitere Wort ist überflüssig. Mehr sah ich nicht von den Gästen.

Das noch Wissenswerte hörte ich später aus den Erzählungen des Gesindes. Den langen und fremdartig klingenden Namen konnten sie, wie fast alle Namen der Gutsbesitzer und Pächter, kaum aussprechen. Mit einer eines besseren Zweckes würdigen Beharrlichkeit quälten sie sich ab, den Namen so klingen zu lassen wie irgendein anderes verständliches ungarisches Wort; dazu sprachen sie ihn mit jedem Satz anders betont aus. Auch dies trug nur zur Erhöhung der Achtung und Bewunderung bei. Die Herren waren auch kraft ihres Namens Herren: ungewöhnlich und unnahbar, stammten sie von einem anderen Planeten und nicht aus diesem einfachen Teil voll Unkraut, Akazien und Ziehbrunnen.

Manchmal trafen auch, meist zu Winteranfang, Jagdgesellschaften ein. Wir Kinder bekamen sie nicht zu Gesicht, denn sobald sie ankamen und im Revier die ersten Schüsse knallten, schloß Mutter die Küchentür hinter uns zu. Wir konnten trommeln, soviel wir nur wollten, es nützte nichts. Selbst nachdem die Ankömmlinge mit der erlegten Strecke von der Jagd zurückgekehrt waren, so daß wir sie durch das Eisengitter des Schloßtores in aller Gemütsruhe hätten bestaunen können, gab es kein Pardon. Denn sie trugen Gewehre in der Hand, und Mutter hatte vor jedem Schießprügel Angst. Das geladene Gewehr war ihrer Vorstellung nach ein lebendiges, bewußtes Wesen, das aus sich selbst heraus von der Schulter des Jägers oder vom Tisch, auf dem es lag, herabzielen und losgehen konnte.

Als Pächter die Puszta übernahmen, wurden die Gäste häufiger! Es kamen Tiefbrunnenbohrer, Verwandte, Meteorologen, und besonders gern erinnere ich mich an den Besuch des sozialdemokratischen Parteivorsitzenden.

Die Pachtgesellschaft übertrug die Leitung der Puszta einem auffallend großgewachsenen, häßlichen, doch seiner humanen Gesinnung wegen sehr sympathischen, rothaarigen Mann, den man weder mit Herr Verwalter, noch mit Herr Inspektor, sondern einfach als Herr Fantusz ansprechen mußte – ein Name, den ich darum lange nicht als Familiennamen, sondern als einen hohen, alles überragenden vornehmen Titel ansah. Er trug einen Kneifer und war in weitem Umkreis dafür berühmt, daß er niemanden schlug. Dagegen streute er zu Ostern, als wir ihn zu beglückwünschen kamen, wie ein König von der Treppe der Verwalterwohnung funkelnagelneue Einfillermünzen unter die Menge. Waren die Sozialdemokraten seine Freunde? Jedenfalls kamen sie zu ihm als Gäste oder zum Studium der Arbeitsverhältnisse auf der Puszta. Der Viererzug holte sie von der Station ab, woraus man ersah, daß Herr Fantusz Sinn für Humor hatte.

Die Parteiführer kamen zu dritt oder zu viert; an ihre Namen kann ich mich nicht mehr genau erinnern. Während des Umsturzes 1918 erkannte Vater einige von ihnen abgebildet in den illustrierten Zeitungen wieder und verteidigte sie eigentümlicherweise trotz seiner königstreuen Gesinnung. Als sie bei uns waren, sah er sie nur von weitem. Die Parteiführer richteten zuerst an den alten Onkel Sövegjarto das Wort, der ihnen mit der größten Selbstverständlichkeit die Hand küßte. Das gleiche tat Onkel Lukacs, ebenso die Frauen, denn alle wußten, was einem in der Paradekutsche Ankommenden gebührt. Verlegen versteckten die Parteileute ihre Hände und umkreisten ungeschickt die in Habachtstellung erstarrten Ochsentreiber, die in militärischem Ton und mit ungarischer Offenherzigkeit auf ihre Fragen antworteten, und zwar, daß es ihnen sehr gut gehe, sogar ausgezeichnet, es könne nicht besser sein. Ich kann mir vorstellen, was sich in diesen Parteiführern abspielte, denn ich selber bin schon in der Kutsche auf der Puszta angekommen. Sie verbrachten drei Tage auf der Puszta, aber nur eine halbe Stunde zwischen den Gesindehäusern. Meist hielten sie sich im Schloß auf. Eines Nachmittags gingen sie zur größten Belustigung der ganzen Puszta angeln, wußte doch jedermann, daß die Jauche in den Tümpeln längst alles Leben abgetötet hatte.

Niemand aber sagte ihnen, daß hundert Meter weiter der Sio-Fluß mit seinem großen Fischreichtum floß. Vielleicht war diese kleine Episode ausschlaggebend für die gute Erinnerung, die sie hinterließen.

Über welterlösende Gedanken und Bewegungen wußten die Pusztabewohner wenig. Auf unerforschten Wegen drangen zwar vereinzelt erstaunliche Wahrsagungen über baldige Strafen, welche die Herren, ja die ganze Welt ereilen würden, dorthin. Die Dienstleute neigten den Kopf und ergaben sich dem Schicksal... Je phantastischer die Prophezeiungen waren, desto lieber glaubten sie ihnen. Sie konnten sich eher vorstellen, daß die Welt von einem Tag auf den anderen untergeht, als daß sie sich verändert. Tante Beszedes hielt mit Hartnäckigkeit an der Ansicht fest, daß es immer Herren geben müsse, pflanzte jedoch im Frühjahr, als der Halleysche Komet erschien, keine Bohnen, da es im Herbst ja keine Ernte geben würde. Als sich aber die sozialen Meinungsverschiedenheiten zur Revolution zuspitzten, erfaßten sie mit erstaunlichem Scharfsinn das Wesen der aus Budapest und der Bezirkshauptstadt auf Maueranschlägen sowie durch Volksredner in gewundenen Sätzen verkündeten Theorien. Sie versammelten sich nach den offiziellen Beratungen noch untereinander, um sich darüber den Kopf zu zerbrechen, wie es denn mit der Bodenverteilung sein sollte, damit jedem Gerechtigkeit zuteil würde. Mit Mißtrauen beobachteten sie die Dorfbewohner, die damals im Frühjahr 1919 wie hungrige Wölfe die Güter umkreisten, um zu sehen, wo sie sich einen Bissen ergattern könnten. Mit Recht fürchteten sie, es bliebe am Ende kein Boden für sie übrig, da auch diesmal niemand von ihnen sprach. Es kam aber auch vor, daß die Pusztabewohner, vielleicht aus Angst und Sorge, sofort die ganze Puszta, ja selbst das Schloß an sich reißen wollten. Wie im Jahre 1848 mußte die revolutionäre Regierung sie wieder mit Pulver und Blei überzeugen, daß sie ihre Zeit abzuwarten hätten. Also warteten sie.

Bettler kamen täglich, oft auch mehrere. Ihre Art zu betteln war selbstverständlich und ungezwungen. Sie waren die Ärmsten der Armen, die zehn bis fünfzehn Kilometer Fußmarsch nicht scheuten, um vor einer Gesindeküche ihre traurigen Litaneien und Gesänge anzustimmen. Sie bekamen etwas Brotrinde, eine Zwiebel... herzlich wenig. Die meisten waren uns bekannt; dienstuntaugliche oder durch einen Unfall arbeitsunfähige frühere Dienstboten.

Sie durchwanderten die Gegend in einem bestimmten Turnus und kehrten als gewissenhafte Wächter des Elends pünktlich zur gegebenen Zeit an dieselbe Stelle zurück. »Wo ist Onkel Andras geblieben?« fragten wir, wenn einer ihrer Elendsgenossen sich längere Zeit nicht meldete. Gottes kalter Wind hat ihn gestreift: irgendwo an einem Grabenrand ist er umgesunken... Eines Tages brachten die Hunde einen menschlichen Fuß auf die Puszta geschleppt.

Zu den Bettlern gehörten auch die »Wanderer«, die aber nicht von Tür zu Tür gingen. Sie kamen abends und baten um Unterkunft. Ihr Platz war eine an den Kälberstall angebaute Ablage. Der Pusztaaufseher führte sie hin, durchsuchte sie und nahm ihnen Streichhölzer, Pfeife und Messer ab. Meist waren es gesunde, kräftige Männer, manchmal noch mit den Überresten besserer Zeiten, wie einem steifen Hut oder einer gestreiften Hose angetan. Sie setzten sich auf die Schwelle und erzählten von der großen Welt. Sie waren geheimnisvoll und voller Schrecken. Sorgenbeschwert blickte ich in die Ferne, aus der die Menschen entweder in Kutschen oder schwankend vor Hunger und Durst zu uns kamen. Wir hörten erschreckende Einzelheiten über liederliche Ehefrauen, herzlose Geschwister, grausame Städte und Gefängnisse. Die Dienstleute schüttelten den Kopf und fühlten sich glücklich, wenigstens ein Dach über sich zu haben. Der Wanderer seufzte und nahm mit stummem, langem Blick den Teller mit saurer Milch oder das Töpfchen Suppe in Empfang, das ihm eine Frau reichte. Es kamen auch Propheten mit bis zum Gürtel wallendem Haupthaar, die Bibel im Ranzen. Des weiteren Vortragskünstler, Schwertschlucker und Musiker.

In größeren Abständen besuchten uns Scherenschleifer und Bärentreiber. Einmal sogar ein Mann mit einem Äffchen an einer langen Messingkette, das die vor die Fenster in die Sonne gelegten Tomaten stahl und sie auffraß. Dann kamen Lumpensammler und eines Tages – zwar mit einem Pleureusenhut angetan, aber ebenfalls auf Schusters Rappen – eine Schauspielerin. Von ihr stellte sich bald heraus, daß sie eine Wanderprostituierte war, die sich genau wie der herumziehende Flickschuster mit Naturalien bezahlen ließ. Ferner Bosniaken, Kastrierer und Obsthändler mit ihren großen Korbwagen, die für einen Korb Weizen einen Korb

Zwetschgen tauschten, denn die Dienstleute besaßen natürlich keine Obstbäume. Außerdem Schweine- und Viehhändler und allerlei Zigeunervolk, wie Trogschnitzer, Kartenschläger und solche, die nichts anderes taten als stehlen. Schließlich Markthändler und Hochzeitszüge, die auf der Fahrt von einem Dorf zum anderen die Puszta streiften und unterwegs mit Weißbrot und Brezeln um sich warfen.

Dann gab es noch einen ambulanten Kurzwarenhändler: Onkel Salomon aus Doreg. Er kam jeden Montagnachmittag und blies mehr aus Tradition, als um sich anzumelden, auf seiner Holzpfeife den Einzugsmarsch, denn jeder kannte sein Gewerbe und wußte, warum er kam. Er versorgte die Puszta mit allem Notwendigen, von der Axt bis zum Fingerhut, trieb auch Tauschhandel und nahm die unmöglichsten Sachen in Bezahlung. Sein Bündel wuchs stetig. Wenn ich mir Onkel Salomons Erscheinung ins Gedächtnis zurückrufe, so denke ich unwillkürlich an eine Ameise, die das dreifache Gewicht ihres Körpers schleppt, und sehe ihn, wie er hochbepackt leichten und schnellen Schrittes gleich einem Ballonspringer über steile Waldpfade zu uns gehüpft kommt oder von uns geht. Großmutter war ihm sehr zugetan und unterhielt sich selbst im Drange der größten Arbeit eingehend mit ihm. Den männlichen Mitgliedern der Familie pries sie ihn, zu deren nicht geringem Erstaunen, als Musterbeispiel eines Hochstrebenden, wie sie es mit jedem Ehrgeizigen tat. Sie hielt ihn für einen Gebildeten und nahm gern seine Ratschläge betreffs Verwertung ihrer Schweine an. Übrigens war Onkel Salomon auf der ganzen Puszta beliebt. Ich könnte mich nicht erinnern, daß man je ein höhnisches oder beleidigendes Wort gegen ihn vernommen hätte. Im Gegenteil, das Gesinde nahm sich seiner wie eines jeden Fremden und Heimatlosen an. Zum »Juden« wurde er erst gestempelt, als er zur Krönung seiner Laufbahn irgendwo im eigenen Haus einen Laden eröffnete. Sein Sohn, der sich mit den Leuten siezte und das väterliche Geschäft im Wagen fortsetzte, wurde verachtet und wie ein Bettler behandelt. Einmal wies man ihm den Weg über eine baufällige Brücke, und als sein Wagen einbrach, rührte sich kein Finger, um ihm zu helfen.

15

Die Kurpfuscher kamen nur in aller Heimlichkeit auf die Puszta, desungeachtet verbreitete sich die Nachricht von ihrer Anwesenheit mit Blitzesschnelle. »Der Mann aus Igar ist bei den Hajas!« lautete die Kunde, und wir hätten uns am liebsten alle vor der Tür der Hajas versammelt. Der Mann aus Igar war tatsächlich da und saß barfuß in der Küche. Ein anderes Mal kam die Frau aus Udvard; oder der Menyhart aus Szilas. Sie beschäftigten sich alle mit der Heilung körperlicher und geistiger Leiden.

Ihre Reise war eine uneigennützige Tat, denn sie hatten zu Hause reichlich zu tun. Die Dorfbewohner besuchten sie in Scharen, und vor dem Hause der Quacksalberin aus Szilas standen oft mehrere Fuhrwerke. Die Dienstleute konnten sich aber nur schwer von der Puszta entfernen. Eine der Ochsentreiberfrauen, die zu einem Heilkundigen wanderte, war meist die Vermittlerin der Hilferufe und Klagen einer ganzen Puszta, so daß sie außer für ihr eigenes Leiden auch noch für dreißig verschiedene Krankheiten Rat einholen mußte. Die Heilkundigen kurierten auch aus der Entfernung mit Ratschlägen, wenn es ihnen aber möglich war, besuchten sie die Patienten persönlich und nahmen bei einer Vertrauensperson Quartier. Dann gab einer dem anderen die Türklinke in die Hand. Sie kamen wie nach einer festgelegten Ordnung, tagsüber die Frauen, abends die Männer. Bis zu den frühen Morgenstunden ging das Treiben, das Geflüster und Getuschel weiter. Die Erlöser von den Leiden blieben meist nur über Nacht, dabei hätte das Gesinde diese verschrumpelten alten Weiber mit ihren singenden Stimmen und die frommblickenden Greise am liebsten Monate bei sich behalten. Nicht alle waren alt. Der Mann aus Szilas zum Beispiel war ein schlankgewachsener, bartloser Mensch im besten Mannesalter, auf dessen Können nur der Umstand deutete, daß er mit geschlossenen Augen sprach. Sie verließen den Ort ihres Wirkens stets vor Sonnenaufgang, da das Licht des neuen Tages, wie es hieß, die Heilkraft ihrer Worte unwirksam gemacht hätte.

Man denke nicht, in den Pusztabewohnern stecke die sogenannte Urkraft. Nirgends habe ich so oft die Redewendung »ich bin nervös« oder »mach mich nicht nervös« gehört wie auf der Puszta. Sie waren tatsächlich nervös. Es fehlte ihnen aber nicht nur an den

Nerven, sondern überall, besonders im Magen und an den Ohren. Sie litten in erhöhtem Maße an den Gebrechen, die jeden Menschen im fortschreitenden Alter befallen. Ein Schnupfen brachte sie schon an den Rand des Todes; ein Windhauch blies sie ins Grab. »Er spuckte auch Blut, der Gute«, sagte jammernd die Witwe nach dem Begräbnis. »Er war schon daran gewöhnt, denn er spuckte seit zehn Jahren.« Das sollte heißen: »Es fehlte dem Armen noch etwas anderes.« So war es auch meist. Von den Gesichtern der Vierzig- bis Fünfzigjährigen war es abzulesen, daß in ihnen wenigstens drei, jede für sich allein tödliche Krankheiten wetteiferten, zuerst zum Ziel zu gelangen und ihren schönen lateinischen Namen vom Arzt mit zustimmendem Kopfnicken an erster Stelle ausgesprochen zu hören. »So einen Fall habe ich noch nie gesehen, selbst im Haupthaar saß schon der Krebs«, meinte der Arzt: »Wann hat er sich zu Bett gelegt?« – »Gestern abend. Noch gestern in der Früh hat mein Täubchen um das Haus herum gearbeitet«, antwortete eine trauernde Hinterbliebene. »Sahen Sie denn nicht, daß er krank war?« – Achselzucken. Er bat um einen Schluck Tee oder um einen heißen Ziegelstein auf den Bauch, er hatte die Auszehrung.

Der Arzt vermutete, daß irgendein Kurpfuscher den Kranken behandelt hatte, doch konnte er nichts dagegen unternehmen, selbst wenn er es gewollt hätte. Die Pusztabewohner rechneten auch den Arzt zur Herrenklasse und vertrauten ihm erst, nachdem er auf Herz und Nieren geprüft das großen Examen der Volkstümlichkeit und Zugehörigkeit bestanden hatte. Sie glaubten eher den Heilkundigen. Nicht nur weil die Heilkundigen ihresgleichen waren und sich mit ihnen besser verständigen konnten, sondern weil sie einen hoffnungslosen Fall nicht kannten. Die Pfuscher gaben niemanden auf, sie zuckten nicht mit der Achsel, um dann mit feierlicher Miene zu erklären, hier könne nur mehr der liebe Gott helfen. Sie halfen jedem. Onkel Takacs lag im Sterben, als man ihn mit irgendeiner übelschmeckenden Wurzel zwischen den Zähnen in den Schatten einer schwarzen Henne setzte. Er genas; von welcher Krankheit, das wußte er selber nicht, denn es war üblich, nur mit solchen Leiden zum Pfuscher zu gehen, deren Ursprung niemand kannte. Die kleineren Übel wurden schon vom ortsansässigen »Kundigen« betreut.

Wer sich mit Tierkrankheiten auskannte, den zog man auch sonst ins Vertrauen. Bei Magenschmerzen nahmen die Kutscher den Absud der Königskerze ein, der auch ihren Pferden eingegeben wurde; gegen die recht häufige Ruhr tranken sie einen Klettenabsud; gegen Gallenkoliken Schlangenkraut und bei Arteriosklerose Knoblauchsaft mit Schnaps, letzteren von einer eigenen Beschwörungsformel begleitet. Gegen Husten bekam ich bei den Szerencses einen Absud von gemahlenem Mais mit Honig vermischt, da ich das einfachste und radikalste Mittel, das Gurgeln mit Urin, zimperlich ablehnte. In das starblinde Auge der Pferde bliesen die Kutscher ein Gemisch von Pulverzucker und zu Pulver geriebenem Glas: es behob angeblich die Trübung. In entzündliche Schwellungen der Tiere steckten sie kleine Stückchen Tollkirschwurzel, welche die Entzündung und Eiterbildung beschleunigte. Im Notfall griffen die Kutscher und Ochsentreiber bei ihren Tieren mit sicherer Hand auch zum Messer. Dasselbe taten sie auch bei ihren Mitmenschen, und zwar in zunehmenden Maße, denn die Gutsverwaltung legte keinen großen Wert auf ihre Tierbehandlung und ließ lieber den Veterinär holen. Allmählich riefen aber auch die Bauern und das Gesinde den Tierarzt. Sie selber schluckten unentwegt ihre selbstgebrauten Tränklein weiter, während der Vertreter der Fachwissenschaft voller Sorge zur kranken Kuh gerufen wurde. Die Kurpfuscherei hörte zuerst in der Tierheilkunde auf, oder besser gesagt, sie hörte nur da auf.

Onkel Leperdi meinte: »Das Vieh hat keine Seele und versteht also nicht, was man ihm sagt.« Er, den die Frau aus Malvard von seinem Fußleiden mit Kleiebädern befreit hatte, besaß eine Seele. Er kannte zwar viele Geheimmittel, wandte sie jedoch nicht mehr an, da er sich für einen aufgeklärten Menschen hielt. Dennoch glaubte er daran, daß, wenn Vieh an Skorbut erkrankte, man eine Fledermaus fangen und mit einem auf das pulsierende Herz des Tieres gelegten Finger so lange um das kranke Vieh im Kreis herumgehen und beten mußte, bis die Fledermaus tot war. Dann genas das Vieh.

Das Gebiet der Chirurgie war unbestritten den Schäfern vorbehalten. Sie waren ausgezeichnete Chirurgen. Zur Trepanierung (Aufmeißelung des Schädeldaches, bei Drehkrankheit der Schafe) wurde Großvater nicht nur von der Gutsverwaltung, sondern sogar vom Tierarzt in B. gerufen. »Onkel Janis Hand ist leichter«, meinte er. Die Trommel der Dreschmaschine erwischte, wie es fast jeden Sommer vorkam, die Hand eines Arbeiters, der die Garben einschob, und zerquetschte sie zu Brei. Das Opfer des vergangenen Jahres war an Verblutung gestorben, und es war sicher, daß auch im diesjährigen Fall dasselbe geschehen würde, wenn man den Transport ins Krankenhaus abwartete. Der Verwalter ließ Großvater holen. »Na, mein Sohn, liebst du das Leben?« fragte Großvater den todesbleichen Burschen. »Ja, ich liebe es«, war die Antwort. »Dann mach die Augen zu, denn ohnmächtig wirst du sowieso«, sagte Großvater. Und mit einem einzigen Rundschnitt trennte er die Hand am Unterarm ab, und zwar so, daß genügend Haut übrigblieb, um den Stumpf zu bedecken. Bei der Aufnahme ins Krankenhaus von Szekszard fragte der Oberarzt: »Welcher Arzt hat diese saubere Arbeit geleistet?«

Mein Vater half Großvater nur in seiner Jugend, und doch verstand er sich instinktmäßig auf diese Kunst. Wenn es sich um eine Krankheit handelte, die mit dem Messer in Angriff genommen werden konnte, so wußte er sofort Bescheid. Eines Tages geriet mir, unter Verhältnissen, die ich zu Hause lieber nicht erwähnte, ein Holzsplitter unter den Fingernagel (wir legten ein Brett an die Dachluke des Preßhauses im Weingarten, wo das Dörrobst aufgespeichert lag). Die Eltern bemerkten das Übel erst, als ich meine Hand beim Essen nicht mehr gebrauchen konnte. Vater untersuchte sachverständig den geschwollenen Finger und sagte: »Lassen wir die Sache noch zwei Tage reifen.« Nach zwei Tagen klemmte er mich zwischen seine Knie und schnitt den Nagel mit dem Taschenmesser in der Mitte der Länge nach auf. Mein Leben lang werde ich den Schmerz, den ich damals verkneifen mußte, nicht vergessen. Beim ersten Laut, den ich von mir gab, sah mich mein Vater mißbilligend an, wie jemanden, der ihn bei der Arbeit störte. Dann entfernte er so, als risse er einem großen Käfer die harten Flügel ab, in aller Ruhe die beiden Teile des Nagels, reinigte die Wunde von Eiter und Blut und war in einer Minute fertig.

Zu meiner Zeit zahlte die Güterverwaltung dem zunächst wohnenden Arzt ein Deputat für die ärztliche Betreuung der Dienstleute und deren Kinder unter 12 Jahren. Leider unterschied sich die Behandlung, wenigstens was den Abwechslungsreichtum der Arzneien anbetraf, wenig von der der Kurpfuscher. Außer Aspirin und Abführmitteln verschrieben diese Ärzte keine Arznei, und jeder wehe Zahn wurde prompt gezogen. Sie wurden von den Gutsverwaltungen vor allem beschäftigt, damit diese über den Gesundheitszustand des Gesindes auf dem laufenden waren und niemand sich unter dem Deckmantel der Krankheit vor der Arbeit drückte. Die Kutsche der Gutsverwaltung brachte sie auf die Puszta, und ihr Erscheinen war gleichbedeutend mit dem Erklingen des Sterbeglöckchens. Beim Anblick des »Doktorwagens« bekreuzigten sich die Frauen in Racegres und murmelten ein stilles Gebet vor sich hin, denn viel Lebenszeit blieb dem Kranken nicht mehr übrig. Offiziell baten die Angehörigen erst dann um ärztliche Hilfe, wenn der Kranke schon im Sterben lag. »Bitte, schnell den Arzt zu schicken«, murmelte ein düster vor sich hinblickender Vater oder Sohn, »ich möchte nicht in Unannehmlichkeiten geraten.« Es kam nämlich vor, daß jüngere und darum noch gewissenhaftere Ärzte Anzeige wegen Fahrlässigkeit erstatteten.

Nach dem Gesetz hatte die Gutsverwaltung 45 Tage lang für die ärztliche Behandlung eines erkrankten Dienstboten zu sorgen. Diesen Vorteil nahmen die Dienstleute meist nicht in Anspruch. Neuerdings ließen die Güterverwaltungen die sich um Einstellung bewerbenden Dienstboten erst ärztlich untersuchen und stellten nur vollkommen Gesunde ein. Kränkelnde wurden ohne weiteres entlassen. Die Güterverwaltung von X. – das im Besitz eines international bekannten Industrieunternehmens war – wollte als Hausgesetz einführen, daß jedem Dienstboten, der, ganz gleich unter welchem Vorwand, länger als acht Tage hintereinander von der Arbeit fortblieb, am Ende des Jahres gekündigt werden sollte. Am interessantesten war die Begründung dieses Vorhabens, nämlich daß die Firma auf ihrem Besitz im Ausland infolge der sozialen Gesetzgebung des Landes so große Opfer bringen müsse, daß diese Summen aus den ungarischen Gütern herausgespart werden mußten: X. gehörte zu diesen Gütern.

So war es fast überall, mit einigen rühmlichen Ausnahmen, wie auf den Gütern des Grafen K., der in der Verwaltungszentrale ein schönes Krankenhaus errichten ließ. Die Pusztabewohner fürchteten Krankheiten nicht des Todes wegen, sondern weil sie dann bestimmt früher oder später ihre Stellung verloren. Mit Kranken wurde wenig Federlesens gemacht.

Die überlegene, vornehme Art der Herren, ihre Handlungen anzupacken und auszuführen, erfüllte mich mit der gleichen Bewunderung wie der heitere, klare Blick, mit dem sie es fertigbrachten, über den moralischen Dreckpfuhl unberührt hinwegzugehen. Seit zwei Monaten erwarteten wir den Tod meines Vaters, dessen

Seelengröße ich nach den Mißverständnissen vieler Jahre erst in diesen letzten Wochen richtig erkannte. Da lag er auf einer verlassenen Puszta von einer tödlichen Krankheit gemartert, dazu noch die Sorgen, wie lange das Geld reichen würde, um den Arzt zu bezahlen, der sich durch den Dreck fast unbefahrbarer Herbststraßen durchkämpfen mußte, um ihm für fünf Pengö das Erlösung bringende Betäubungsmittel zu verabreichen. Auch das erste und späte Zeichen der Kindesliebe, die ich in Form einer mir als literarischen Preis verliehenen Urkunde über einen beträchtlichen Betrag in seine Hände legte, vermochte ihn nicht zu trösten. Jeder – nur er nicht – wußte, daß er dem Tode geweiht war. Auch die Herrschaft erfuhr es, und dem verdankten wir offenbar ihren Besuch. Als die in einen Jagdpelz gehüllte, elegante Gestalt des jungen Mannes am Bettrand erschien und Vater die Hand zum Gruß reichte, da übergoß andächtiges, glückliches Licht das ausgemergelte, gelbe Gesicht des alten Mannes, und ein verträumtes Lächeln ließ hinter dem grauen Schnauzbart die großen, gesunden Zähne durchschimmern. Nach der Begrüßung teilte der Besuch kurz mit, daß er ihm leider kündigen müsse. Es war November, und zu Neujahr würde demnach ein neuer Mann eingestellt werden. Damit ging er. »Dann werde ich also sterben«, sagte der Kranke nach einer kurzen Pause. Meine Beteuerungen waren umsonst. Die Familie war in der kürzesten Zeit ihres qualvollen Problems enthoben. »Ich will beichten«, ertönte es ruhig und gefaßt vom Bett her.

Selbst die Angehörigen zeigten sich ihren Kranken gegenüber erbarmungslos. Als Onkel Nagyvadi bettlägerig wurde, nahm ihm sein Schwiegersohn die Pelzmütze weg, um sie selbst zu tragen. Der Alte schlug Lärm. »Halt doch Frieden«, fuhr seine Frau ihn an, »den Winter erlebst du ja doch nicht mehr!« – »Bei allen Heiligen«, rief der Onkel Nagyvadi, »mich werdet ihr nicht ausrauben!« Er genas, vielleicht nur um der Pelzmütze willen, wie er es später unter schallendem Gelächter gern zum besten gab.

Es galt als Schande, krank zu sein. Jeder verheimlichte es so lange wie nur möglich. Die Dienstleute stöhnten, ächzten, hielten sich die wehen Glieder, simulierten manchmal sogar eine Krankheit. Den Satz: »Ich bin krank« sprachen sie nur schwer aus. Sie verabscheuten auch das Krankenbett. Wer bei Tageslicht zwischen die Decken kroch, galt als pestkrank. Und wer wochenlang das Haus nicht mehr verließ, der war für sie so gut wie begraben.

Dem Heilkundigen gegenüber waren sie dagegen aufrichtig. Sie schütteten ihm ihr Herz aus, da sie wußten, daß ihr Geheimnis wohlgehütet blieb. Der Pfuscher hatte ja Einblick in die verborgensten Winkel der Seele und des Körpers.

Die Heilkundigen durchschauten diese Menschen, und ich selber bin Zeuge dafür, daß sie vielen geholfen haben. Denn sie waren nicht nur Ärzte, sondern auch Seelenhirten und Richter. Wenn der Mann aus Igar in der Küche der Hajas' sein Quartier aufschlug, so verbreitete sich über die Puszta nicht nur die Stimmung belebender Hoffnung, sondern ein wenig auch das Gefühl des Ausnahmezustandes. Mit welchen Mitteln erreichte der Mann all dies? Vor allem damit, daß er von seinen Klienten volle Aufrichtigkeit forderte, die sie sonst weder dem Ehepartner noch sich selber gegenüber, ja nicht einmal im Traum aufgebracht hätten. Denn ein einziges unwahres Wort, ja selbst ein unwahrer Gedanke genügte, um den Heilkräutern und Sprüchen die Wirkung zu nehmen. (Bei Erfolglosigkeit der Kur beschuldigten sich die Patienten ausnahmslos selbst.) Der blinde Glaube stand an erster Stelle: die Heilkundigen hatten vom Gottessohn gelernt.

Die Überzeugten wurden geheilt. Wunder geschahen nicht. Die Frau von Onkel Stephan Nagy litt an so starken Schmerzen in den Beinen, daß sie wochenlang in der Nacht nicht zur Ruhe kam. Es halfen kein Arzt und keine Arznei. Die Frau aus Malvard beschrieb mit ihrer Handfläche allerhand Zeichen über den wehen Stellen und stellte sich dann wortlos auf eine halbe Stunde mit dem Gesicht zur Wand. »Kommen Sie nach neun Tagen wieder«, sagte sie endlich. Als der Tag gekommen war, brauchte Tante Nagy nur mehr die zwei Hühner als Entgelt abzuliefern, denn sie war geheilt. Beim jungen Szabo war es nicht der Leichtsinn, der ihn um einer Person in der Stadt willen zum Verlassen seiner jungen Frau trieb, sondern, wenn ich mich richtig erinnere, das Spiel der Mondstrahlen auf der Glasscheibe des Stallfensters. Der Heilkundige verschrieb ihm und seiner Frau eine Arznei, die so lange genommen wurde, bis alles wieder in Ordnung war.

»Die verstanden noch etwas von Arzneien«, sagten die Dienstboten von den Heilkundigen. Den Patienten wurde aber auch oft von den verordneten Mitteln dunkel vor den Augen. Oder halfen sie eben deshalb? Ohne Überwindung gab es keine Hilfe gegen das Übel: die Medizin sollte gewissermaßen eine Strafe sein. Die alten Landärzte belehrten lächelnd ihre jungen Kollegen, sie sollten den

Dienstboten recht bittere Arzneien verschreiben, je bitterer, desto wirksamer wären sie. Außerdem möglichst in flüssiger Form, die noch eher genommen würde als die unbeliebten Pulver.

Selbstverständlich wurden auch Diätkuren nicht eingehalten, ja selbst die elementarsten ärztlichen Vorschriften nicht beachtet. Halb bewußtlose Typhuskranke mit vierzig Grad Fieber erhielten zum Essen Sauerkraut, und an Magengeschwür Leidende Kartoffeln in Paprikasauce. Es hieß dann: »Der Arme sehnte sich so sehr danach!« Sie brachten es nicht übers Herz, es ihm zu verweigern.

Die Ratschläge der Heilkundigen befolgten sie dagegen aufs Wort. Wenn es verordnet wurde, so badeten sie sogar, eine komplizierte Prozedur, da das Gesinde über keine Badegelegenheit verfügte. Die meisten Güterverwaltungen ließen für die Schweine tadellose Zementbecken mit einem Sandplatz, möglichst noch im Schatten der Bäume gelegen, herstellen. Die Dienstboten konnten sich höchstens, und das natürlich nur im Sommer, im Sio-Fluß baden. Sie hielten aber das Baden für ein Zeichen jugendlichen Übermutes, das sich für einen verheirateten Mann nicht mehr schickt. Wenn mit viel Umständlichkeit der große Waschtrog in ein Zimmer hereingeschleppt und auf dem offenen Herd das in Kannen herbeigetragene Wasser erwärmt wurde, so wußte jedermann, daß irgendein Hokuspokus im Gange war.

Die Ärzte mußten, um Erfolge zu erzielen, manches den Kurpfuschern ablauschen. Die Geschichte, wie sich der Apotheker von E. bereicherte, ist keine Anekdote. Er bereitete die Arznei nach Vorschrift, flüsterte aber dem sie abholenden Bauern geheimnisvoll zu, sie sei nur wirksam, wenn der Kranke das Mittel um Mitternacht an einer Wegkreuzung in der Mitte eines im Staub gezogenen Kreises stehend einnehme, dann den mitgebrachten Stock hinter sich werfe und, ohne sich umzusehen, nach Hause eile. Zu feuchten Umschlägen verordnete er »schweigsames Wasser«, das, ohne ein Wort zu sprechen, aus dem Bach geholt werden mußte; denn nur so wurde sein Rat befolgt. Zu jeder Arznei gab er eine ähnliche Gebrauchsanweisung. Die Folge war, daß die Patienten von der ganzen Gegend zu ihm strömten.

Sonst war dem Gesinde selbst der Apotheker nicht ganz geheuer. Die Heilkundigen bereiteten nämlich ihr Gebräu selber. Es kamen auf die Puszta noch gewisse Heilmittel durch die Vermittlung von Hausierern. So verkaufte Onkel Salomon verschiedene schmerzstillende Salben, Mittel gegen Haarausfall und in großen

Mengen schwarze Quecksilbersalbe gegen eine bestimmte Art von Läusen. Es kamen Händler, die neben Toilettenseifen neuerfundene und unfehlbare Wundermittel gegen Rheumatismus, Brustschmerzen usw. vertrieben. Auch Optiker kamen des Weges, und wer wollte, konnte sich selber die ihm passende Brille aussuchen. Kosmetiker verkauften Schönheitsmittel, und besonders nach dem Ersten Weltkrieg auch Gummischutzmittel.

Um heiter zu enden, möchte ich noch den Wanderröntgenologen erwähnen. Den Apparat, der auch zum Elektrisieren diente und nebenbei noch den »Blutstand« anzeigte, brachte er in einer großen, auf den Rücken geschnallten Kiste mit. Er erklärte sich bereit, bevorzugte Kunden insgeheim nach Anbruch der Dunkelheit zu durchleuchten. Er steckte dem Betreffenden eine Glühlampe in den Mund und schaute dann in den entgegengesetzten Pol hinein. Für eine solche Röntgenuntersuchung erhielt der Künstler vier Eier.

Länger oder kürzer auf der Puszta beschäftigte Tagelöhner, Ernte- und sonstige Saisonarbeiter waren eigentlich Fremde, ohne daß wir sie als Fremde empfanden. Kaum angekommen und sobald sie die schweren Mäntel, die mit einer Schnur zusammengebundenen Sensen, Hacken, Heugabeln und den kleinen Kochkessel abgelegt hatten, bemächtigte sich ihrer die Welt der Puszta, vermischte sich ihr Schicksal mit dem unsrigen: die Männer redeten sich mit dem Vornamen an, die Frauen und Mädchen wurden geduzt. Die große demokratische Gemeinschaft der Arbeit und der Armut riß in wenigen Augenblicken die Scheidewände nieder, die die Einwohner von den Neuangekommenen in Sitten und Gebräuchen hätten trennen können. Ja selbst die fremde Muttersprache war kein Hindernis, sondern im Gegenteil der Ansporn zu erhöhter Aufmerksamkeit, Entgegenkommen und Liebenswürdigkeit, des öfteren sogar die Quelle erheiternder kleiner Szenen. So blieb auch ein russischer Kriegsgefangener nach Friedensschluß bei uns, heiratete und bezog mit der Familie des Onkel Suliman, dessen Vorfahren wohl aus Türkenzeiten dageblieben waren, eine Gemeinschaftswohnung. Von wo immer auch Leute zur Arbeit kamen, die Pusztabewohner nahmen sie als ihresgleichen auf. Die Erntearbeiter kamen aus den Dörfern der Umgegend; die für die Saisonarbeiten und auf Monatsdauer Angeworbenen aus dem Komitat Vas oder dem Oberland. Beide Gruppen rekrutierten sich aus dem Häuslerstand, doch nur der ungeübte oder oberflächliche Beobachter konnte die bestehenden Unterschiede übersehen. In den unteren Schichten der Armut sind die Klassenunterschiede vielleicht noch ausgeprägter als oben. Himmel und Erde trennt sie voneinander. Sie kamen nur auf der Puszta bei gemeinsamen Feldarbeiten zusammen, so wie die Aristokraten sich mit Finanzleuten in den Salons trafen.

Ende Februar begab sich ein Inspektor der Güterverwaltung, gewöhnlich derselbe, der den Verkauf des Viehs unter sich hatte, auf Reisen und blieb meist eine Woche in den Komitaten Ung, Bereg oder Borsod unterwegs und besuchte die Dörfer, wo die Männer unter Leitung des Bandenführers wie Kriegsknechte des Mittelalters auf Anwerbung für den Sommer warteten. Wenn der

Inspektor sich mit dem Führer einigen konnte, so wurde der Kontrakt unterzeichnet und zu gleicher Zeit auch der Erntevertrag mit dem Führer einer Bande aus einem der benachbarten Dörfer getätigt. Der Frühling kam, die Viehherden wechselten aus den Winterstallungen in die Sommerquartiere, und die leer gewordenen geräumigen Stallungen wurden von Dung und Streu gesäubert. Wir erwarteten täglich die Ankunft der fremden Arbeiter und waren voller Aufregung, ob es die gleichen wie im Vorjahr sein würden. Burschen oder Mädchen wagten sogar vereinzelt einen Vorstoß bis in die Kanzlei, um zu erfahren, wer kommen würde und wann. Dann sahen sich die Schloßbewohner kopfschüttelnd an, und eine dicke Inspektorsfrau seufzte auf: »Was für ein Gesindel!« Zwischen den Pusztabewohnern und den fremden jungen Leuten entspann sich nämlich oft ein Liebesverhältnis, und nach sechsmonatiger Trennung war die Sehnsucht verständlich. Endlich waren sie da. Selbst wenn es die gleichen wie im vergangenen Jahr waren, erkannten wir sie kaum wieder, so mager und blaß sahen sie aus; kaum daß sie sich auf den Füßen halten konnten. Man mußte sie wieder richtig herausfüttern und zu Kräften bringen. Der Güterverwaltung war es gleich, denn es war bekannt, daß gerade aus solchen die tüchtigsten Arbeiter wurden. Sie erbaten sich ihren Anteil an Produkten sofort im voraus für den ersten Monat und sandten ihn durch einen eigens dazu mitgekommenen Mann in große Bündel gepackt nach Hause. Am nächsten Tag erbaten sie sich auch den Anteil für den zweiten Monat. Für die Beamten war das nichts Neues, denn es wiederholte sich Jahr für Jahr. Sie lächelten nur. Die Arbeiter erhielten zwei Tage frei, um ihre Quartiere einzurichten. Während dieser Zeit aßen sie ununterbrochen. Wie sie ihr Leben den langen Winter hindurch fristen konnten, war ein Rätsel.

Die Quartiere waren geräumige Viehstallungen. Es kam zwar hier und dort vor, daß halb in die Erde gegrabene kellerartige Behausungen mit gemeinschaftlichen Holzliegestätten an der Längswand errichtet wurden. Im allgemeinen aber wurden Saisonarbeiter in Stallungen untergebracht. Entlang der Krippe, so wie im Winter die Ochsen standen, bauten sich die Arbeiter ihre Schlafgelegenheiten auf. Vier Pflöcke wurden in den Boden getrieben, darauf kreuz und quer Äste gelegt, darüber eine Schicht Stroh, eine Decke, und fertig war das Lager. Die kleinen Stallfenster ließen wenig Luft ein, von Heizung war keine Rede, Waschgelegenheiten fehlten. Somit widersprach die Unterkunft in allem dem Absatz 7 der gesetzlichen Vorschriften des Arbeitsvertrages. Hier hieß es wörtlich: »Der Arbeitgeber ist verpflichtet, den Arbeitnehmern anständige, hygienische, den allgemein anerkannten Gesetzen der Sittlichkeit entsprechende, dem Geschlecht nach getrennte, bei kaltem Wetter heizbare Unterkünfte zur Verfügung zu stellen, in denen Gelegenheit geboten ist, sich nach der Arbeit richtig zu säubern. Das für die Lagerstätte benutzte Stroh ist bei Bedarf zu wechseln. Stallungen und Remisen sind ohne entsprechende Umbauarbeiten nicht als Arbeiterunterkünfte zu benutzen.« Die räumliche Trennung der Geschlechter war theoretisch durchgeführt. An beiden Seiten des Stalleinganges waren meist kleine Holztafeln mit den Aufschriften »Männer«, »Frauen« und richtungweisenden Pfeilen angebracht. Da jedoch der größte Teil der Männer und Frauen gleichzeitig Ehepaare waren, bezogen sie nebeneinander gelegene Schlafstellen oder schliefen zusammen. Meist nahmen sie auch die Kinder zu sich, so daß die ganze Familie beisammen war. Die gesetzlich vorgeschriebenen drei Meter Entfernung zwischen den einzelnen Schlafgelegenheiten konnten wegen Platzmangel gar nicht eingehalten werden. Die Burschen und Mädchen ohne Familienangehörige schliefen getrennt. »Im Krieg wäre ich dankbar gewesen für ein so gutes Quartier«, sagte ein Inspektor, nachdem er die Erklärung abgegeben hatte, die Güterverwaltung sei nicht in der Lage, für bessere Unterkunft zu sorgen. »Soll ich vielleicht ein Hotel bauen?« fragte er. »Im Sommer ist es gut genug.«

Gibt es überhaupt eine letzte, tiefste Stufe des Elends, von der herab man ohne Mitleid nach unten blicken kann? Das Gesinde war jedenfalls diesen aus weiter Ferne gekommenen Saisonarbeitern gegenüber voll Mitgefühl. Sie betrachteten die Neuangekommenen kopfschüttelnd und bemühten sich zu helfen. Sie halfen ihnen, sich Stroh zu verschaffen, wuschen für sie, liehen ihnen Decken. Sie baten die Leute sogar zu Gast. »Also Sandor, du ißt wieder nicht zu Abend?« fragte ein Inspektor, als der eine Arbeiter nicht am Gemeinschaftsessen teilnahm. »Ich habe schon bei den Szabos gegessen.« Der Kutscher Szabo mit seiner Familie von sieben kleinen Kindern war so bettelarm, daß man dort, wie das Sprichwort sagt, den Kochtopf noch von außen ableckte. Was aß der Sandor bei ihnen zu Abend? Es gibt auf dieser Welt unerklärliche Dinge.

Die Fremden wurden als Mitglieder einer großen Familie angesehen. Die Gesindefrauen erzählten, ihr eigenes Leben vergessend, haarsträubende Geschichten von der Sittenverderbnis der Frauen und vor allem der Mädchen der Saisonarbeiter. Wir Jungen liehen diesen verleumderischen Beschuldigungen ein williges Ohr. Unwillkürlich erwartete ich, diese fremden Leute seien anders als wir, und glaubte alles. Bald wurde es mir klar, welch himmelhohen Unterschied es schon zwischen zwei Dörfern geben konnte, wie schwer es war, sich von einem Bezirk ein umfassendes Bild zu machen, und wie sich das Verhalten einer Gemeinschaft je nach der Umwelt, in die sie verpflanzt wurde, von einem Jahr zum anderen veränderte.

Die aus einer bestimmten Gegend Nordungarns Stammenden, wo die Männer hohe Hüte tragen und die Frauen ihre Röcke hoch unter dem Busen binden, nannten wir zusammenfassend »Die aus Kövesd«, auch wenn sie nur aus der Gegend von Mezökövesd (weltberühmt für seine prunkvollen Volkstrachten. Anm. d. Üb.) kamen. Die Leute aus Kövesd waren ausnahmslos fleißige, geschickte, gute und anspruchslose Arbeiter. Nun gab es eine Gruppe aus R., über die man Wunder erzählen könnte. Ein Pfiff genügte, um die Mädchen zum Tanz zu bringen, ein Anlächeln zu einem Spaziergang im Dunkeln. Die jungen Leute schliefen in warmen Sommernächten gruppenweise in den Heuschobern beisammen, und bis in die frühen Morgenstunden konnte man ihr frohes Lachen, Kreischen und Singen hören. Die Burschen der Puszta behielten sie daher in bester Erinnerung.

Im darauffolgenden Jahr kam eine Gruppe aus H. Sie wurden, nach ihren Vorgängern, in froher Stimmung erwartet. Die Enttäuschung war groß. Eiskalte Ablehnung war die Antwort. Die Mädchen gingen erhobenen Hauptes, gerade vor sich hinblickend umher, und die Ohrfeigen flogen ihnen aus den Händen wie die Spatzen aus den Maisfeldern. Sie lebten wie eine große Familie und duldeten kein fremdes Eindringen in ihren Kreis. Später kamen die alten, guten Tänzer wieder, doch waren sie wie ausgewechselt – nicht mehr zu erkennen. Als ob das Wesen eines einzigen Menschen diese Gruppe beseelt und ausgerichtet hätte. Ein militärischer Anführer oder aber ein ernster Alter drückte dem Verhalten der kleinen Gemeinschaft seinen Stempel auf. Es herrschte harte Zucht und würdige Abgeschlossenheit. Wenn dagegen einen Sommer lang ein fröhliches Mädchen oder ein Bursche die Führung innehatte, dann wurde die Gruppe wie ein großes Faß Wein durch ein Quentchen Hefe verwandelt. Schon beim Einzug der Leute, gleich in den ersten Stunden, konnte man feststellen, wes Geistes Kind sie waren.

Zu uns kam nur ein einziges Mal eine Gruppe, welche die Klatschereien der Gesindefrauen berechtigte. Sie kamen, besser gesagt wankten eher aus dem Vas und Zalaer Komitat an, denn schon am Tage ihrer Ankunft waren alle, Männer wie Frauen, betrunken. Mit heiligem Entsetzen starrten wir sie an. Denn bei uns konnte eine Frau wohl trinken, aber eine betrunkene Frau wurde strenger verurteilt als eine, die sich für Geld hergab. Sie waren struppig und schmutzig, die Männer zerlumpt wie Zigeuner. Sie bereiteten sich keine Lagerstätten, sondern legten sich wie Tiere auf dem bloßen Boden hin. Ich weiß, daß man aus der Sprache der Bauernmädchen nicht auf ihre Moral schließen kann, denn sie sprechen die obszönsten Worte ohne jede Regung der Scham selbst vor Burschen aus. Die Ausdrucksweise dieser Leute aus Zala aber übertraf alles Dagewesene. Sie rauften und liebten sich Tag und Nacht. Für sie war die Liebe wahrlich kein Trost, roh und schamlos paarten sie sich in aller Öffentlichkeit. Der Aufseher gab ihnen bei Morgengrauen durch Anruf ein Zeichen und versetzte erst der Tür einen Fußtritt, ehe er sie öffnete, um sich den zu erwartenden Anblick zu ersparen. Selbst die Pusztabewohner wollten nichts mit ihnen zu tun haben. Sie waren voller Ungeziefer und angeblich auch alle geschlechtskrank. Es war ein Wunder, daß sie noch halbe Arbeit leisten konnten, viel taugten sie jedenfalls nicht. Die Frauen und Mädchen wurden eine nach der anderen schwanger, und an höchster Stelle hieß es, sie würden es nur, um sich vor der schwersten Arbeit zu drücken. Um ein Haar entließ die Güterverwaltung den jungen Inspektor, der sie angeworben hatte.

Die Leute aus Kövesd waren sauber. Sie übertrafen die Pusztabewohner nicht nur an Reinlichkeit und Arbeitsfreude, sondern auch an Freundlichkeit und Höflichkeit. Sie waren für jede Hilfe dankbar und verstanden ihrer Dankbarkeit auch einen entsprechenden Ausdruck zu verleihen. Sie brachten im Frühling Geschenke mit: den Kindern ein kleines Spielzeug, den Frauen ein gesticktes Tuch. Bei uns war es nicht üblich, sich für eine Wohltat zu bedanken. Dagegen brauchte meine Mutter einem Kind der Leute aus Kövesd nur ein Bröckchen Fladen zu schenken, so erschienen schon am selben Abend die Eltern, um sich feierlichst zu bedanken. Ich hob meinen Blick voller Achtung zu ihnen auf, suchte mich mit ihnen zu befreunden und witterte ein Geheimnis, das ich gern erforscht hätte. Später, in meinen Flegeljahren, als ich meiner Neugierde einen klangvollen Namen gab, nämlich, daß ich ihre Gebräuche »studierte«, verbrachte ich manche Nacht bei ihnen in den Stallungen.

Ich erfuhr nichts Außergewöhnliches. Sie wußten, wer ich war, fühlten die Sympathie, die mich zu ihnen hinzog, und statt zu sprechen, ließen sie mich erzählen. Damals überwältigte mich vielleicht zum erstenmal in meinem Leben die Wonne des persönlichen Gedankenaustausches. Von einem unvergeßlichen Glücksgefühl durchdrungen sprach ich, wie ich glaube, manchmal sogar mit Tränen in den Augen über alles, wonach ich gefragt wurde oder was mir eben einfiel. In dreimaliger Sitzung erzählte ich ihnen den Inhalt eines Romans, den ich gerade las.

Ich besuchte auch die Nachbarpusztas. Am Abend nach meiner Ankunft logierte mich der Aufseher nach im voraus festgelegtem Plan wie einen Wanderburschen bei den dortigen Arbeitern ein, die ebenfalls aus Kövesd waren. Sie nahmen mich freundlich auf, doch konnte ich auch hier meine Erfahrungen nicht besonders bereichern. Die Männer unterhielten sich eine Zeitlang ziemlich ungezwungen, dann schliefen sie ein, und zwischen dem Auf und Nieder ihrer Schnarchtöne hörte ich noch lange die Stimmen der schwatzenden Mädchen. Was die Burschen mir über die Mädchen erzählten, unterschied sich wenig von dem, was ich über die Mädchen der Puszta wußte. Natürlich wurden auch die vereinzelt vorkommenden Vertraulichkeiten, die sich Aufseher und Inspektoren den Saisonarbeitermädchen gegenüber erlaubten, erwähnt. Gelegentlich eines solchen Ausfluges war ich der zufällige Zeuge eines Auftrittes, bei dem ein Mädchen einen jungen Aufseher so abfertigte, daß er sich wie ein begossener Pudel aus dem Staube machte. Das Mädchen, eine dralle kleine Person von kaum 16 Jahren, wies mit Zornesröte im Gesicht den plumpen Annäherungsversuch mit Ausdrücken zurück, die selbst mich zur Abkehr von der Szene veranlaßten. Die männlichen Mitglieder der Bande hörten dem Gekeif schmunzelnd und ohne sich einzumischen zu, wie sie sich auch vorher bei den Gesten und Worten des Aufsehers nicht eingemischt hatten. Auch der Aufseher schwieg, obwohl er zu den besonders Strengen seiner Zunft gehörte.

In diesen Banden, selbst in den anscheinend zuchtlosesten, steckte etwas von der Zähigkeit und der notgeborenen Organisation der Goldgräber oder Freischärler, vielleicht weil sie sich wie in fremdes Land verpflanzt fühlten. Uneinigkeiten innerhalb ihres Kreises gehörten zu den allergrößten Seltenheiten. Nach dem Wortlaut des Vertrages waren sie verpflichtet, den Anordnungen der Gutsbeamten zu folgen. Richtige Arbeit leisteten sie jedoch nur unter der Anleitung ihres Anführers. Sie erhielten von der Gutsverwaltung als Entgelt monatlich 7 bis 10 Pengö Bargeld, 120 kg Weizen, 20 kg Brotmehl, 10 kg feines Weizenmehl, 3,5 kg Speck, 1,5 kg Schweinefett, 3 kg Weißbohnen, 12 kg Kartoffeln, 1 kg Salz, 3 kg eingepökeltes oder frisches Fleisch, 1 Liter Essig und 30 Heller Gewürzgeld. Die Mahlzeiten aus diesen Zuteilungen mußten sie sich selbst zubereiten; sie trachteten, sich soviel wie nur möglich abzusparen, denn zu Hause warteten die hungrigen Kinderscharen sehnsüchtig auf Lebensmittelsendungen. Je weniger sie verzehrten, desto mehr konnten sie heimschicken. Es wurde gemeinschaftlich gespart. Das am Ersten jeden Monats erhaltene Mehl, Schweinefett und die weißen Bohnen wurden von der Köchin, die meist die Frau des Anführers war, im Gesamten verwaltet. Obwohl die Leute bei der tagtäglichen schweren Arbeit gut das Doppelte ihrer Rationen hätten verzehren können, erging an die Köchin der strenge Befehl, beispielsweise mit der Hälfte des Fettes auszukommen.

Am Sonntag aßen sie nur zu Mittag, beim Brot erfanden sie ein geschicktes Sparsystem. Den zugeteilten Mehl- und Kartoffelmengen entsprechend, hatte jeder täglich Anspruch auf einen halben Laib Brot. Wer mit weniger auskam, erhielt statt Brot ein Holzplättchen mit dem Namenszug des Anführers. Diese Plättchen wurden dann später von der Köchin gleich Geld für die entsprechende Menge Mehl oder Kartoffeln in Zahlung genommen. Ewige Verbannung wäre nach ihrem eigenen Gesetz die Strafe für die Fälschung der Plättchen gewesen; es kam aber niemandem in den Sinn, so etwas zu machen. Sie sparten sich ihr »Kapital« buchstäblich vom Munde ab; es gab solche, die sich auf diese Weise drei bis vier Brote erhungerten. Speck wurde verteilt und in freiem Wettbewerb gespart. Die über den Schlafstätten am Nagel hängenden Stücke zeigten dann den Sieger an. Sie ernährten sich fast ausschließlich von Suppen. Montag, Dienstag, Donnerstag, Samstag und Sonntag gab es zu Mittag je einen Teller »Fleischsuppe«, die für 38 Personen aus 5 Kilogramm Fleisch zubereitet war. Mittwoch und Freitag waren die Tage der weißen Bohnensuppe nebst »Pogacsas« (eine Art kleiner, runder, gesalzener Kuchen. Anm. d. Übers.). Abends gab es täglich wiederum Bohnensuppe; am Freitag dagegen Kartoffelsuppe, und am Sonntag, wie schon gesagt, nichts. Ihrem Wunsche entsprechend wurde vertraglich vereinbart, daß die Verwaltung vom Bargeld den Männern höchstens 3 Pengö und den Frauen 2 Pengö auszahlen sollte; daß ferner der Weizen vollständig in ihre Heimat zu liefern sei.

Die Arbeitszeit währte wie üblich von Sonnenaufgang bis Einbruch der Dunkelheit mit je einer halbstündigen Pause vor- und nachmittags, einer anderthalbstündigen mittags. Man teilte die Bandenmitglieder zu Arbeiten ein, die sie ohne Beihilfe von Tieren verrichten konnten. Sie arbeiteten in den Zuckerrübenfeldern, hackten, schnitten Futter oder machten Heu. Die Ernte dagegen wurde von den Erntearbeitern eingebracht.

So nahmen sie nach fünf- bis sechsmonatiger schwerer Arbeit fünf bis sechs Doppelzentner Weizen mit, 40 Pengö Bargeld und ersparte Lebensmittel für ungefähr 20 Pengö, wenn sie – entgegen ihrem Vorsatz – ihre Vorräte nicht schon vorher nach Hause geschickt hatten. Davon fristeten sie den Winter hindurch ihr Leben, wenn die Zuhausegebliebenen nicht schon im Sommer die Wintervorräte verbraucht hatten.

Zu gleicher Zeit mit den Leuten aus Kövesd erschienen auch die Erntearbeiter. Sie kamen aus den Dörfern der Umgebung. Wir kannten sie gut, da sie uns im Sommer öfters besuchten, um etwas Mehl zu borgen. Ihre Arbeit auf den Gütern war die gleiche wie die ihrer als Leibeigene im Frondienst tätig gewesenen Ahnen. Die Leibeigenen erhielten für ihre Leistungen wenigstens das Recht, ihre Felder für eigene Zwecke zu bebauen, die Erntearbeiter erhalten heutzutage viel weniger.

Die Güterverwaltungen pflügten überall mit Dampfpflügen, säten mit Sämaschinen, und auch das Ausdreschen erfolgte maschinell. Nur das Schneiden der Ernte wurde im ganzen Land wie vor Jahrhunderten als Handarbeit mit Sichel und Sense besorgt. Ende des vergangenen Jahrhunderts tauchten zwar auch die Erntemaschinen auf, welche die Arbeit wirtschaftlicher, schneller und gründlicher besorgten, wie das von jeder anderen landwirtschaftlichen Maschine gilt. Eine einzige Erntemaschine erledigte die Arbeit einer ganzen Schnittergruppe in der halben Zeit. Die Gutsverwaltungen kauften selbstverständlich sofort die Erntemaschinen und erzielten ausgezeichnete Resultate. Von einem Sommer zum anderen wurde die gesamte Erntearbeiterschaft des Landes arbeitslos. Dies geschah im denkbar ungünstigsten Augenblick, denn man lebte in der Zeit der großen Lohnstreiks der Erntearbeiter, bei deren Unterdrückung sich die Regierung nicht einmal vor Gewehrsalven scheute. Das Militär wurde aber umsonst aufgeboten, ebenso wie die ruthenischen und slowakischen Feldarbeiter Oberungarns, die auf staatlichen Gütern versammelt und unter militärischer Bedeckung in Hundertschaften nach den »gefährdeten Stellen« gesandt wurden, wo die ungarischen Erntearbeiter die Erhöhung ihres Gesamtlohnes um nur einen halben Zentner Weizen forderten. Umsonst wurde das skandalöse Gesetz gegen die Erntearbeiterstreiks in Kraft gesetzt, nach welchem jedermann nach freiem Entschluß die Arbeit niederlegen konnte, nur nicht der ungarische Schnitter, den man mit Kugeln und Bajonetten zur Arbeit zwingen durfte, weil die Körner aus den Ähren fielen ... Die Streikbewegung griff immer mehr um sich. Unter dem Zwang der Verhältnisse entschloß sich der Großgrundbesitz zum Entgegenkommen, die bescheidenen Forderungen der Streikenden wurden erfüllt, ja, um die Gemüter auch für die Zukunft zu beruhigen, die Erntemaschinen wieder stillgelegt. Dies ist die Geschichte, warum auch heute noch Ungarn zu den wenigen ackerbautreibenden Völkern gehört, die entgegen den Prinzipien der modernen landwirtschaftlichen Methoden, soweit ich weiß, keine einzige Erntemaschine in Betrieb haben. Als Kind sah ich noch einige in der Racegreser Maschinenremise rosten – sie warteten als Alteisen auf die Verschrottung.

Die Erntearbeiter traten ebenfalls in Gruppen an. Sie erhielten je Paar ungefähr den Ertrag von 7 Joch, indem der zehnte Teil der geernteten Saat ihnen gehörte. Die Erntearbeiter schnitten das Getreide und kehrten mit einem zehntel – früher einem neuntel – Anteil nach Hause zurück. Allmählich wurde dieser Anteil immer kleiner. Es gab Zeiten und Gegenden, in denen die Ernte für den elften, zwölften, ja dreizehnten Teil besorgt wurde. Der sich stetig vermindernde Lohn rief, sogar bei den Gutsbesitzern von humaner Einstellung, allgemeine Unzufriedenheit und Empörung hervor. Den Pächtern war es zu verdanken, daß eine neuartige Methode der Lohnherabsetzung erfunden wurde, und zwar in verschiedenen Formen.

So blieb in Westungarn überall das Zehntel; nur mußte mehr Arbeit geleistet werden. Die Erntearbeiter erschienen, in Gruppen organisiert, schon im Frühjahr auf der Puszta. Sie wurden vertraglich verpflichtet, außer der Getreideernte bis spät in den Herbst hinein allerhand »Nebenarbeiten« zu leisten. Um als Erntearbeiter eingestellt zu werden, waren sie zu allem bereit. Einen Teil dieser »Nebenarbeiten« verrichteten sie sozusagen umsonst, denn sie verdienten dafür noch nicht ihr tägliches Brot, ja nicht einmal die Abnutzung ihrer Werkzeuge. Um nur ein Beispiel anzuführen: sie schnitten den Hanf. Dies war die schwerste landwirtschaftliche Arbeit, die es überhaupt gab. Das Ernten eines Joches Hanf nahm die Arbeit von 16 Tagen in Anspruch. Nach dem Vertrag erhielt die Gruppe für den Schnitt eines Joches Hanf 70 kg Roggen. In Geldwert umgerechnet erhielt also ein Mann für eine von frühmorgens bis spätabends dauernde, besonders schwere Arbeit im Tag 40 bis 42 Filler. Denn selbstverständlich waren sie ebenso verpflichtet, von »Sonnenaufgang bis Sonnenuntergang« zu arbeiten.

Sie pflückten die Bohnen und Erbsen, brachen den Mais, klaubten die Kartoffeln auf, mähten die Wiesen und die Lupinenfelder. Sie arbeiteten in den Rübenfeldern, angefangen vom Auslesen bis zur Abwiegung der Ernte. Sie droschen. Für die Drescharbeit, das Einsacken des Getreides und das Aufstellen der Strohmieten erhielten sie 3 bis 3,5 Prozent des ausgedroschenen Getreides. Der Drusch nahm 18 bis 20 Tage, die Arbeiten im Rübenfeld 30 Tage, kleinere Schnitterarbeiten 50 Tage in Anspruch. Der Wert des so verdienten Getreides betrug für das Paar ungefähr 300 bis 350 Pengö. Der Erntearbeiter zahlte seiner mitgebrachten Helferin 300 bis 350 kg Weizen. Seine Frau, die für ihn kochte und mit dem Mittagessen von zu Hause oft 4 bis 5 Stunden bis zur Puszta gehen mußte, war im Grunde genommen auch eine Helferin bei seiner Arbeit. Denn die Erntearbeiter hatten sich selber zu verpflegen und sollten eigentlich daheim schlafen, da die Güterverwaltung keine Unterkünfte zur Verfügung stellte. Sie gingen aber nicht heim, sondern verbrachten die Nacht im Schutz eines Heuschobers, bei kühler oder regnerischer Witterung unter einem Leiterwagen, in den Remisen oder in den Stallungen.

Erntearbeiter sangen nicht, besonders nicht beim Schnitt. Wer von singenden Schnittern spricht, der lügt. Beim Mähen kann man so wenig singen wie beim Seilklettern. Beim Wechseln von einem Feld zum anderen hätten sie schon singen können, aber niemand tat es. Sie wischten sich lieber den Schweiß vom Gesicht und husteten den eingeatmeten Staub wieder aus der Lunge. Am Schluß der Ernte wurde hie und da gesungen, doch nur wenn sie Wein bekamen, und das war selten.

Es gab eigentlich nur eine einzige Erntevolkssitte. Aus den ersten geschnittenen Halmen wurde ein Seil gedreht, und damit fesselte man die Hände des Verwalters. Was war der tiefere Sinn dieser Handlung, die zur allgemeinen Freude der Anwesenden vorgenommen wurde? Die Sitte besteht auch heute noch, aber mit dem Unterschied, daß man nur mehr ein paar Ähren an dem Arm des Verwalters befestigt.

Nach Racegres kamen auch einfache Tagelöhner, die in Saisonarbeiterbanden keinen Platz gefunden hatten. Sie wohnten ebenfalls in den Dörfern der Umgegend, deren Einwohner mehr und mehr vom Bodenbesitz entblößt wurden. Unter ihnen gab es siebzig Jahre alte Greise, die bei der Aufnahme mit rührendem Schauspielertum ihre Brust stramm herausdrückten, und kleine Mädchen von zehn Jahren, bei denen die geschulterte Hacke wie ein Ladebaum wirkte. Wann standen diese Menschen auf, daß sie bei Sonnenaufgang schon mit der Arbeit anfangen konnten? Denn auf der Puszta konnten sie ebenfalls nicht übernachten. Die Puszta sog in der Früh die Menschen ein und spie sie am Abend wieder aus, gleich einer großen Fabrik. Der Lohn änderte sich oft wöchentlich. Im Herbst war er niedriger als im Sommer, im Winter niedriger als im Herbst und geradezu mit eiserner Gesetzmäßigkeit immer weniger als im vergangenen Jahr. Dabei zogen die Preise an. »Diese Teuerung, diese Teuerung!« hörte ich nur zu oft von allen Seiten in meiner Kindheit. Die Männer verdienten durchschnittlich 1 Pengö 30 Filler und die Frauen 90 Filler. Sie arbeiteten einen Monat lang, um sich ein Paar Schuhe kaufen zu können.

Zwischen den Tagelöhnern und den Saisonarbeitern fanden sich noch einzelne, die ein kleines Feld besaßen, gewissermaßen als Andenken an das durch dauernde Teilung in kleinste Parzellen zerstückelte Gut. Krampfhaft klammerten sie sich daran, wie an ein teures Familienandenken. Man konnte ihnen diese armseligen kleinen Parzellen nur mit Gewaltmaßnahmen wegnehmen. Sie waren stolz auf ihren Besitz, jedoch voll bitterer Klagen. Sie sprachen von ihrem zwischen den Großgütern eingekeilten Heimatdorf wie von einem drückenden Stiefel. Sie quälten sich ab und prahlten doch damit. »Ihr habt es gut«, sagten sie zum Gesinde, »ihr braucht euch nicht um das tägliche Brot und die Steuern zu kümmern.« Das lokale Gesprächsthema, ob es dem Gesinde der Puszta oder den Häuslern und Kleinbauern der Dörfer besser gehe, gewann allmählich immer mehr Bedeutung, vor allem bei den sogenannten zuständigen Stellen. Hier lag die Betonung allerdings darauf, wem es weniger schlecht gehe, wenngleich sie wußten, es könne sich nur um unmerkliche Unterschiede handeln. Die Dorfbewohner waren zwar die lauter Klagenden, hätten aber doch nie mit den Pusztabewohnern getauscht. Das Gesinde hörte sich das Lob seines Schicksals verblüfft an, der Gang der Welt schien ihm immer weniger verständlich.

Es gab bei uns noch sogenannte »Ganyok«, Tabakpflanzer, einen eigentümlichen, geheimnisvollen Menschenschlag, der selbst von der Pusztagemeinschaft ausgeschlossen blieb. Sie waren die Bohemiens der Gegend, aber auch ihre Parias. Ihre Beschäftigung erforderte bestimmte Fachkenntnisse und noch dazu Lebensverachtung. Mit dem Beruf erbten sie auch den Keim der Krankheit, sie waren gelb und trocken wie die Pflanzen, die in langen Girlanden die Vordächer und die Decken ihrer Zimmer schmückten, in denen sie noch enger als das Gesinde zusammengepfercht hausten. Bei der Arbeit halfen schon die Kinder vom vierten Lebensjahr an mit, und selbst die Bettlägerigen hefteten noch mit der langen Ahle die Tabakblätter aneinander. Sie arbeiteten schwer, führten aber daneben, der öffentlichen Meinung ein Schnippchen schlagend, ein fideles Leben, tranken, sangen und liebten sich mit einer geradezu verblüffenden Ungeniertheit. Man mied sie vor allem ihres unsittlichen Lebenswandels und ihrer Undiszipliniertheit wegen. Die hageren, kleinen Burschen mit ihren blitzenden Augen hielten sich, wie ein Rudel Wölfe, auch bei den Kirchweihfesten abgesondert. Ihre Mädchen waren liebenswürdig, vielleicht zu liebenswürdig – arme Carmens Westungarns! »Er verkehrte mit den Ganyok!« besiegelte den Ruf eines Burschen selbst dann noch, als die Ganyok längst aus der Gegend verschwunden waren. Bei uns lebte noch eine Gruppe in ungefähr zehn Kilometer Entfernung. Unsere Burschen besuchten sie an Samstagabenden und nahmen ein Säckchen Mehl oder einige Maiskolben als Gaben mit. Zurückgekehrt, erzählten sie von den Orgien, an denen die ganze Niederlassung teilnahm.

Das große Ereignis in der Wüstenei des Alltags, der alles aufwühlende festliche Wendetag des Jahres, war der Vorabend von Allerheiligen, der 31. Oktober. Dies war der Tag, an dem die Gutsverwaltung dem Gesinde verkündete, wer weiterdienen konnte und wer zu Neujahr entlassen würde. Am gleichen Tag wurden auch die neuen Leute verpflichtet. Es war der Tag des »Appells«, mit dem Galgenhumor der Puszta der Tag des Hosenbodenzitterns genannt. Der Termin des Umzugs wurde später gesetzlich auf den 1. April verlegt, da die schlechten winterlichen Wegeverhältnisse den Transport zu sehr erschwerten.

Frühmorgens versammelte sich, nach Rangstufen geordnet, frisch rasiert und im Sonntagsanzug, ein Espenwald von zitternden Seelen vor der Verwaltungskanzlei. Vorne standen die Handwerker: unter Führung des Obermaschinisten die Schmiede und Heizer; dann der Wagner mit seinen Gehilfen; weiter die Herrschaftskutscher, der Beschließer, die Aufseher der Kutscher und Ochsentreiber, ein jeder mit seiner Gefolgschaft, dann die Schäfer, Rinder- und Pferdehirten, die Wächter, die Schweinehirten, und ganz zuletzt der Schweinehirt, der die Herde des Gesindes hütete und dessen Deputat von den Bezügen der Dienstleute abgezogen wurde. Wie bei jeder Truppenschau herrschte auch hier Stille. Wer konnte wissen, was ihm die nächsten Stunden bringen würden? Die Männer traten blaß, als gelte es einen Zweikampf, in die Kanzlei ein, zuweilen hörte man einen Klagelaut, wenn jemand um Erbarmen flehte.

Zuerst traten die Aufseher vor die Allmächtigen, und wenn sie die Prüfung heil überstanden hatten, stellten sie sich sofort auf die Seite der Richter und nahmen in den meisten Fällen als Ankläger an der Überprüfung ihrer Untergebenen teil.

Das Auftreten der Dienstleute war kurz wie jede dramatische Szene. Der Dialog begann nach althergebrachter Sitte mit folgendem Satz: »Wenn ich und meine Ehre gefallen, so ist es meine Absicht zu bleiben.« Der Dienstbote stand dabei in strammer Haltung vor einem langen Tisch, hinter dem wie ein Gerichtshof die Verwaltungsbeamten Platz genommen hatten, an ihrer Spitze der Domänendirektor, der meist eigens für diese Gelegenheit auf der

Puszta erschien. Die Beamten berieten sich kurz, jeder sagte seine Meinung, ob gut oder schlecht. Dann erhielt der Angestellte Ratschläge und Ermahnungen für die Zukunft, die er leichten Herzens anhörte, da er nun schon wußte, daß sein Bleiben gesichert war. Lob war aus pädagogischen Gründen nicht üblich.

Wem aber stillschweigend das Dienstbuch überreicht wurde, dessen Schicksal war besiegelt. Die Geste sagte alles. Da gab es auch keine herkömmliche Redewendung als Antwort, und das seinem Schicksal überlassene Opfer blickte mit bebenden Lippen, nach Worten suchend, verlegen zu Boden. »Ich habe sieben Kinder, Euer Wohlgeboren«, stammelte er endlich. Keine Antwort. Höchstens, daß ihm der Aufseher, der gleich einem Gefängniswärter doch noch eine Art von Gemeinschaftssinn besaß, sagte: »Warum hast du dich nicht anständig benommen?« Der Delinquent wiederholte noch ein paarmal seine Einwendungen und wandte sich dann, nach einer energischen Aufforderung, jammernd, wortlos oder mit einem unterdrückten Fluch zur Türe. Seine Haltung war, wie auf der Richtstätte, von seinem Nervenzustand abhängig. Der Entlassene begab sich sofort auf Stellungssuche nach den Pusztas der Umgebung. Was geschah, wenn er keine fand? Das weiß selbst der Autor nicht. Vielleicht löste er sich in Luft auf – jedenfalls verschwand er von der Puszta.

Dann kamen die Neuangeworbenen, die ihr Dienstbuch ihrer alten Stelle schon am Tag vorher abverlangt hatten. Im Dienstbuch war kein Raum für die Charakterisierung des Dienstboten enthalten. Die Gutsverwaltungen verständigten sich aber untereinander durch gewisse Geheimzeichen in den Dienstbüchern über unerwünschte Elemente. Wenn zum Beispiel vor dem Namen ein Gedankenstrich stand, so bedeutete das, daß der Betreffende gern raufte. War aber der Name unterstrichen, so war seine Anstellung unerwünscht. Noch tagelang sprachen Stellungsuchende in der Kanzlei wegen Neuanstellung vor.

Die Unruhe, die sich der Puszta angesichts des »Appells« schon Wochen vorher bemächtigte, ergriff auch unser Haus. Mein Vater bereitete sich schon seit Jahren auf einen Stellungswechsel vor. Im Herbst, nach Beendigung der großen Arbeiten, wenn die Männer wieder zu Hause schliefen und sich alles zusammendrängte, wurde er, gleich den Zugvögeln, von einem eigentümlichen Wandertrieb befallen. Nirgends fand er seinen Platz. Er sprach abends über phantastische Pläne, und fast jeden Sonntag erbat er sich einen freien Tag von der Gutsverwaltung. Dann besuchte er Verwandte und Bekannte und nahm manchmal auch uns mit. Erkundigte er sich vielleicht nach einer besseren Stellung? Man könnte es nicht behaupten. Bei den Schwägern und zahllosen Gevattern verkündete er mit stolzer und selbstsicherer Stimme, wie sehr man ihn schätzte und wie gut es ihm gehe; an Feiertagen, wenn seine Hand sauber sei, würden ihm selbst die Inspektoren die Hand reichen. Denn er ... strahlend hörte ich seinen Worten zu, selbst zu der Zeit, als ich die Übertreibungen schon begriff. In der Tiefe meiner Seele gab ich ihm recht und war bestrebt, seine freudige Genugtuung durch eigene Beiträge auch noch zu unterstützen. Im Grunde genommen übertrieb er nicht, er war nur unfähig, sich zu beklagen. Es war seine Selbstabwehr gegen die Sintflut des Jammers und der Seufzer. Wenn er dennoch genötigt war, über seine Schwierigkeiten zu sprechen, so tat er es errötend, stammelnd, verlegen lachend und sprudelte endlich, die Augen abgewandt, seine ganze Herzenslast in einem Atemzug heraus, gleich im nächsten Satz nicht sich selber, sondern den Zuhörer, der mit bedauerndem Gesichtsausdruck dastand, tröstend. Die Ausflüge führten zu nichts. Eines Tages wurde ihm eine Stellung beim Elektrizitätswerk in Szekesfehervar angeboten. Voller Begeisterung machte er sich auf den Weg, mit dem Ergebnis, daß er um ein Haar den dortigen Heizer mitgebracht hätte, da diesem »das Leben auf der Puszta so gut gefiel«.

Die Herrschaften wechselten häufig. Die gräfliche Familie verpachtete die Puszta, nach Ablauf des Pachtvertrages wirtschaftete sie wieder selber, dann kam wieder ein Pächter, und so ging es hin und her, wobei Wagen, Maschinen, Tiere und natürlich auch das Gesinde als genauso zur Puszta gehörig jedesmal mitübernommen wurden.

Die neue Epoche war immer schlechter als die vorhergegangene, wie es meist im Ablauf der Epochen der Fall ist. Unter der Grafenherrschaft behandelte man das Gesinde mit patriarchalischer Grobheit, übersah aber manches, das heißt, man sah ihnen nicht auf die Finger. Die Pächter waren unpersönlich, gemessen und kalt nicht nur im Umgang, sondern auch, wenn sie »Verständnis zeigen sollten«. Ihr Begriff von Disziplin bestand darin, die Schuldigen höflich, aber mit sofortiger Wirksamkeit zu entlassen. Sie hielten den Dienstvertrag Wort für Wort ein, forderten aber vom Gesinde dasselbe. Unter ihrer Herrschaft konnte sich das Gesinde nicht ein Weizenkorn mehr extra »verschaffen«. Es herrschte Ordnung. Die Dienstboten begrüßten stets mit Freuden die Rückkehr des Grafen und begnügten sich – die Wiederkehr der alten guten Zeiten erhoffend – mit einem geringeren Deputat. Beim nächsten Pächter gab es wieder kein »Verdienst so nebenbei«, aber das Deputat blieb gleich. Und das nannte man Fortschritt.

Wer konnte, flüchtete. Die Ochsentreiber richteten mit der Verzweiflung eines Untergehenden den Blick schon jetzt über die Dörfer hinaus – bis zu den Städten. Budapest! In der Phantasie des Gesindes stand dieser Name leuchtend inmitten des fluchbeladenen Morastes der Puszta wie ein Märchenschloß voller Wunder. Immer öfter kam es vor, daß der eine oder andere nach der Militärzeit nicht mehr zu seiner »sicheren« Stellung zurückkehrte. Die Alten, denen es noch rechtzeitig gelang, ihr Schäfchen in Form von einigen Gulden oder einem halben Morgen ins trockene zu bringen, verließen eiligst das sinkende Schiff. Vor allem als bekannt wurde, daß die Herrschaft von Oe. gelegentlich des Auszuges eines ersten Ochsentreibers ein Inventar von seinem Hab und Gut aufnehmen wollte und später sogar einen Prozeß anstrengte mit der logischen Beweisführung, es sei selbst in dreißig Jahren nicht möglich, von der Löhnung den Gegenwert eines kleinen Grundstückes zu ersparen.

Bei einem Wechsel im Pachtverhältnis fingen die Eltern meiner Mutter an zu rechnen und stellten fest, daß ihr Einkommen bei dem vom neuen Pächter angebotenen Deputat das gleiche wäre, als wenn Großvater sich ausschließlich seinen Bienen widmen würde. Damals dienten sie sechsunddreißig Jahre auf der Puszta. Nebenbei hatten sie sich auch etwas erspart, aber bei weitem nicht genug für ein Haus. Eines Morgens verschwand Großmama in ihr Maisfeld und kehrte am Abend mit der Erklärung zurück, man würde sich ein Haus kaufen. »Großmutter hat das Haus aus dem Boden gestampft«, hieß es später spöttisch, doch voll Stolz.

Schon der Plan rief ein Volksfest, eine wahre Revolution in der Familie hervor. Großmutter besuchte nun die umliegenden Dörfer und sah sich mit fachkundigem Blick wenigstens zweihundert Wohnhäuser an. Sie brachte Proben vom Stroh der Dächer, vom Brunnenwasser und von der Gartenerde nach Hause, wie einst die Späher Arpads. (Arpad der Landeroberer, um 860 n. Chr. Anm. d.

Üb.) Alles wurde dann gründlich untersucht und durchgesprochen. Bei zweihundert Bauernhäusern wußten wir, wieviel Geld uns zum Kauf fehlte. Von wo konnte man es beschaffen? Mein Vater schlug eine Anleihe bei seinen Eltern vor. Der Vorschlag wurde glatt abgelehnt. Unsere alten Freunde, die Familie Junkuncz, gab am Ende freiwillig, trotz mehrfacher Zurückweisung, den fehlenden Betrag her.

Großvater wollte in das stille schöne Leibeigenendorf Sarszentlörincz ziehen. Dort hatten wir auch schon ein Haus ausgesucht und öfters besichtigt. Großmutter war es auch recht. Da erkrankte der Mann einer ihrer nach Cece verheirateten Töchter so schwer, daß der Arzt wohl ein langes Siechtum, aber keine Genesung mehr verheißen konnte. Dieses Ereignis brachte trotz der lebhaften Widersprüche Großvaters die Entscheidung. Es war wohl das erstemal in seinem Leben, daß der alte Mann aufbegehrte. Er hatte von den Einwohnern Ceces keine gute Meinung, obwohl er nur einmal gelegentlich eines Jahrmarktes unter ihnen geweilt hatte. Doch genügte ihm selbst diese kurze Zeit, um festzustellen, daß sie eigennützig, gewinnsüchtig und grausam seien. »Was ist denn das für ein Volk, das selbst beim Jahrmarkt nicht singt?« sagte er. Die Einwohner von Cece sangen tatsächlich nicht, denn es tat ihnen leid, selbst ihre Stimme in die Luft zu vergeuden. Doch Großmutter tröstete Großvater mit der Entdeckung, es gebe in Cece einen kleinen Gutsbesitzer mit einer vernachlässigten Imkerei, der ihm gern für etwas Getreide als Gegenleistung die Pflege seiner Bienen überlassen würde. »Die Hälfte des Brotmehls haben wir schon«, war die Nachricht, die sie nach Hause brachte. Zu Neujahr siedelten wir nach Cece um.

Ein Dorf enthüllt durch die Anordnung seiner Straßen und Häuser auf den ersten Blick seine Vergangenheit, so wie die abgenützten Möbel die Geschichte mancher Heime. Von der breiten Hauptstraße zweigten rechts und links saubere kleine Gassen ab. Wer sich aber hineinwagte, konnte allerhand erleben. Die saubere kleine Gasse machte nämlich sehr bald eine gefährliche Biegung, verjüngte sich dann zu einem engen Durchlaß und mündete nach einer weiteren Wendung in eine Sackgasse, an deren Ende ein Tor die Welt verschloß. Der Wanderer befand sich plötzlich im Hof eines Anwesens. Die Einwohner geleiteten ihn durch ein Kartoffelfeld, während die Fortsetzung des Gäßchens wieder wie aus der Vergessenheit auftauchte, einen kleinen Platz bildete, sich erneut zu einem Gäßchen streckte, bis endlich ein Häuschen, des den sich Nähernden argwöhnisch aus den Fenstern anblinzelte, ihm wiederum den Weg verlegte. In Paris fand sich der Fremde leichter zurecht als in Cece. Der Ort Cece war nämlich ursprünglich eine Siedlung freier Kleinadeliger, deren ausgedehnte Grundstücke mit der Zeit durch die Erben aufgeteilt und planlos bebaut worden waren. Wenn die Brüder oder die Schwäger sich gut standen, so bauten sie ihre Häuser mit einander zugewandter Front. Lagen sie dagegen im Streit miteinander, so kehrten die Häuser sich den Rücken. Eine derartige fünfhundert Jahre geübte Städteplanung brachte es mit sich, daß der Nachkomme eines Steppenvolkes nach einem feuchtfröhlichen Schlachtfest und nach stundenlanger Wanderung in der Nacht mit saftigen Flüchen feststellen mußte, daß sein Haus unauffindbar war. In diesem labyrinthartigen, aber eben deshalb warmen und lebenspendenden Haufen zusammengeschachtelter Häuser und Höfe lebten die Nachkommen von drei bis vier calvinischen Familien, die sich, ihrem eigenen Gesetz folgend, immer mehr ausbreiteten. Mit einer bewunderungswürdigen, sturen Beharrlichkeit wurden mit gesundem Appetit die durch Fideikommißbestimmungen nicht geschützten fünfhundert bis tausend Joch der früheren Gutsbesitzer einverleibt, deren Titel, Würden und Wohlleben nur mehr die verfallenen, einst prunkvollen Grabdenkmäler in dem vom Unkraut fast undurchdringlich verwachsenen Friedhof verkündeten. Dieses alte Nest wurde von Miniaturgrundstücken und Küche-Zimmer-Häuschen der von den gräflichen Pusztas Zugezogenen in geziemender Entfernung umgürtet. Schmuck und sauber standen diese Häuschen da, ohne verunstaltenden Stall, rostige Egge oder dampfenden Misthaufen; höchstens daß ein einsames Huhn, an eine Schnur angebunden, im Hof herumstolzierte. Traurig wurde es einem zumute, wenn man über den notdürftigen Maisstengelzaun in dieses Höfchen, in die herkömmliche Ordnung und Sauberkeit der Habenichtse hineinblickte. Hier lebten die Katholiken, die beflissen zuerst Grüßenden, die Armen, bei denen selbst der Wanderzigeuner erst am Rande des Selbstmordes angekommen anklopfte. Dagegen gab es in der unteren Zeile auch wohlhabendere Katholiken, doch hatten sie sich nie mit den Ureinwohnern vermischt. Das Dorf lebte sein Wirtschafts- und Liebesleben in voneinander getrennten Kasten, die sich höchstens gelegentlich einer Tanzunterhaltung in der Scheune des Gasthofes, in der sich einst Petöfi als Schauspieler versuchte, untereinander mischten. Über Petöfi wußten aber die Einwohner von Cece nichts.

Es war bezeichnend für den Unternehmungsgeist von Großmutter, daß sie nicht in den Niederungen des katholischen Dorfteiles, sondern im oberen Teil inmitten der Ureinwohner ein Haus kaufte. Sie brach mit dem Wagemut eines Feldherrn in die Reihen des Feindes ein und setzte sich dort fest. Noch erstaunlicher war es aber, daß ihr Unternehmen Erfolg hatte. Welcher Art die Kämpfe, die sie mit diesen alten, zähen calvinischen Bauernfrauen mit ihren stechenden, schwarzen Augen, die über die nachbarlichen Häuser regierten, auszufechten hatte? Ich weiß es nicht.

Es steht aber fest, daß ihr Ansehen schon nach einem Jahr begründet war. Die salbungsvollen, duckmäuserischen alten Frauen klopften an ihre Tür, um sich Rat zu holen und ihre Ansicht zu hören. Großmutter behandelte sie ein wenig von oben herab. Sie grüßte zwar bei Begegnungen auf der Straße zuerst, ließ sich aber auf keine mit ihrem Wesen unvereinbaren nachbarlichen Klatschereien ein. Zu tun hatte sie immer, noch mehr als auf der Puszta. Das war auch einer der wichtigsten Gründe der Achtung, die sie genoß. Die reichste Bäuerin der Straße, eine geduldige, stille und ihrer Umgebung weit überlegene Frau, entdeckte in ihr bald eine verwandte Seele und trachtete, allerhand von ihr zu lernen. Als Gegenleistung half sie mit etwas Mehl oder Milch aus, denn meine Großeltern hielten in Cece keine Kuh mehr. Bei schwereren Arbeiten außerhalb des Hauses stellte sie den alten Leuten ihre Söhne als Hilfe zur Verfügung.

Ihr erstes richtiges Heim gründeten meine Großeltern eigentlich als Siebzigjährige in Cece. Das Haus war eine vernachlässigte elende kleine Bauernhütte mit halbverrottetem Strohdach, die Lehmwände voller Sprünge. (Fünfzehn Jahre später, im Sterbejahr meines Großvaters, stürzte es ein, als ob es bis dahin eine Ehrensache gewesen wäre, den Fährnissen standzuhalten.) Im Winter versiegte der Brunnen, im Sommer stieg das Wasser bis zum Brunnenkranz. Der Zaun brach am Tage des Einzugs in sich zusammen.

Mein Vater verschaffte von irgendwoher geeignetes Werkzeug, und die Alten fertigten bis zum Frühjahr einen großartigen Drahtzaun an. Das Dach wurde mit Schilf gedeckt. Großvater stellte seine Bienenstöcke auf, legte einen kleinen Weingarten an, und Großmutter schuf einen richtigen Rosengarten mit Lauben. Jetzt stellte es sich heraus, worauf sie sich ihr ganzes Leben lang vorbereitet hatten. Mitten im unwegsamen Dschungel von Schmutz, Staub und Jauchegestank erblühte ein winziger Garten Eden. Die Bauern schauten voller Verwunderung über den vornehmen Drahtzaun (das sich schlangenartig windende Gäßchen lag etwas höher als der Hof) und griffen unwillkürlich an ihre Hüte, wenn sie die Philemon und Baucis erblickten, diese zwei geschäftig umhertrippelnden, zueinander freundlichen Alten, in denen nun, von ihren Kindern wieder allein gelassen, die so lange von Sorgen und Arbeit überschattete, alte Liebe neu zu sprießen schien.

Es war wirklich verwunderlich, wie Großmutter dieses Haus entdeckt hatte, denn selbst nach unserem zehnten Besuch konnten wir es in den vielen Irrgäßchen erst nach Erkundigungen und Wegweisung der Dorfbewohner finden. Kaum schloß ich auf dem Rückweg die Gartentür hinter mir zu, so war ich in diesem Irrgarten der Gäßchen und Höfe verloren und fand meinen Weg nach Hause nur mit der größten Schwierigkeit. Zwar finde ich mich auch heute noch in der Gleichförmigkeit der Bauerndörfer schwer zurecht. Als kleines Kind verirrte ich mich sogar in Neband und rief heulend schon nach dem fünften Haus, während die fremde Welt sich um mich drehte, nach Hilfe.

Großvater beantwortete den Gruß der Bauern, denen er mißtraute, gemessen. Vielleicht lebte in ihm noch die Kindheitserinnerung, sie könnten ihn als nicht vollwertig, als hergelaufenen Dienstboten betrachten. Dabei war das gar nicht der Fall. Was weder vorher noch nachher mit jemandem geschah, wurde mit ihnen wahr: Cece nahm sie auf.

Warum? Ich glaube, vor allem wegen ihrer Religion. Das Gesinde war nämlich in dieser Gegend durchweg katholisch. In Cece, bei den zu Bauern umgewandelten und gesund verjüngten calvinischen Landadeligen, bedeutete das Katholische nicht nur eine Religion, sondern auch eine Gesellschaftsschicht, noch besser gesagt, eine Kaste. Nun waren Großvater und Großmutter Calvinisten, und am Ende ihres Namens prangte achtunggebietend das historische Ypsilon. Was sie auf der Puszta von anderen unterschied, stellte sie hier gleich. Großvater war so sehr Calvinist, daß er nicht einmal in die Kirche ging. Gegenüber den Kirchenhockern und Betschwestern der Katholiken bedeutete dies nicht nur den aufgeklärten Geist, sondern auch eine gewisse Freisinnigkeit. Sein Seelenleben war so wunderbar klar und ausgeglichen, daß die Begriffe von Tod und Gott ihn überhaupt nicht beschäftigten. Er las viel. Sein Geistesleben, das erst jetzt Gelegenheit fand, sich richtig zu entfalten, legte Zeugnis ab von einer geradezu verblüffenden Unabhängigkeit. Erst jetzt, wenn ich an ihn zurückdenke, wird mir das alles mit Erstaunen bewußt. Hier als Beispiel eine kleine Szene:

Großvater hielt nur einen Feiertag ein, den großen Feiertag der Calvinisten: Karfreitag, und auch diesen eher aus Tradition. Am Karfreitag fastete er seit siebzig Jahren, bis ich ihn an einem Karfreitag, den ich bei meinen Großeltern verbrachte, auf seinen Verstoß gegen die eigene Überzeugung aufmerksam machte. »Wenn Großvater nicht religiös ist, warum fastet er dann eben an diesem einen Tag? Wie paßt das zusammen?« flötete aus mir der Teufel, der gerade in meinem fünfzehnjährigen Herzen vorübergehend Quartier genommen hatte. Großvater sah mich forschend an. »Recht hast du!« war seine Antwort. Eine Sekunde genügte ihm, um aus seinem Herzen die durch Generationen eingeimpfte Tradition zu verbannen. Er verschwand in die Kammer und tat sich an Speck und Brot gütlich. So war Großvater.

Um ein Haar hätte man ihn in den Kirchenrat gewählt. Trotzdem zog es ihn nicht zu den Glaubensgenossen. Wenn die Zeit es ihm erlaubte, so wanderte er durch die gewundenen schmalen Gassen und Gäßchen zu den Häuslern gleichwie zum Meeresstrand, wo er die Lüfte und den Wellenschlag der Puszta, wenn nicht anders, so wenigstens in den Klagen der Schiffbrüchigen verspüren konnte. Er besuchte seine Leidensgenossen von früheren Zeiten. Was suchte er bei ihnen? Er war ja weder gesprächig, noch liebte er das leere Geschwätz. Trotzdem verbrachte er Stunden bei diesen Leuten, nicht ohne beim Fortgehen verschämt – für die Kinder – einige Gurken oder Kohlrabi, ein Stück frisches Brot oder was immer er ohne Wissen, aber in rührender Mitverschworenheit mit der stillschweigenden Zustimmung Großmutters von zu Hause entwenden konnte, dazulassen. Kopfschüttelnd kehrte er heim. Er schwieg über seine Erlebnisse, doch kannte Großmutter die Sprache seiner stummen Bewegungen nur zu gut. Er sagte höchstens: »Mutter, du bist eine tüchtige Frau.« Großmutter wußte, daß dies kein Lob, sondern ein Zeichen tiefempfundenen Dankes dafür war, daß sie ein menschenwürdiges Dasein führen konnten und weder zu hungern noch zu betteln brauchten wie die, deren Schicksal sie unter anderen Umständen nur zu leicht hätten teilen können: sie wandte sich ab und arbeitete schnell weiter. Aber so oft sie später, nach dem Tod ihres Mannes, diese Worte des Verstorbenen zur Sprache brachte, rollten dicke Tränen über ihre abgehärmten Wangen.

18

Obwohl das Volk der Puszta viel fruchtbarer ist als jede andere Gesellschaftsschicht, nimmt es doch mehr und mehr an Zahl ab. Die Kutschersfrau hat auch heute im allgemeinen fünf bis sechs Kinder, von denen durchschnittlich vier das zweite Lebensjahr erreichen. Aber selbst die sind eine Last. Früher sicherten sich die Dienstleute gegen die Fährnisse des Alters dadurch, daß sie so viele Kinder wie nur möglich in die Welt setzten und aufzogen. Von den vielen würde es der eine oder andere zu etwas bringen, so daß er ihnen für ihr Alter Unterschlupf gewähren könnte! Sie wurden aber auch in dieser Annahme getäuscht. Einst beschäftigten sich die Gutsverwaltungen wenig mit der Frage der Kinderzahl der Gesindefamilien. Kinderreiche Eltern waren ihnen eher lieber, denn je mehr Kinder sich auf einer Puszta befanden, desto größer war auch die Zahl der sofort im Tagelohn greifbaren, billigen Arbeitskräfte. Neuerdings hat sich auch dies geändert, denn Kinder verursachen auch der Gutsverwaltung allerhand Schwierigkeiten, Sorgen und vor allem Kosten. Dem Pächter von P. waren die Erhaltungskosten der unter dem Gutspatronat stehenden Schule zu hoch, er überwarf sich mit dem Lehrer und entschloß sich, den Schulbetrieb einzustellen. Er tat es auf die einfachste Art, indem er nur kinderlose Dienstleute einstellte, und nach mehrjährigen Bemühungen gelang es ihm auch tatsächlich zu erreichen, daß die Schule mangels Schülern, geschlossen werden mußte. »Wozu diese vielen Kinder?« war seine beliebte Redensart. Wozu denn auch? Von den vier Kindern des Kutscherehepaares konnte ja sowieso höchstens nur eines auf der Puszta bleiben.

Die vertriebenen Dienstleute fristeten ihr Leben im nächstgelegenen Dorf und warteten auf die rufende Stimme, die ihnen, wenn auch nicht auf längere Zeit, so doch wenigstens auf ein bis zwei Wochen oder Monate Arbeit auf der Puszta geben sollte. Was hätten sie auch sonst tun sollen, da sie sich auf nichts anderes verstanden? Was hätte ein Ochsentreiber in der Fremde mit seinen Kenntnissen anfangen können? Facharbeiter oder Handwerker entstammten nie ihrer Reihe, weil die Lehrlingszeit Geld kostete. Die Kinder konnten in der Lehrlingszeit nichts verdienen, während sie zu Hause vom zehnten Lebensjahr an – wenn überhaupt –

als Tagelöhner Beschäftigung finden konnten. Tagelöhner brauchten aber ausschließlich die Gutsverwaltungen. Mit bangen Augen starrten sie also jahrein, jahraus nach den Pusztas, wo die Mechanisierung des Betriebes immer mehr Dienstleute überflüssig machte. Am Schauplatz der Ereignisse dieses Buches lag ein Dorf, dessen Gemarkung sich über 5600 Morgen streckte, auf denen 4200 Menschen vom »Ackerbau« lebten.

In Kanada verrichteten auf einer Fläche von hunderttausend Morgen einige Dutzend Angestellte mit Hilfe der nötigen Maschinen sämtliche Landarbeiten vom Säen bis zur Ernte. Gesinde brauchte man dort überhaupt nicht. Ist das die Zukunft, die den ungarischen Bauern erwartet? Wenn das Prinzip der Wirtschaftlichkeit der Produktion über das rein menschliche Problem siegt, so werden sich auch die ungarischen Pusztas entvölkern. Die Großgüter werden sich wie jede Fabrik, jedes Finanz- oder geschäftliche Unternehmen ausschließlich auf den »Gewinn« einstellen. Es gibt Domänen, die ihren ausschließlich auf Erzeugung von Körnerfrüchten eingestellten landwirtschaftlichen Betrieb umstellen auf intensive Milchwirtschaft und Schweinemast. Anfangs, bis sie von den wirtschaftlicher und vollkommener arbeitenden Maschinen abgelöst werden, braucht man hierzu vielleicht mehr menschliche Arbeitskräfte. Dann jedoch werden die Maschinen sich als die feindlichen Konkurrenten der Arbeiter entpuppen. Denn sie dienen nicht mehr der »Entwicklung«, sondern dem »Gewinn«.

Das »Tempo der Entwicklung« und der »Sturm des Fortschrittes« brausen inzwischen unerbittlich über die Puszta, pfeifen durch die Fenster der Gesindehäuser und zerstreuen wie Spreu dieses Volk, das selbst in tausend Jahren nicht die Fähigkeit aufbringen konnte, hier Wurzel zu schlagen.

In den Gegenden Ungarns, in denen Kleinbauern leben, schwankt die Bevölkerungsdichte pro Quadratkilometer zwischen 80 und 100 Köpfen. Westungarns fruchtbarste Gegend, das Komitat Feher, besteht zur Hälfte aus Großgütern. Die Volksdichte beträgt hier 57 je Quadratkilometer, aber diese Dichtigkeit vermindert sich zusehends. Wenn jede Arbeit maschinell ausgeführt werden könnte, würde die Hälfte dieser Zahl genügen. In den amtlichen Erläuterungen zu den Ergebnissen der Volkszählung vom Jahre 1930 finden wir auf jeder Seite vier- bis fünfmal als Erklärung für die Verminderung der Volksdichte die Bemerkungen:

»Die Zahl des Gesindes hat abgenommen«, »Verminderte Anzahl von Dienstleuten«, »Verminderung des Gesindes infolge Abwanderung in die Städte«, »Abwanderung der Besitzlosen wegen Arbeitsmangel«. Hat es einen Sinn, danach zu forschen, was die Zukunft bringen wird und wieviel Menschen auf der Puszta ihr Brot finden werden, wenn die Pusztas ihre Existenzberechtigung verlieren? Kaum, denn wir schneiden hier weder literarische noch politische, sondern rein wirtschaftliche und darum unmoralische Fragen an.

Bleiben wir also lieber auch weiterhin bei unseren sachlichen Feststellungen. Ein alter Viehhirt, der sich einmal überschwenglich über das glänzende Los der Fabrikarbeiter ausließ, sagte mir, vor sich hinsinnend: »Wenn alles nach dem Wunsch der Herrschaften ginge, würde es keiner einzigen Dienstboten mehr auf den Pusztas geben. Nicht einmal mehr Hunde«, setzte er hinzu, »nur die Fliegen und die Schnaken in den Sümpfen.« Diese naive Feststellung aus dem Volksmund hat wohl für die Hälfte des Landes Gültigkeit. Als Trost versicherte ich dem Alten, daß seine Ansicht auch für die Zustände in den Fabriken gelte. »Ja, ja, so ist das Leben«, beendete er seufzend seine Betrachtungen über ein Problem, das anscheinend um so schwieriger zu lösen ist, je mehr man darüber nachdenkt.

In den übervölkerten Dörfern schwillt das Volk an wie Wasser hinter dem Deich bei einer Überschwemmung – immer stärker drängend. Die Häusler der Dörfer warteten nur auf den Augenblick, um in Scharen wieder nach den Pusztas unter das »sichere Dach« zu kommen, während die Pusztabewohner ängstlich nach dem kleinen Durchschlupf tasteten, durch den sie sich auf ihrer Flucht vor dem »sicheren Dach« in ein wenn auch nicht menschliches, aber doch wenigstens halbwegs menschliches Los nach oben retten könnten. Der Versuch gelang ihnen immer seltener.

Der Weg aus der Puszta führte meist nur nach unten. Das Gesinde wußte das, und wenn es schon gehen mußte, so geschah dies unter Herzklopfen. Die Leute fühlten sich auf schiefer Ebene und am Rande eines steilen, dunklen Abgrundes, dessen Tiefe kein Menschenauge ermessen kann. Ihre Sehnsucht gehörte lebenslänglich dem Dorf, und doch prallten sie entsetzt zurück, als es sich zu ihrem Empfang auftat. Das nackte Nichts erwartete sie dort, so wie im Märchen das Ende der Welt. Nur zehn bis zwanzig Kilometer vom alten Heim lauerte dort auf sie das Unbekannte, als wären sie auf einen kalten Planeten geraten, auf dem fremde, andersgeartete Lebewesen wohnten. Nie wurde das Dorf ihre Heimat, nie fühlten sie sich dort zu Hause.

Das Los der Saisonarbeiter oder Tagelöhner stand ihnen offen, hätten sie sich in dieses Schicksal hineingefunden. Aber selbst dazu muß man geboren sein und die Erfahrungen eines ganzen Lebens in sich tragen. Die Pusztabewohner fühlten sich in der neuen Atmosphäre nicht wohl, wurden unsicher und lebensuntüchtig. Die »Neuangekommenen« versuchten sich schüchtern in Erntearbeiterbanden aufnehmen zu lassen; jedoch mit wenig Erfolg, denn es hieß, sie könnten nicht einmal ernten.

Auch der Fall meiner Großeltern in Cece wiederholte sich nicht mehr. Die Pusztabewohner wurden höchstens noch von den armen Häuslern aufgenommen, aber nicht so herzlich, wie die Pusztaleute sie früher empfingen. Was bedeutete in einem Dorf überhaupt ein Häusler? Die Bauern erwiderten kaum ihren Gruß. Es war eine komische Welt. Als ob in den Dörfern drei fremde Volksstämme, jeder mit seiner eigenen Sprache, nebeneinander wohnten. Die begüterten Bauern brachten, wenn sie schon den Mund auftun mußten, ihre Anliegen beim Ortsrichter, Geistlichen oder Lehrer stammelnd und in unmöglich gewundenen Sätzen vor. Genauso stammelnd, aber mit anders gesetzten Worten, sprachen, auch nur wenn es unbedingt notwendig war, die Häusler zu den Bauern. Wieder verschieden war ihre Sprache, wenn sie sich an die Intelligenz wandten. Letztere wieder bediente sich, wenn sie die Häusler oder Bauern anredete, in jedem Fall einer eigenen Sprechweise. All dies mußte erlernt werden. Das war nicht leicht. Ja, es schien so schwer, daß nur der Hut gelüftet wurde, wenn die Mitglieder der Kasten sich auf der Straße trafen, da selbst der einfache Gruß »Guten Tag« im Munde stecken blieb. Den einstmaligen Pusztabewohnern lief in dieser Atmosphäre ein Frösteln über den Rücken. Kaum von dort fort, hätten sie sich nur zu gerne wieder in der alten Unterwelt verkrochen. Kam aber der Tag des »Appells«, so duckten sie sich wie die Frösche unters Wasser.

Wem der Aufstieg gelang, der war ein Held, und die Pusztabewohner erzählten sich Geschichten wie die vom Hirtenjungen, der in die Ferne zog und sich ein Land nebst einer Märchenprinzessin eroberte. Sie waren Märchenhelden, mit dem Unterschied, daß sie selten zurückkamen. Das Volk der Puszta erfuhr überall Ablehnung, und das war der erste Zoll, den jeder zahlen mußte, der die Welt der Puszta verließ. Ein Pusztasohn, der es in Budapest zum Briefträger oder Polizisten gebracht hatte, stolzierte während der Weihnachtsferien selbstgefällig und selbstherrlich vor den Gesindehäusern einher und überlegte sich genau, wen er zuerst grüßen oder wessen Gruß er überhaupt bemerken sollte. Seine Besuche wurden immer seltener und hörten auf einmal ganz auf. Wenn er seine Vergangenheit nicht verleugnen würde, könnte er sich nie in die kleine, unabhängige Persönlichkeit verwandeln, die das Gemeinschaftswesen selbst von einem Briefträger verlangt. Er würde ewig ein Knecht der Puszta bleiben. Die Pusztabewohner wußten das ganz genau und umgaben die Fremdgewordenen deshalb mit Heldenehrungen. Von den sechs wirklich genialen Szabo-Jungen verdingte sich der eine an einen Bauern, dann an einen Metzger in Szekesfehervar und wurde endlich Ladengehilfe. Der zweite landete – nach manchen abenteuerlichen Versuchen – als Trambahnführer in Pecs. Der Sohn eines anderen Ochsentreibers wurde Gepäckträger bei der Staatsbahn. Was für eine Karriere! Wenn er auf Besuch nach Hause kam, umstanden ihn die Ochsentreiber im Kreis und starrten seine schöne Uniform bewundernd an.

Der Schwager meiner Mutter erblindete auf einem Auge, und da die Gutsverwaltung ihm, als nicht voll arbeitsfähig, nur ein halbes Deputat geben wollte, verließ er todesmutig die Puszta und landete in Budapest. Er wurde Platzgeldeinnehmer auf einem städtischen Marktplatz und gleichzeitig der Wohltäter unserer Familie. Er besuchte uns nie mehr, und von dem Augenblick an, als er in Budapest am Ostbahnhof den Zug verließ, wandte er sich, als habe er von einer niederträchtigen Verschwörung gegen seine Person Kenntnis genommen, mit Abscheu von der Heimat ab. Er sprach, wobei er mit den Fäusten den Tisch bearbeitete, über alles irgendwie mit der Provinz Zusammenhängende mit dem unversöhnlichen, ja krankhaften Haß eines Coriolan und tat alles, um den sich nach Budapest sehnenden Verwandten den Weg in die Stadt zu ebnen. So auch mir.

Nach dem Auszug der Eltern meiner Mutter entflohen auch meine Tanten eine nach der anderen samt ihren Männern und den immer zahlreichen Kinderscharen der Heimat. Sie wechselten nach anderen Pusztas über, unruhig auf der Suche nach einem besseren Schicksal. Nur wir blieben auf der alten Siedlung sitzen.

Aber auch uns überkam mehr und mehr die Unruhe. Die Entwurzelten sandten Nachrichten. Sie kamen ziemlich häufig aus den verschiedensten Richtungen mit Ermunterungen gewürzt und lösten bei meinem Vater jedesmal neue Pläne und Erwartungen aus. Auch er wollte sich verbessern, ja selbst neue Wege gehen wie in seiner Jugend, und er fand in meiner Mutter eine begeisterte Sekundantin. Der einäugige Platzgeldeinnehmer malte mit verführerischen Farben das Budapester Leben und die Segnungen der Zivilisation. Die Leute fuhren mit der Elektrischen zur Arbeit, das Wasser floß aus der Wand, und man brauchte sich nicht beim Wasserschöpfen am Brunnen den Rücken krumm zu bücken. Nur das an ihn ergehende Angebot, eine Wirtschaft zu pachten oder selbständiger Fuhrmann zu werden, hielt mein Vater vom sofortigen Aufbruch zurück. Der Nebander Großvater hatte seine Stellung auch aufgegeben: die Idee, seinen Platz einzunehmen, wäre auch nicht schlecht gewesen. Und doch verließen wir Racegres erst, als man uns kündigte.

Die Herrschaft wechselte wieder einmal, der Pachtvertrag war abgelaufen, und die Grafen übernahmen die Verwaltung. Das Deputat wurde – wie üblich – gekürzt. Außerdem hätten wir unsere Wohnung mit einer anderen Familie teilen müssen. Anscheinend waren sich die neuen Inspektoren auch nicht im klaren über den Wert der Arbeit meines Vaters und über seine Abstammung. Sie beleidigten ihn sogar. Der Kelch war bis zum Rand voll, und es bedurfte nur noch des energischen Einschreitens meiner Mutter, um ihn zum Überfließen zu bringen. Vater brachte mittags noch mit aller Ruhe, ja sogar lächelnd, die Nachricht über die ihm angetane, vollkommen unnötige Kränkung zur Sprache, brannte jedoch schon vor Begierde, die ihm angetane Schmach sobald als möglich zu tilgen. Nachdem er sich gewaschen und rasiert hatte, ging er aus und haute einem Inspektor eine herunter. Damit brachte er den ersten großen Abschnitt unseres Lebens zum Abschluß.

Wie vom Zauberstab berührt, taten sich vor uns ungeahnte Weiten auf. Die nach den vier Himmelsrichtungen führenden Wege bekamen plötzlich Zweck und Sinn: einer wird nun auch von uns beschritten werden. Aber welcher? Mein Vater wollte vorerst auf keine Puszta, ihn lockte die Freiheit. Er wollte sich zuerst ein wenig unterrichten, etwas lernen und sich wieder einmal in der Welt umsehen. Er entschloß sich, nach Budapest zu fahren, um dort den Umgang mit Diesel-Motoren und Mühlenmaschinen zu erlernen und entsprechende Prüfungen abzulegen. Dazwischen wollte er in einer Fabrik Arbeit suchen, um zu sehen, wie das Leben eines Fabrikarbeiters schmeckt. Seine Familie wollte er keinen Abenteuern aussetzen, sondern uns in einem Dorf Unterkunft verschaffen. Er begann sofort zu lernen. Wir blickten mit Stolz und Hochachtung auf ihn wie auf einen Forschungsreisenden, der exotische Gegenden erforschen will. Oder wie junge Wölfe, die auf einen Beutezug des Ernährers warten.

Die Eltern meiner Mutter wollten uns zu sich nehmen. Bestürzt empfing die Verwandtschaft meines Vaters die Nachricht von den Budapester Plänen, denn für sie war die Stadt die Brutstätte allen Übels, der Weg zum Niedergang. Sie hätten Vater eher verziehen, wenn er zu Hause ein Schweinehirt geworden wäre, als daß er in der Stadt Fabrikarbeiter wurde. Eher hätten sie der Auswanderung zugestimmt, und Amerika schien ihnen noch näher gelegen und weniger fremd als Ujpest (Fabrikvorstadt von Budapest). Ganz richtig, denn aus Amerika gab es eine Heimkehr, aber aus Ujpest nie. Meine Großeltern wurden durch die Pläne meines Vaters an den unruhigen Unternehmungsgeist der Familie meiner Mutter erinnert, der nun auch ihren Janos mitriß. Plötzlich taten sich Arme und Herzen, ja sogar die Börsen auf, es war, als müßte man uns vor einem tödlichen Übel oder einem Zauber bewahren. Mit Recht fürchtete meine Mutter die Hilfe. Die in dunklen Tiefen lauernde Familie kam in Bewegung, um uns wie mit Polypenarmen zu umschlingen. Der Budapester Plan war nicht mehr umzubringen. Wir mußten aber, um wenigstens in einer Hinsicht nachzugeben, nach Ozora ziehen. So verließen wir die Puszta auf der nach Ozora führenden Straße bei Regen und Dreck, in welchem sich die vier unser Hab und Gut befördernden Wagen abquälten. Doch wie vor Jahren, als ich denselben Weg mit meiner Mutter ging, machten wir auch diesmal auf halbem Weg in Simontornya halt, wo wir bei einem Metzger ein leeres Zimmer mieteten.

Leider besaßen wir wenig Geld. Den Betrag, den sich meine Eltern mit viel Mühe nach Großmutters Anleitungen erspart hatten, lieh mein Vater einem seiner Schwäger und erhielt ihn nie zurück. Das aus der Auflösung der kleinen Landwirtschaft übriggebliebene Geld wollte mein Vater nicht antasten, sondern es zum Aufbau einer neuen Existenz oder als Kapital für besondere Zwecke verwenden. Er zahlte es bei der Sparkasse ein und trug das Sparbuch, um es bei einer sich bietenden Gelegenheit sofort bei der Hand zu haben, stets bei sich.

Wir verließen Racegres leichten Herzens, nur beim Abschied von alten, guten Bekannten weinten wir ein wenig, vielleicht aber nur aus Rührseligkeit. Sobald jedoch die Puszta hinter uns lag, verflog die Trauer und schlug in Frohsinn um. Am liebsten hätten wir sofort ein Lied angestimmt. Lachend, voller Vertrauen blickten wir in die Zukunft, die sich vorerst über den zwei Türmen der Kirche von Simontornya und über den Ruinen des alten Wehrturmes noch etwas dämmerig abzeichnete. Vater ging, im tiefen Dreck der Straße watend, vergnügt von einem Wagen zum anderen. Er unterhielt sich lustig mit uns über eine Bemerkung, die er vor geraumer Zeit einem Inspektor gegenüber gemacht hatte: »Wenn ich aus diesem Drecknest herauskomme, so vergesse ich es so schnell, daß ich mich nach der zweiten Pappel nicht einmal mehr umsehe.« Er hielt jetzt Wort und fragte uns nur, ohne sich umzudrehen, was noch von der Puszta sichtbar sei.

Als wir das Dorf erreichten und an beiden Seiten der gepflegten Straße sich die Häuser immer dichter aneinander drängten, verflog plötzlich unsere gute Laune, und selbst Vater schwieg. Ich saß auf einem der hochbeladenen Wagen, eine Glucke im Schoß. Plötzlich überkam mich eine ungeheure Angst, als ob ich auf einem Schiff zwischen gefahrdrohenden Felsenriffen segeln würde. Ich getraute mich kaum nach vorne zu blicken und sah nur den grauen Himmel, die Wipfel der kahlen Bäume, die letzten bekannten Zeichen einer versunkenen Welt. Glücklicherweise dauerte die Reise nicht mehr lange. Unser neues Quartier war am Ende des Dorfes im Häuslerviertel. Kaum angekommen, stellte unsere Mutter zuerst die Betten auf, kehrte den Boden, heizte ein und legte uns schlafen, obgleich es noch hell war.

Mein Vater verließ uns nach einigen Tagen, und meine Geschwister kehrten in die Schule zurück. Mutter und ich blieben da. Ich sollte die Volksschule in Simontornya besuchen, doch verschoben wir Tag für Tag, selbst nach den Weihnachtsferien, die Anmeldung. Wir machten wochenlang nur durch die Fenster Bekanntschaft mit dem Dorf. Es war uns bang zumute, und wir aßen Äpfel.

Mein Vater wollte nämlich das für die Kühe und Schweine erhaltene Geld sofort gewinnbringend anlegen und kaufte im ersten

Anlauf seiner Unternehmungslust am Tag seiner Abreise ungesehen einen Wagen Äpfel. Jemand, der behauptete, daß die Äpfel im Frühjahr den doppelten Wert haben würden, hatte sie ihm aufgeschwatzt. Der Wagen kam, doch war die Hälfte der Äpfel angefault, so daß wir sie sofort essen mußten. Den Rest breiteten wir auf dem Zimmerboden aus, um die fehlerhaften im Auge behalten zu können. Die Äpfel faulten um die Wette, und um die Wette mußten wir sie aufessen. In einem Monat waren wir mit der ganzen Wagenladung fertig. Dazwischen lasen wir, erzählten uns Geschichten, arbeiteten und waren glücklich wie nie zuvor. Erschrocken fuhren wir auf, wenn jemand anklopfte. Dabei war uns beiden das Dorfleben nicht fremd, denn wir kannten andere Dörfer wie Ozora und Cece. In Varsad hatte ich schon Monate verbracht. Wir waren aber damals Gäste und fühlten uns auch in der Ferne zur Puszta gehörig. Jetzt waren wir Fremde, Heimatlose. Wenn jemand uns ansah, so hatten wir das Empfinden, daß er uns aus dem Dorf hinaustreiben wollte. Wir getrauten uns nicht, unter die Menschen zu gehen.

Meine Mutter schickte mich ins Dorf, um Nähgarn zu holen. Ich mußte die über den Sio-Fluß führende Brücke überqueren, die wir so oft mit dem Wagen auf dem Weg nach Neband mit stolzen, auf den Planken klappernden Hufen und Rädern befahren hatten. Jetzt schlich ich beschämt über die Brücke. Stundenlang umkreiste ich den Laden und wagte nicht einzutreten, um endlich mit der Nachricht heimzukehren, es gäbe kein Nähgarn, es sei ausverkauft. Meine Mutter zeigte nicht nur für die Notlüge Verständnis, sondern auch für den Beweggrund zu dieser Unwahrheit, dieser seelischen Unbeholfenheit. »Schon recht, mein Kleiner! Vielleicht gibt es morgen wieder welches«, war die verständnisvoll wissende Antwort. Und am nächsten Tag gingen wir zusammen Hand in Hand ins Dorf. Vor dem Laden angekommen, zauderte auch sie einzutreten, denn auch sie war befangen. Endlich entschloß sie sich, die Tür mit ihrer Ladenglocke aufzumachen. Als wenn wir eine große Heldentat vollbracht hätten, zogen wir mit dem Nähgarn vergnügt und triumphierend nach Hause. Jetzt verstanden wir es erst richtig, daß wir Pusztabewohner waren.

Wir waren Pusztabewohner, ohne die Sonderstellung, die uns auf der Puszta durch unser dortiges Ansehen erwachsen war. Eines Tages erschien bei uns Tante Kosaras, die Frau des früheren Viehhirten, die schon vor einigen Jahren Racegres verlassen hatte. Wir empfingen sie mit großer Freude. Auf der Puszta hielt sie vor meiner Mutter einen gewissen Abstand ein, hier duzten sie sich ohne weiteres. Sie umarmten sich, und meine Mutter freute sich sogar über diese Intimität. Am nächsten Tag besuchte uns die ganze Familie Kosaras, und wir erwiderten diese Aufmerksamkeit. Bei der Rückkehr wurde es mir zum erstenmal klar, daß wir aufgehört hatten, Pusztaleute zu sein, und heimatlose Habenichtse wie die anderen Häusler geworden waren.

Einzelne Straßen Simontornyas hatten einen ausgesprochen städtischen Charakter. In der Umgebung der Kirche, der Post und der alten Festung aus der Zeit des Königs Mathias wohnten die Gewerbetreibenden, die jüdischen Geschäftsleute und die Intelligenz. Da standen auch das Franziskanerkloster, die Gendarmeriekaserne und das Bordell. Die Bauern zogen sich, dem Druck des Bürgertums nachgebend, Schritt für Schritt nach der Peripherie des Ortes zurück.

Die Häusler bewohnten die hohen Ufer des Flusses und die Abhänge des Mozesberges, von dem aus die Türken einst die Festung mit ihrer Artillerie beschossen hatten. Sie hausten in armseligen Lehmhütten, nicht bequemer als zur damaligen Zeit das Heer der Belagerer. Dort wohnte die Familie Kosaras und auch wir. Bis uns eines Tages der Nebander Großvater, denn so nannten wir ihn, selbst, nachdem er in die Bezirksstadt gezogen war, besuchte. Unsere Armut ließ ihn kalt; was ihn empörte, war unser gesellschaftlicher Niedergang. Ich verstand weder das eine noch das andere. Wir empfanden unser Leben nicht als ärmlich. Im Gegenteil. Das dort von uns bewohnte Zimmer ist heute noch in meiner Erinnerung das warme Nest der Zufriedenheit und des Glückes. Großvater aber brummte. »Das ist nichts für euch«, meinte er, während er in der kleinen Küche, wo er sich mit seinen großen Stiefeln kaum umdrehen konnte, unzufrieden herumstapfte. Er ging gleich fort, um für uns eine andere Wohnung zu suchen.

Wir landeten einige hundert Meter dorfeinwärts wieder bei einem Metzger. Hier gehörte aber auch der Hof mit Schweinestall, Stallung und Schuppen uns. Der Metzger benutzte als Laden nur das auf die Straße mündende Zimmer. Großvater wollte gleich die Miete bezahlen und zog linkisch seine große Börse aus der Brusttasche. »Von mir wirst du es wohl annehmen?« fragte er, eine

Banknote herausziehend. »Auch vom lieben Vater kann ich es nicht annehmen«, antwortete meine Mutter. »Dann nimm du es, mein Sohn«, sagte der Alte errötend und drückte mir das Geld, eine Fünfzig-Pengö-Note, in die Hand. Denn so viel betrug die Jahresmiete. Ich gab ihm das Geld auf einen Wink meiner Mutter zurück. Der Alte errötete noch mehr, starrte zuerst stumm vor sich auf den Boden und fing dann an zu fluchen. Eigentümlicherweise richteten sich aber die Vorhaltungen, die er hervorstieß, nicht so sehr gegen das Verhalten meiner Mutter, als vielmehr gegen die eigentliche Ursache des Zustandes, nämlich die Unternehmung seines eigenen Sprößlings. Beim Abschied ließ er meinem Vater sagen, er möchte das Herumexperimentieren in Budapest sein lassen, er würde ihm zu einem anständigen Unternehmen daheim so viel Geld leihen, wie mein Vater nur wollte. »Es wird sowieso immer weniger«, meinte er noch und wies damit auf die Bestrebungen seiner Kinder und Schwiegersöhne hin, sich mit seiner Geldhilfe hochzuarbeiten. In der Familie gefiel man sich damals, Gastwirt zu sein; man betrachtete dieses Gewerbe als die am wenigsten beschwerliche Bemühung, um hochzukommen. Der Gastwirt, selbst der kleinste am Dorfrand, gehörte schon halbwegs zur Intelligenz. Die aus den verschiedensten Gewerben ausrangierten Söhne und Schwäger meinten sich am besten darauf zu verstehen, denn man brauchte nur etwas Geld und sonst nichts. Und nebenbei liebten alle, Männer und Frauen, einen guten Tropfen.

Mein Vater besuchte uns monatlich einmal, später schon jeden Samstag. Das Budapester Leben gefiel ihm immer weniger. Die Prüfungen hatte er bestanden, beschäftigte sich aber schon mit dem Gedanken, auf diese Weise wieder eine günstige Stellung auf einer Puszta zu erhalten. Als er aber das Angebot Großvaters hörte, war er gleich Feuer und Flamme. Warum sollte er nicht das leichtere Leben wählen? Eines Sonntags erschien er, zwei in Budapest gekaufte Pferde am Halfter führend. Sie kosteten dort angeblich die Hälfte des Preises, den man hier erzielen konnte ...

Bei dem einen stellte sich beim ersten Verkaufsversuch heraus, daß es an einer chronischen Gelenkentzündung litt und in diesem Zustand keinen Filler wert war. Der Tierarzt empfahl, das Tier recht viel am Zaum herumzuführen. Ich wurde zu dieser Aufgabe ausersehen.

Zuerst versuchte ich es im Hof, dann auch auf dem großen Marktplatz. Das Pferd und ich befreundeten uns und wurden richtige Spielgefährten. Treu wie ein Hund folgte es auch ohne Halfter meinen Spuren, folgte aufs Wort; vielleicht verstanden wir auch unsere Gedanken.

Wir gingen zwei- bis dreimal am Tag, ich voraus, das Pferd hinterdrein, immer in der Straßenmitte spazieren, um die Fußgänger nicht zu belästigen. Als ich zum erstenmal von einem Zaun herab auf seinen Rücken kletterte, wandte es verwundert den Kopf, wie um zu sehen, ob ich gut sitze. Dann ging es weiter, während ich mich voller Angst, um nicht herunterzufallen, an seine Mähne klammerte. Ich blieb oben, bis sich eine günstige Gelegenheit zum Absteigen fand oder ich herunterrutschte. Es lief aber nie fort, sondern blieb stehen, bis ich mich wieder aufrappelte. Vielleicht war sein Bein schon wieder gesund, ich schwieg mich aber darüber aus, um den Gefährten nicht zu verlieren. Durch das angenehme, ja üppige Leben wurde das Pferd bald kugelrund, so daß ich mich oft kaum auf dem glatten, nun so glänzenden Fell halten konnte. Gleichzeitig gewöhnte ich mich dermaßen an das treue Tier, daß ich mir ein Leben ohne es gar nicht mehr vorstellen konnte. Bald waren wir schon soweit, der Mutter einen flotten Galopp vorzuführen und sogar einen Sprung über einen Trog zu wagen. Meinem vierbeinigen Freund verdankte ich die Freundschaft mit einigen Dorfjungen aus der nächsten Nachbarschaft. Ich besuchte auch regelmäßig die Volksschule und erzielte trotz der gegenteiligen Weissagungen der väterlichen Verwandtschaft, welche die höheren Anforderungen der Dorfschule fürchtete, gute Ergebnisse. Ich hatte es auch dem Pferd zu verdanken, daß mich die Sorgen der Familie weniger trafen. Nur verschwommen kann ich mich noch daran erinnern, wie es meinen Schwägern gelegentlich eines sonntäglichen Familienrates inmitten qualmenden Zigaretten- und Pfeifenrauches endlich gelang, meinen Vater zu überreden, nicht mehr nach Budapest zurückzukehren, sondern etwas zu Hause zu unternehmen. Geld stellten sie ihm nicht zur Verfügung, sondern erklärten sich bereit, für den nötigen Kredit Bürgschaft zu leisten. Zuerst zögerte er, aber als die vorgetragenen Pläne seine Phantasie anzuregen begannen, stürzte er sich mit um so größerer Begeisterung, wie immer, wenn es sich um etwas Neues handelte, in die Ausführung des Abenteuers. (Nach verschiedenen fruchtlosen Anfängen wandte er sich mit der gleichen Begeisterung, aber diesmal endgültig, wieder der Puszta zu.)

Gelegentlich dieser Beratung sprach man auch über meine Zukunft. Einer meiner Onkel erklärte sich großmütig bereit, mich zu sich zu nehmen, ja um alle Hindernisse der geplanten Unternehmung aus dem Weg zu räumen, mich auch zu adoptieren und zu erziehen. – Wenn ich mich dessen würdig erweisen würde, setzte die Tante dazu, die schon plombierte Zähne im Mund hatte. Wie man im Alter von zehn Jahren dessen würdig wird, wurde mir aber nicht gesagt ... Mein Blick streifte die Mutter. Stumm füllte sie die leeren Gläser und antwortete auf Fragen nur mit einem leichten Kopfnicken. Sie schwieg, aber ich wußte, was dieses Schweigen bedeutete. Im nächsten Augenblick waren meine Gedanken schon draußen bei meinem Pferd und wie ich für einen Abendbummel mit meinem Freund der Gesellschaft der Erwachsenen entweichen könnte.

Selbst Besuche machte ich auch noch zu Roß und erregte in den Häuslergegenden des Dorfes, zu denen ich mich hingezogen fühlte, kein geringes Aufsehen. So besuchte ich die Familie Kosaras und andere alte Pusztabekannte. Hier konnte ich reden, hier fühlte ich mich zu Hause.
Es war ein trauriges Milieu. Die heimatlosen Pusztaleute wohnten in Untermiete bei Schicksalsgenossen, die ebenfalls ihre Heimat verloren hatten. Der Hausherr hungerte genauso wie sein Mieter, und in einem Zimmer wohnten vielleicht noch mehr Familien zusammen als auf der Puszta. Man wohnte auch in den Ställen, und oft wurden sogar von der Puszta mitgebrachte Schweine- und Hühnerställe für eine Familie benutzt. Ich fand alles großartig und idyllisch – es atmete die Luft der Puszta.
Meine Ausflüge erstreckten sich bald auch auf die benachbarten Dörfer, und so besuchte ich zu Pferd auch meine Großeltern in dem noch weiter entfernt liegenden Cece. Das Zentrum der Dörfer interessierte mich wenig, so daß ich hier mein Pferd zum Galopp anfeuerte, dagegen sofort in Schritt fiel, wenn wir uns dem Dorfrande näherten. Da draußen waren alle Dörfer, selbst die vermögenden, armselig und schmutzig. Ich fand überall Bekannte, an manchen Orten in noch traurigerem Zustand als in Simontornya. Die Einzelheiten, die ich sah, waren geradezu erschreckend. Nicht zuletzt die leichenblassen, zitternden und verfallenen Knechtsgesichter, die ich von früher her noch lächelnd kannte und die jetzt

wie auf jeden, also auch auf mich, mit dem verstörten Augenausdruck eines Ertrinkenden blickten. Onkel Leperdi, der manchmal sogar etwas handgreiflich an meiner Erziehung mitgewirkt hatte, redete mich mit »Gnädiger Herr« an und begann zu weinen, als ich ihn fragte, warum er mich denn nicht wie früher duzte. Was ging in diesen Menschen vor? Was war mit ihnen geschehen? Onkel Istvan Nagy erschlug seine Frau mit einem Beil und erhängte sich sodann, weil sie den achtzig Jahre alten Greis dauernd zur Arbeit als Tagelöhner drängte. Onkel Pali Czabuk, der mir an Nachmittagen so oft die Schulaufgaben abhörte, um seine Witwereinsamkeit zu erheitern, verschwand eines Tages spurlos.

19

Wie die Stimme des Ochsentreibers versagt, wenn er vor seinem Herrn steht und sich – wenn überhaupt – nur mit ungeschickten Gesten ausdrücken kann, so können auch die verschiedenen Gesellschaftsklassen nur zögernd, stammelnd und kaum verständlich miteinander verkehren. Wenn es aber jemandem glückte, von der Puszta in eine höhere geistige Sphäre zu gelangen, so nahm er nichts von der Seele seiner Heimat mit. Das Fell eines Tieres macht sicherlich nicht so viele Prozeduren durch, bis es den Zustand feinen Saffianleders erreicht, wie ein Pusztakind, das durch ein wundersames Schicksal in eine Mittelschule kommt und Zugehöriger einer gehobeneren Gesellschaftsschicht wird. Wieviel Prozent der ungarischen Universitätsjugend stammen aus den vielen Millionen des Gesinde- und Häuslerstandes? Selbst aufs Tausend wäre es nicht auszudrücken. Ich kenne keinen Ochsentreiber, der es fertiggebracht hätte, seinen Sohn ins Gymnasium zu schicken.

Der Winzer aus P. ließ seinen Sohn bis zur dritten Gymnasialklasse studieren, gerade lange genug, um in die Seele des jungen Menschen die Sehnsucht nach einem schöneren Leben einzuimpfen. Es kam nur selten vor, daß die Herrschaft den Sohn eines Dieners oder Kutschers studieren ließ. Man sprach davon, daß der Kaplan von M. aus einer Gesindefamilie stammte. Vorsichtig erkundigte ich mich danach, auf meine erste Anspielung verwahrte er sich mit hochrotem Gesicht energisch dagegen. Als in D., dem in der nächsten Nähe der Puszta von T. gelegenen Städtchen, ein Gymnasium errichtet wurde, schickten der Beschließer und der erste Aufseher ihre Söhne dorthin zur Schule. Sie wären aber sehr beleidigt gewesen, wenn man sie zum Gesinde gerechnet hätte.

Man sah den Drang, sich zu bilden, bei Ochsentreibern nicht gern. Selbst die Aufseher nahmen es ihnen übel. Wer beim Lesen erwischt wurde, der galt vor dem Ersten Weltkrieg als ein Mensch mit Herrentendenzen, nach dem Krieg als Kommunist. Wer in den Genuß selbst der primitivsten Segnungen der Zivilisation kam, wurde mit scheelem Blick angesehen. Ein Kutscher wurde von der Puszta K. nur deshalb entlassen, weil er sich im November beim Hantieren mit der Sämaschine Handschuhe anzog. »Du meine Güte, wie anders war es zu meiner Zeit!« seufzten die älteren Verwalter, wenn sie sahen, daß ein Ochsentreiber Hosenträger trug. Als die Bauernmädchen anfingen, sonntags Schuhe mit hohen Absätzen zu tragen, weissagten die Frauen der besseren Stände den Zusammenbruch der sittlichen Ordnung und zerbrachen sich den Kopf darüber, wie man in Zukunft ein Dienstmädchen von einer Dame unterscheiden könnte. Ein Ochsentreiber, der sich nicht roh und gemein benahm oder wenig fluchte, erregte Verdacht, und man fragte sich, warum er so fein geworden sei. Die Ursache von all dem war, daß man von einer Besserung der Sitten auch das Erwachen eines »Herreninstinktes« befürchtete. Eigentümlicherweise – denn sie waren ja selbst Herren! – folgerten sie daraus das Überhandnehmen der Verweichlichung, der Unzuverlässigkeit, ja sogar der Neigung zum Diebstahl.

Die dem Gesinde entstammten, eroberten sich die Waffen der Geisteskultur höchstens in der dritten oder vierten Generation. Einzelne der in die Dörfer zugewanderten Gesindefamilien zogen weiter in die Städte. Die Findigen wandten sich instinktmäßig Berufen zu, in denen sie dienen konnten. Von Haus aus wußten sie nur zu gut, was es hieß, das Leben eines Tagelöhners zu führen, darum waren Stellungen wie Bürodiener, Schulpedell, Pförtner und ähnliche besonders begehrt. Wer es soweit gebracht hatte, der ließ sehr oft seine Kinder, dem Beispiel seiner Vorgesetzten folgend, die Mittelschule, ja sogar die höheren Schulen besuchen. Was wußten aber diese Enkel und Urenkel noch von dem Leben auf der Puszta, und was hätten sie für die Dortgebliebenen tun können, hätten sie zufällig eine Anhänglichkeit an die Vergangenheit aufgebracht oder sich ein durch die Abstammung bedingtes Pflichtgefühl bewahrt, gegen das schon darum nichts einzuwenden war, weil es nicht für unberechtigte Privilegien, sondern für das Recht jener eintrat? Der Sohn von Onkel Hajas war Diener beim Gericht; dessen Sohn Student der Rechte. Aber Onkel Hajas wußte dies nur vom Hörensagen, und den Studenten kannte er nur von einer Photographie her, die die Kommode des stolzen Großvaters zierte. Ich glaube, wir übertreiben mit der Behauptung, unter dem Einfluß der angeblich völkischen Bewegung werde die bäuerliche Abstammung genauso stolz unterstrichen wie der Stammbaum eines Adligen. Ich glaube kaum, daß sich der Enkel von Onkel Hajas mit seinem Großvater brüstete. Derartige Großväter verfeinerten sich nach meiner Erfahrung in Gesellschaften zu gemütlichen, alten Grundbesitzern, nicht selten sogar mit Adelstiteln geschmückt.

Ein derartig raketenhafter Aufstieg, wie er den beiden Zweigen meiner Familie gelang, ist mir sonst kaum bekannt. Von Racegres besuchte seit Menschengedenken niemand die Mittelschule; und mein Onkel war der erste von Neband, der dies tat – seitdem keiner mehr. Es gab besonders bei den Aufsehern kaum eine Familie, in der nicht jemand den Versuch gemacht hätte, hochzukommen. Die Frage war nur, wie weit sie kommen konnten und was für einen Nutzen die unten weitervegetierende Gesamtheit daraus zog.

Die Mütter und Großmütter brachten Kinder zur Welt und schoben mit der Zähigkeit der unter dem Erdboden hausenden Insekten ihre Brut ans Sonnenlicht. Sie selber verblieben im feuchten Dunkel und speicherten aus den Abwässern Kräfte auf, die sie für die Nachkommen zu Nährstoffen verarbeiteten. Ging die Umwandlung in zu schnellem Tempo vor sich? Die zweite Generation torkelte geblendet vom hellen Licht, betrunken von der kräftigen, frischen Luft und verlor nur zu bald den Boden unter den Füßen. Sie gedieh ... ja! Wie ein aus gemäßigten Zonen in die Tropen verpflanztes Gewächs entwickelte sie sich in prangender Üppigkeit, doch gerade diese hochschießende Pracht ließ darauf schließen, daß sie sich selbst verzehre. Sie wuchs, durch eine Art krankhafter Leichtgläubigkeit getrieben, immer höher, aber gleichzeitig entfernte sie sich auch immer mehr von den Wurzeln. Die jungen Leute waren »erfolgreich«. Das von ihnen übernommene Tempo trieb manche in hohe Sphären. Doch je höher sie stiegen, desto größer wurde die Vereinsamung. Während die Väter in der Sicherheit des Gemeinschaftsgeistes und der Schicksalsverbundenheit lebten, begaben sich die Jungen auf schwankenden Boden. Sie verloren das Gleichgewicht und beschleunigten aus ihrem inneren Zwiespalt heraus – wenn nicht bei sich selbst, so bestimmt bei den Söhnen – das Verhängnis. Sie waren im Grunde genommen harmlos, aber unsympathisch. Waren sie Verräter? Sie wußten es selber nicht, denn es kam ihnen gar nicht in den Sinn, darüber nachzudenken. Ihre Seele war aber die eines Verräters; oder sie hatten im besten Falle das unruhige, selbstverzehrende Gemüt eines Verbannten.

Der in meiner Familie jäh erwachte Drang nach oben erlosch nach dem Tod meiner Großmutter ebenso rasch, wie er gekommen war. Die Eltern meines Vaters ließen einen ihrer Söhne studieren, die anderen trachteten sie, ohne Rücksicht auf die zu bringenden Opfer, wenigstens auf das Niveau der Gewerbetreibenden zu heben. Von den zahlreichen Enkeln besuchten sechs die Mittelschule, doch nur zwei beendeten ihre Studien. Die zweite Generation stand still, während die dritte vollkommen versagte und Gefahr lief, tiefer zu sinken, als der Ausgangspunkt der Ahnen war. Die Welt war nicht mehr das dankbare Jagdgebiet von früher, wie zu Zeiten der Väter. So standen die Dinge, als über mein Schicksal ein Entschluß gefaßt werden mußte.

Ich erhielt mein Abgangszeugnis von der Volksschule mit der üblichen, auf jeden Volksschüler der vierten Klasse abgestimmten Bemerkung des Lehrers: »Mit dem Jungen sollte man etwas anfangen.« Großmutter in Cece horchte auf. Dann, als außer vager abendlicher Pläneschmiederei wochenlang nichts geschah, erschien sie eines Tages und erklärte sofort, während sie noch ihr Kopftuch aufknüpfte, sie wäre meinetwegen gekommen. Von bösen Ahnungen getrieben, flüchtete ich zu meinem Pferd. Schon damals konnte ich es nur schwer ertragen, wenn man in meiner Gegenwart über meine Zukunft sprach oder Entschlüsse faßte.

Meine Mutter war schnell gewonnen, dagegen stand bei Vater das Studium nicht besonders hoch in Ehren. Er begeisterte sich damals gerade für das Gewerbe der Metzger, die tagsüber nur zum Einkauf auf den Pusztas herumfuhren, um am nächsten Tag an jedem geschlachteten Kalb gleich fünf Pengö zu verdienen – gar nicht zu reden von der Haut des Tieres. Er selber brachte weder den Mut noch den Glauben auf, noch etwas Neues anzufangen. Dagegen hatte er mich und meinen Bruder für dieses Gewerbe ausersehen. Großmutter ließ aber nicht locker. Zuerst schrieb sie an den Onkel, der mich unlängst hatte adoptieren wollen. Erfolglos. Ebenso erfolglos pochte sie bei einem anderen Onkel an, der in einer Stadt, in der sich ein Gymnasium befand, wohnte ... Die Gleichgültigkeit der Verwandten, vor allem meine eigene, trieb sie zur Verzweiflung. Die Bittschriften diktierte sie mir, denn trotz ihrer Belesenheit konnte ihre Handschrift nur von den nächsten Angehörigen, die sie gut kannten, entziffert werden. Mißmutig schrieb ich tagtäglich in antiquierter Sprache die gewundenen Sätze von meinem unstillbaren Wissensdurst, meiner außerordentlichen Begabung, die im Elend des Dorfes verkommen zu lassen eine Sünde wäre, denn eines Tages würde sie der Stolz der Familie werden. Ich persönlich empfand keinen Wissensdurst. »Was also möchtest du werden?« fragte sie eines Nachmittags, wobei sie in der schweren gemeinsamen Arbeit innehielt. »Bereiter«, lautete die aufrichtige Antwort, und schon zog ich das Pferd aus dem Stall, um meine Eignung zu diesem Beruf unter Beweis zu stellen. Großmutter maß das Pferd mit einem Blick und verkaufte es innerhalb einer Woche! Sie führte es selber auf den Markt von Dorog, und was dem größten Pferdesachverständigen der Familie nicht gelang, das erreichte sie im Nu: der verwöhnte, schöne Gaul zog auf den Anruf Großmutters prächtig an, so daß es eine Kleinigkeit war, ihn dem ersten Interessenten sogar zu dem von meinem Vater seinerzeit erhofften Preis anzudrehen. Dann verschwand sie verärgert und behielt unter irgendeinem Vorwand das Geld. Mich aber steckte man in die fünfte Volksschulklasse.

Voller Trauer über die Wendung meines Schicksals stürzte ich mich auf die Bücher, vor allem auf Gebetbücher. Die ererbten Anlagen meiner zwei Großmütter, der bigotte Glaube und die Lesewut, kamen plötzlich in mir zum Durchbruch. Am kleinen Fenster unseres Zimmers richtete ich mir eine Leseecke ein und versenkte mich, angefangen von den frühen Morgenstunden bis zur Dämmerung, in die Heiligenlegenden. In meiner Phantasie durchlebte ich ihre Leiden. Engel sangen ihre Chöre, und das blaue Kleid der Mutter Gottes rauschte in meinen Ohren. Statt nach Schulschluß im Haus mitzuarbeiten, verträumte ich so meine Zeit in einer Welt voller Wunder, verlor die Verbindung mit der Wirklichkeit und flüchtete in verborgene Ecken, auf den Speicher, ja sogar in die laubbedeckten Kronen der Bäume, um mich ungestört meinen Träumereien hingeben zu können. So bekam ich den Ruf eines faulen und arbeitsunwilligen Jungen.

Dabei stand ich schon beim Morgendämmern auf, um bei der Frühmesse zu ministrieren. Der Religionsunterricht wurde in der Schule von Mönchen erteilt, welche die tiefe Gläubigkeit der Familie meines Vaters ebenso wie die Glaubenslosigkeit meiner Mutter kannten und es deshalb besonders auf die Führung meiner Seele abgesehen hatten. Von ihnen erhielt ich Bücher mit der Anweisung, sie meiner Mutter vorzulesen. Mit Begeisterung sprach ich zu ihr von der Mutter Gottes, denn meine Gläubigkeit äußerte sich vor allem im Marienkult. Meine Mutter hörte mit Zweifel, vielleicht sogar mit Eifersucht zu. Dabei verehrte ich auch in Maria die holde, leidvolle und selbst unter ihren Tränen stets lächelnde Mutter. Bei Prozessionen trug ich das Meßglöckchen vor dem Heiligen Sakrament. Mit verklärtem Gesicht schritt ich an der

Spitze des Zuges einher, meine Blicke auf die weißen Lämmerwölkchen am blauen Maihimmel gerichtet, wo ich die Mutter Gottes in ihrer ganzen Herrlichkeit thronend zu schauen vermeinte, die mich aus den Höhen mit ihrem warmen Blick beglückte. Auf die Menschen, welche beim Klang des Meßglöckchens in Verehrung rechts und links von mir die Knie beugten, sah ich von oben herab, und oft schien es mir, als wandelte ich selber, in das nach Weihrauch duftende Ministrantenhemd gehüllt, zwischen Wolken.

Meine Großmutter mütterlicherseits nahm, obwohl eine gläubige Protestantin, von der Veränderung in meinem Wesen mit Genugtuung Kenntnis. Sie ließ mich kommen und befragte mich über meine religiöse Einstellung. Mit Begeisterung ergriff ich, gleich einem Missionar, die Gelegenheit, mich auszusprechen, und erst nachdem ich ausgeredet hatte, überkam mich das Gefühl, eigentlich geprüft worden zu sein, und daß es Großmutter nicht so sehr auf meine Argumente ankam als darauf, wie weit meine mir unbekannten geistigen Fähigkeiten reichten. Sie beschloß, mich dem geistlichen Stand zu widmen. Katholisch oder protestantisch – das war ihr gleich, die Hauptsache war der Erfolg.

Sie begleitete mich zur Fünften-Klasse-Prüfung, und als auch diesmal, und zwar aus dem Mund eines Paters, das übliche: »Mit dem Jungen sollte man...« erklang, nahm sie ihn sofort beim Wort. Der Pater strich verlegen über sein Kinn und tat dies zwei Wochen lang, denn Großmutter besuchte ihn in dieser Zeit täglich mit mir. Das Ergebnis war ein lateinisch gehaltenes Empfehlungsschreiben an die Zisterziensermönche in Pecs. Außerdem verschaffte sich Großmutter ein Einführungsschreiben vom protestantischen Pfarrer an das Kollegium in Papa.

Großmutter nahm mein Schicksal in die Hand, da mit der Unterstützung der Familie nicht mehr gerechnet werden konnte. Die Mutter meines Vaters fing an zu kränkeln und konnte sich nicht mehr um ihre Enkel kümmern. Mein Bruder wurde aus der Schule genommen, und es bedurfte der ganzen Energie meiner Mutter, um ihn wenigstens als Lehrling unterzubringen. Ich blieb als einzige Hoffnung der Familie übrig. Großmutter ersann eine des Ulysses würdige, rührende und einfältige List.

Zu dieser Zeit tobten wenn auch nur unblutige Glaubenskämpfe im Lande, deren letzte Wellen auch die Dörfer erreichten, die meist zur einen Hälfte von Katholiken, zur anderen von Calvinisten bewohnt waren. Die Geistlichen der zwei Bekenntnisse stritten sich allsonntäglich mit geballten Fäusten, drohenden Gebärden und lautem Stimmaufwand von ihren Kanzeln herab. Eifersüchtig behütete jeder von ihnen seine gefährdete Herde. Der Kampf ging um die Religionszugehörigkeit der aus den gemischten Ehen entstammenden Kinder; jeder wollte das neugeborene Lamm in seinen eigenen Pferch treiben. Die Schäflein selber kümmerten sich wenig um den erbitterten Kampf, schüttelten den Kopf und gingen verständnislos ihres Weges. Desto mehr kümmerte sich Großmutter darum.

Eines Tages begab sie sich, mit den Empfehlungsschreiben und meinen Zeugnissen ausgerüstet, auf den Weg. Ferner nahm sie noch einige ausgewählte Zeichnungen von mir mit sowie ein Gedicht, das ich zu dieser Zeit insgeheim verfaßt hatte. Leider fanden meine Werke weder in Papa noch in Pecs Anerkennung. Dabei verschacherte Großmutter mein Seelenheil, indem sie es nach beiden Seiten für freien Schulbesuch und unentgeltliche Aufnahme ins Konvikt oder Seminar anbot. Vergeblich. Der Kampf war erbittert, doch die Gegner waren anscheinend noch nicht soweit.

Verärgert kam sie, um einige Erfahrungen reicher, zurück. Der Herbst nahte und damit die sechste Volksschulklasse. Ich fühlte mich den ganzen Sommer hindurch wie ein zur Schau gestelltes Kalb, das nun endlich wieder frei herumspringen konnte. Denn niemand glaubte mehr an meine »Zukunftsmöglichkeit«, am wenigsten ich selber.

Großmutter schien aber, wie ein guter Kämpfer, aus den Mißerfolgen neuen Ansporn gewonnen zu haben. Noch ein letztes Mal wollte sie versuchen, das Schicksal zu bezwingen. Es war wie die Verzweiflungstat des Glücksspielers, der mit leerer Börse anfängt, auf Kredit zu spielen. Ihr Plan war, mich bis zur fünften Gymnasialklasse auf eigene Kosten studieren zu lassen, da ihr von den Patres in Veszprem versprochen worden war, mich weiter unentgeltlich als Seminarist studieren zu lassen, wenn ich die ersten vier Gymnasialklassen mit Auszeichnung absolviert hätte. Das Versprechen war zwar nur ein mündliches, doch klammerte sich Großmutter blind an diesen letzten Strohhalm.

Eine Schwester meines Vaters lebte in einer Provinzstadt, in der sich auch ein Gymnasium befand. Sie erklärte sich bereit, mich für geringes Entgelt zu sich zu nehmen. »Das übrige ist deine Sache«, sagte Großmutter, nachdem man meine Siebensachen mit den üblichen Ermahnungen zusammengepackt hatte. »Geistlicher wirst du nie werden«, sagte sie, »aber bereite dich trotzdem darauf vor.« Ich verstand, daß ich mich verstellen sollte, und nickte zustimmend mit ernstem Gesicht. Vor dem Abschied rief sie mich noch zur Seite und erklärte mir, ich brauchte mir keine Sorgen zu machen, meine Zukunft sei gesichert. Der Verkaufspreis des Pferdes, achtzig Kronen, sei auf meinen Namen bei der Sparkasse hinterlegt. Nach Beendigung der Studien könnte ich über den Betrag verfügen; doch wäre es vernünftiger, wenn ich ihn bis zu meiner Heirat nicht anrühren würde. »Bis dahin mußt du dich halt aus eigenen Kräften durchschlagen.« Ernst und etwas zeremoniell küßte ich ihr die Hand und fühlte mich erwachsen. Dabei war mein Quartiergeld nicht einmal für ein halbes Jahr sichergestellt.

In der kleinen Provinzstadt litt ich anfangs Höllenqualen, so als ob man mir jeden Tag von neuem die Haut abgezogen hätte. Denn ich mußte mich nicht nur innerlich, sondern auch äußerlich peinlichen Veränderungen unterziehen. Unsere Anzüge waren bisher von unserer Mutter angefertigt worden. Der elegante Anzug, mit dem ich in die Stadt zog, stammte aus der Werkstätte des Dorfschneiders. Zu Hause hätte ich mich kaum in diesem Anzug zu erscheinen getraut, denn ich kam mir darin lächerlich vor. Aber erst in der Stadt stellte sich heraus, wie lächerlich dieses Bekleidungsstück in Wirklichkeit war. Meine Schulkameraden trugen kurze Hosen, und Herr Keszler schnitt meine Hose ebenfalls ab, jedoch derartig, daß sie nach einer kurzgeratenen langen Hose aussah. Die Hosenbeine endeten handtellerbreit über den Knöcheln. Zwei Wochen litt ich stillschweigend, bis ich endlich der Mutter meinen Kummer auf einer Postkarte berichtete. Da es aber die einzige städtische Hose war, die ich besaß, war man daheim in größter Verlegenheit. Nach langem Hin und Her erhielt ich eine neue Hose, die um zwei Zentimeter kürzer war, aber gerade deshalb noch grotesker aussah. Darauf schickte ich die erste mit entsprechenden Angaben nach Hause zurück, doch griff Herr Keszler so vorsichtig zur Schere, als gelte es, in lebendiges Fleisch zu schneiden. Kürzer gemacht wurde die Hose auch diesmal nicht, und zwar auf Einschreiten meiner Mutter, die mir in einem sanften Brief erklärte, ich müsse die Hose einige Jahre tragen und deshalb mit Geduld abwarten, bis ich hineinwachse; nach zwei Jahren würde sie wie angegossen sitzen. Nun sah ich, daß man zu Hause kein Verständnis für meinen Kampf in der großen Welt aufbrachte, und entschloß mich daher, selbst zu handeln. Ich ergriff die Schere und verkürzte die Hose nach eigenem Geschmack. Dann machte ich mir meine von Großmutter erworbenen Kenntnisse zunutze und nähte fein säuberlich einen Saum daran. Dies war meine erste selbständige Handlung und das erste Zeichen meiner Loslösung. Erleichtert und froh trat ich nach getaner Arbeit auf die Straße.

Das Studium war für mich dasselbe wie für einen armen Kranken der Krankenhausaufenthalt. Wenn ich schon da war, so wollte ich wenigstens etwas für mein Geld haben. Das Lernen fiel mir jedenfalls nicht schwer, und ich trachtete, möglichst viel in mich aufzunehmen. Im Vergleich zu der schweren Feldarbeit war es ein Kinderspiel. Da mich hier in der Stadt niemand kannte, bewegte ich mich auch freier und ungezwungener als im Dorf. In den fremden, unbekannten Straßen lag etwas von den unbeschränkten Weiten der Puszta, wie mich auch in späteren Zeiten die Millionenstädte des Auslandes am ehesten an die Weiten meiner Heimat erinnerten. Manchmal aber überkam mich ein beklemmendes Gefühl, das ich selbst heute noch, wenn auch selten, empfinde: daß nämlich die Menschen meiner Umgebung plötzlich entdecken könnten, sie hätten mich infolge eines Mißverständnisses in ihre Gemeinschaft aufgenommen und in ihrem Kreise geduldet, um mich kurzerhand an den Ohren zu nehmen und nach Racegres zu den Ochsen, von wo ich gekommen war, zurückzubringen. Dann bemächtigte sich meiner eine große Entmutigung. In solchen Augenblicken begann aber die von der Großmutter ererbte Zähigkeit in mir zu flüstern und ermahnte mich, nicht lockerzulassen. Ich begann, ohne mir ganz klar zu sein, warum, angestrengt zu arbeiten, und wurde bald einer der besten Schüler, um später, als sich mein Wesen gegen die Vergewaltigung der Seele aufbäumte, ein desto schlechterer zu werden. Vorläufig schien alles in bester Ordnung. Da geschah es, daß die Puszta mich noch einmal holte. Noch einmal griff sie nach mir, um mich jedoch sogleich wieder freizugeben, und vielleicht war es bei dieser Gelegenheit, daß sie mich mit einem geheimen Faden erneut und unzerreißbar an sich band.

In der Klasse gab es noch zwei Jungen, die als Söhne von Dienstleuten ebenfalls von einer Puszta stammten. Beide waren ebenfalls grotesk angezogen, wie sich eben ein armer Landarbeiter den Anzug eines Herrn vorstellte. Keinem von uns dreien fiel es schwer, die Herkunft des anderen zu erkennen. Der eine trug die gleiche Hose wie ich, nur war sie dazu noch aus braunem Samt, der andere trug blau und weiß quergestreifte Strümpfe wie die Frauen. Entsetzt gingen wir uns aus dem Weg wie verkleidete Spukgestalten in einer Posse. Ich teilte die Ansicht meiner Klassenkameraden, sie sähen unmöglich aus, dabei dachten sie höchstwahrscheinlich dasselbe von meiner eigenen Aufmachung.

Wir umkreisten die Gruppe der »Vornehmen« und waren glücklich, wenn sie uns selbst für Handlangerdienste auf kurze Zeit in ihren Kreis aufnahmen. Beschämt denke ich zurück an unsere Bemühungen um ihr Gefallen, an die kleinen Geschenke und Dienstleistungen, mit denen wir uns in ihre Gunst einzuschmeicheln versuchten. Beflissen holte ich den zu weit geworfenen Ball und fand es selbstverständlich, daß beim Turnierspiel, bei dem der eine auf dem Rücken des anderen saß, immer ich das Pferd war. Ich gab mir die größte Mühe, ein gutes Pferd zu sein. Ich hatte sogar schon Freunde. Es waren die Söhne eines Finanzsekretärs, die von ihren Eltern wahrscheinlich angewiesen worden waren, sich um mich zu kümmern. Mein Onkel war nämlich der Vorgesetzte ihres Vaters. Sie luden mich sogar zu sich ins Haus ein. Es waren viele Kinder da, meist Mädchen, doch ließ ich mich nicht einschüchtern. Tante Homonnay, die Hausherrin, streichelte meinen Kopf wie den eines zugelaufenen Hundes.

Das Schicksal ereilte mich in einer Geometriestunde. Der Lehrer war ein sympathischer, blonder junger Mann, zu dem ich mich aufrichtig hingezogen fühlte. Wenn er, groß und schlank, zwischen den Bänken auf und ab ging, blickte ich voller Bewunderung zu ihm hinauf. Der Geruch seines Anzuges hängt mir noch heute in der Nase. Ein Jahr später fiel er im Ersten Weltkrieg.

Ich stand an der Tafel und zeichnete mit Hilfe von Zirkel und Lineal mit der Sicherheit eines guten Schülers eine geometrische Figur. Ich zog zwischen den zwei Punkten B und F eine Gerade. »Sag, was du soeben tust!« rief mir der Lehrer zu. »Ich ziehe eine Gerade zwischen den Punkten Be und Aff«, antwortete ich. Der Lehrer blickte mich lächelnd an: »Zwischen welchen Punkten?«

»Zwischen den Punkten Be und Aff«, wiederholte ich. Ich sprach nämlich etwas Dialekt.

»Nicht Aff, sondern Eff.«

»Jawohl.«

»Sprich das Eff aus.«

»Aff«, sagte ich deutlich und unmißverständlich.

»Nicht Aff, sage es richtig.«

Schweigen. Ich wußte, daß im Dialekt unserer Gegend das »e« fast wie »a« ausgesprochen wurde. Großvater, der dialektfrei sprach, machte sich oft über unsere Aussprache lustig.

»Sage es doch endlich richtig«, kam die Stimme des Lehrers. Meine Zunge lag wie gelähmt im Mund. In diesem Augenblick haßte ich unseren Dialekt.

»Na, wird's endlich?«

»Aff«, quetschte ich mit der größten Anstrengung heraus. Die Klasse lachte im Chor.

»Von wo bist du gebürtig?« fragte der Lehrer.

Schweigen.

»Von der Puszta!« rief jemand.

»Bregocs!«

Das war der Spottname der Pusztabewohner untereinander, und da Bauern und Stadtbewohner den Ausdruck nicht kennen, mußte der Zwischenruf von einem der zwei Pusztakinder kommen. Die allgemeine Heiterkeit steigerte sich noch mehr.

Der Lehrer mahnte zur Ruhe. Er sprach mir einige Male klar und deutlich das »e« vor, doch erfolgte die Aufforderung, es ihm nachzusprechen, umsonst. Ich schwieg. Dann erklärte er mir geduldig, ich müsse mir die richtige Aussprache unbedingt aneignen, denn sonst könnte er ja nicht wissen, welchen Buchstaben ich eigentlich meinte.

»Bis morgen wirst du es lernen und dich bei mir melden«, sagte er zuletzt in etwas ungeduldigem Ton.

Ich strich den ganzen Nachmittag auf den Feldern herum und machte Sprachübungen. Endlich schien mir auch die richtige Aussprache zu gelingen.

Am nächsten Tag in der Früh versuchte ich es sofort wieder. Ich meldete mich vor der Stunde beim Lehrer, doch konnte ich nicht einmal einen Ton herausbringen. Meine Kehle war wie zugeschnürt. Nach langem Hin und Her, während der junge Lehrer unter schallendem Hohngelächter der Klasse sein Bestes tat, um mich zum Sprechen zu bringen, riß ihm endlich der Geduldsfaden. Er sagte etwas von einem »dummen Tölpel«, der »nicht einmal sprechen kann«, und daß für mich »kein Platz in der Schule sei«.

Dann schickte er mich heim. Ich glaubte, man habe mich aus dem Gymnasium gewiesen; jedenfalls begründete ich später mein Verhalten mit dieser Mutmaßung. Verzweiflung und körperliche Erschöpfung überkamen mich.

Wortlos verließ ich das Schulzimmer, und als ich die Türe hinter mir schloß, war schon mein Entschluß, nach Hause zu fahren, gefaßt. Als Pusztakind handelte ich aber mit Vorbedacht. Die Zeit bis zum Schulschluß verbrachte ich auf der Straße und erkundigte mich am Bahnhof nach den Abfahrtszeiten der Züge in Richtung Simontornya, ebenso nach dem Fahrpreis. Dann ging ich heim und aß zu Mittag, als ob nichts geschehen wäre. Unter dem Vorwand, ich müßte Schulhefte kaufen, verlangte ich von meiner Tante das Geld für die Fahrkarte. Meine Habseligkeiten verpackte ich in ein Bündel und versteckte es unter einem Busch vor dem Tor. Abends um 11 Uhr stand ich bereits auf dem Bahnsteig des heimatlichen Bahnhofs in Simontornya.

Ich ging aber nicht zu den Eltern, sondern entschloß mich plötzlich, in der finsteren Nacht und auf der tiefaufgeweichten, schmutzigen Landstraße zu den Szerencses zu wandern. In der Morgendämmerung erreichte ich die Hegyempuszta.

Die Familie Szerencses war aber auf eine andere Puszta, nämlich nach Csojjanos, verzogen. Als ich hier eintraf, waren sie mit dem Mittagessen schon fertig; ausnahmsweise blieb aber noch etwas für mich übrig.

Sie wunderten sich nicht über meinen Besuch und belästigten mich auch nicht mit den üblichen Fragen. Am wenigsten kümmerten sie sich darum, wie lange ich bleiben würde, einer mehr oder weniger spielte bei ihnen keine Rolle.

»Du kannst mit Joska zusammen schlafen«, sagte Tante Malvi. Das war alles. Da ich froh und gutgelaunt war, verriet mein Benehmen nichts von dem Erlebten. Schon am selben Nachmittag half ich den Mädchen beim Kartoffelklauben, und wir bewarfen uns zum Spaß mit faulen Kartoffeln. Erst abends fiel Onkel Mihaly etwas ein: »Im Vorjahr hast du doch erzählt, du würdest das Gymnasium besuchen«, sagte er. »Ich bin schon fertig«, lautete die Antwort. Mein Plan war, zu Neujahr bei halbem Deputat auf der Puszta in Dienst zu treten.

Am vierten Tag nach meiner Ankunft erschien ein Verwandter, ein Kellner. Im Bewußtsein seiner hohen Sendung maß er mich wie einen Verbrecher mit überlegenem Blick und sprach: »Pack sofort deine Sachen!« Das Bündel lag ungeöffnet da, wie bei meiner Ankunft. Wir zogen ab, aber nicht in Richtung Simontornya. »Deine Mutter weiß nichts von der ganzen Geschichte«, sagte der Kellner, als wir Vajta erreichten. Hier nahmen wir den Zug nach Szegszard. An der dritten oder vierten Haltestelle stieg ich aus, so wie ich war, ohne Hut und Mantel, und schickte mich in aller Gemütsruhe an, den Bahnhof zu verlassen. Mein Vetter erreichte mich beim Ausgang, klemmte meinen Kopf unter seinen Arm und begann meinen kurzgeschorenen Schädel mit harten, klatschenden Schlägen zu bearbeiten. Als die Lokomotive pfiff, ergriff er mich am Kragen und zerrte mich auf den schon in Bewegung befindlichen Zug hinauf. Ich wehrte mich nicht länger, sondern ging den mir vorgeschriebenen Weg.

20

Bei weitem habe ich nicht alles gesagt, was mir am Herzen lag, und doch ist es zuviel geworden. Wo immer ich den »Stoff« griff, wanden sich um meine tastenden Finger Abertausende von Fäden – wie soll ich sie nun am Ende zu einem gefälligen Knoten schürzen? Der Leser ist gewohnt, bei Werken, die schwierige, ja sogar peinliche Fragen behandeln, am Ende einen Fingerzeig oder eine Empfehlung zur Lösung der angeschnittenen Probleme zu finden, die sein aufgescheuchtes Gewissen wieder beruhigen oder zumindest in ihm das Gefühl aufkommen lassen, daß sich gleich dem Entdecker des Übels auch jemand finden wird, der Abhilfe schafft. Sein aufgebrachtes Gemeinschaftsgefühl wird jedoch gerade durch die Ungeheuerlichkeit des Elends nur zu leicht wieder betäubt. Da ich nicht von leichtgläubiger Natur bin, wage ich es nicht, mich in dem Zustand billiger Hoffnungsfreudigkeit zu wiegen. Ich kenne die Schwere des Übels und sehe die sich ergebenden Folgeerscheinungen voraus. Das Leben eines Volksteils steht auf dem Spiel. Wie heißt das Heilmittel? Die Beantwortung dieser Frage liegt ebenso beim Leser, nun ihn der Autor in den ganzen Fragenkomplex eingeführt hat. Von jenen aber, die das Buch ohne »Lösung« als unvollendet empfinden und eine Fortsetzung begehren – von jenen erwarte ich auch die Fortsetzung. Ihnen sei dieses Buch gewidmet.

Ernő Kulcsár-Szabó
Das Eigene als Fremdes:
die ästhetische Leistung der Erinnerung

Wenn man der Ästhetik der »Formativität« (Luigi Pareyson) Glauben schenken darf, wonach jedes Kunstwerk als Ästhetikum allein durch sein eigenes Zustandekommen zu erfahren sei, so ist die Geschichte der Aufnahme von *Die Puszta* (1936) eine unabgeschlossene in vielerlei Hinsicht. Und zwar nicht nur deshalb, weil es bis heute nicht mit Sicherheit auszumachen ist, ob Illyés' Werk in den Kanon der modernen ungarischen Literatur in erster Linie durch die künstlerische Leistung, oder aber durch die subversive Kraft einer erschütternden sozialen Entdeckung aufgenommen wurde. Sondern weil wir keine zuverlässigen Kenntnisse darüber haben, wie das Publikum dieses in mehr als zwanzig Auflagen erschienene Buch liest – als einen historischen Tatsachenbericht, als eine bekenntnishafte Autobiographie des Autors oder als einen Roman. Die Wirkungsgeschichte des Werkes zeigt ebenfalls widersprüchliche Formeln. Denn während es als Muster einer zwischen den beiden Weltkriegen charakteristischen Gattung der ungarischen Literatur, der soziographischen Prosa, gedient hatte, wurde seine objektive Erzählweise nicht etwa in der erzählerischen Prosa fortgesetzt, sondern – völlig unerwartet – es kehrt zu ihm solch ein großes, interdisziplinäres Unterfangen »zurück«, wie 1999 der erfolgreiche, gereimte Prosa-Zyklus *Fischermann* von Imre Oravecz.

Wie dem auch sei: wäre *Die Puszta* lediglich ein mit der Kraft der Erschütterung wirkender Befund über das Ungarn der dreißiger Jahre, kehrte das Buch heute zweifellos als »Geschichte« in die Reihe jener Werke zurück, die im Gedächtnis der Literatur eher als Lektüre der Gesellschaftsforscher der Epoche eingeordnet werden. Dem widerspricht jedoch eindeutig die Tatsache, daß das Werk mehrere Generationen an einer solchen ästhetischen Erfahrung teilhaben läßt, die sich offensichtlich nicht in einer rein »informierenden« Schockwirkung der Erschließung einer subzivilisatorischen Welt ausschöpft. Die Literatur ist nämlich nicht in der Lage, Realitäten zu vergegenwärtigen. Ihre Leistung besteht eher darin, durch die Lese-Erfahrung der Texte, quasi im Vorgang des ästhetischen Neu-Selbst-Verständnisses unser Verhältnis zur Welt, unsere Vor-Kenntnisse über die Dinge umzuformen. Und in der Tat: der aufmerksame Leser merkt schnell, daß selbst die »realistischsten« Beispiele des sogenannten dokumentarischen Tatsachenberichts – von den Angaben des Gesundheitswesens bis zu den Eintragungen in den Gesindebüchern – gestaltete, kreierte Texte sind. Denn die Vielfältigkeit der Objektivität des Werkes, die von den belegbaren Elementen der Familienchronik über die genrebildhaften Episoden bis zu den Dokumenten der Lebensgewohnheiten des Gesindes auf dem westungarischen Großgrundbesitz reicht, erscheint im Rahmen einer Mnemo-Erzählung, die von der zwiefachen Gegenwart des Erzählenden bestimmt wird. Woraus folgt, daß nicht nur seine Gegenwart, sondern auch sein Verhältnis zu dem durch ihn Gesagten eine zwiefache ist. Als Subjekt der Erzählung beschreibt er die Entfernung der Welt von der Puszta, als Handelnder der Erzählung die Zugehörigkeit zu dieser Welt. Auf diese Weise liest man letzten Endes eine Erzählung, in deren »Weltbild die Doppelwertigkeit vorherrscht. Einerseits berichtet der Erzähler von der erschütternden Armut, andererseits blickt er aber elegisch zurück auf seine verschwundene Kindheit« (Mihály Szegedy-Maszák).

Die Komplexität der ästhetischen Wirkung der Mnemotechnik rührt in diesem Fall daher, daß der Text die kategorische Trennung der zwei Wertformen nicht überall möglich macht. Ja, wie die im Präsens der Erzählung oft zu beobachtenden selbstironischen Reflexionen bezeugen, der eigentliche Zweck des Werkes ist nicht so sehr die Beurteilung der erschütternden Tatsachen, sondern die Herausbildung jener Interpretationsposition, die zum »wahrhaftigeren« Verständnis der Tatsachen beitragen kann. Zu einem ästhetischen Verständnis also, das über die evidenten Konsequenzen der rein politischen Entrüstung hinausreicht. »Die Ereignisse fließen ineinander« – schreibt er am Anfang des 11. Kapitels –, »und ich weiß heute nicht mehr, was ich selber erlebte, was ich vom Hörensagen weiß oder beobachtete.« So weitet sich das in Ich-Form Erzählte zum Bekenntnis längst vergessenen, fremden Lebens.

Der Bekenntnischarakter des Werkes wird also so gesehen von einer Mnemotechnik getragen, die zwar auch im Besitz ihrer eigenen Welt ist, sie aber im nachhinein zugleich als Unbekanntes (im Grunde wieder-) erkennt. Und so – aus diesem doppelten Blickwinkel – wird durch die Objektivität eigentlich der Prozeß der diese Objektivität heraufbeschworenen Erinnerung selbst thematisiert. Die Schockwirkung dieser Methode ist auch an der zeitgenössischen Rezeption gut abzulesen. Mihály Babits, größte Autorität der ungarischen Literatur jener Epoche, äußerte sich über die Lektüre dahingehend, daß er geglaubt habe, sich inmitten eines Berichts über das Leben eines auf einem entfernten Kontinent existierenden Volksstammes vorzufinden. »Als wäre ich auf einer Entdeckungsreise« – schrieb er 1936 im »Nyugat« (Westen) –, »die für mich um so mehr mit Sensationen und Aufregungen voll ist, da dieser unbekannte Kontinent zufällig mein Heimatland ist. (...) Illyés' Tat besteht darin, daß er in diese ungeheure Bewegungslosigkeit hineinleuchtet, wie jemand, der mit Scheinwerferlicht die Geheimnisse des Meeresbodens erforscht. Hier war ein Poet vonnöten – die trockenen statistischen oder soziographischen Angaben hätten uns sonst im dunkeln tappen lassen. Was es heißt, ein Drittel der Bevölkerung Ungarns gehöre zum Gesinde? Illyés zeigt es uns. Es bedeutet etwas Furchtbares: wir fühlen uns wie Beobachter des Lebens eines fremden, exotischen und primitiven Volksstammes, obwohl diese die echtesten Ungarn sind.«

Und in der Tat: hat die ästhetische Erfahrung mit der Sicht des Wiedererkennens zu tun, so ist das durch *Die Puszta* hervorgerufene Erlebnis in erster Linie auf diese Wirkung zurückzuführen. Um nur das offensichtlichste Element dieser Wirkung zu erwähnen: die Puszta ist ein europaweit bekannter Topos Ungarns, die in seiner konkreten Bedeutung vor allem in der Folge von Petőfi und der ungarischen Romantik zum Natursymbol der Freiheit wurde. Der Erzähler macht aber gerade die dem Tradierten entgegengesetzte, also hier sehr schicksalhafte Erfahrung, daß die Menschen der Puszta nicht die schneidigen Husaren, ja nicht einmal die Pferdehirten der großen Weite sind – sondern ein Dienervolk. Der Leser kann sich deshalb der in der Form zwar ähnlichen, aber viel komplexeren ästhetischen Erkenntnis nicht entziehen, weil die Mnemotechnik des Pusztavolkes unsere Vorkenntnisse an jeder Stelle mit dieser Methode neu ordnet. Da wird nicht mal die Bewertung der persönlichsten Kindheitserinnerungen verschont. »Bei meiner zweiten Heimkehr« – heißt es am Anfang des 14. Kapitels – »prallte ich sogar vor dem sonst so wohlvertrauten Dunst des gemeinsamen Wohnraumes an der Tür zurück. Der heimische Ruch, nach dem ich mich in der Ferne so sehr gesehnt hatte, verwandelte sich in das muffige Gemisch einer Ausdünstung von Ruß, kaltem Gemüse und im Zimmer trocknender Wäsche. Die geliebte Schürze, in die ich einst so glücklich meinen Kinderkopf vergraben hatte, roch heute nach ranzigem Spülwasser.« So wie bei Proust die temporäre Realität des Erwachsenenalters durch den Geschmack der Madeleine plötzlich ausgesetzt wird, so hört bei Illyés die Bewertung der Kindheit durch diese Erfahrung mit derselben Gültigkeit auf. So wie die Puszta die Welt der Knechtschaft ist, so wird die Erinnerung an die Idylle der Kindheit eine Erinnerung an das Elend. Die gesamte erzählerische Strategie von *Die Puszta* kann also so aufgefaßt werden, wie die wiederholte Erfahrung, in welcher Weise die eigene – als bekannt und heimisch geglaubte – Welt mit einem Schlag als eine unbegreiflich ferne, unbekannte und fremde in unser Verständnis Zutritt findet. Die Umwandlung der Bewertung der Sichtweise, über die Babits berichtet, ist offensichtlich deshalb eine grundlegende Eigenheit der ästhetischen Erfahrung, weil diese Umwandlung das Subjekt der Erfahrung nicht unberührt läßt. Der ästhetische Wert ist aus diesem Grunde nicht als eine Art positive Größe aufzufassen: er ist inhaltlich nicht aus dem Text selbst zu ergründen, er kann sich – um es in der Sprache der Rezeptionsästhetik auszudrücken – lediglich dort artikulieren, wo er etwas vergegenwärtigt. Wenn also das Pusztavolk durch die zweifache Gestaltung der oben beschriebenen Mitteilungsart auf den Leser einwirkt, so sind die durch die Mnemotechnik »ausgesprochenen« Tatsachen nur Teile dieser Wirkung. So ist der Zweck des Buches nicht die Berichterstattung über eine subzivilisierte Welt, sondern – im Gegensatz hierzu – die Erzeugung des Erlebnisses des offenen und unkalkulierbaren Lesens. Anders gesagt, eine Art Eintauchen in jenes ästhetische Geschehen, wo das Selbst-Verständnis durch das Anders-Sein in seiner reinsten Form erfolgen kann – nämlich unabhängig von sozialen, ethischen, politischen und anderen Interessen des Lesens.

Aus dem Ungarischen von Péter Kain

Inhalt

1
Allgemeine Orientierung. Die Puszta
in Westungarn. Das Seelenleben der
Pusztabewohner
7

2
Die Seele der Landschaft. Die Heimat der
Pusztabewohner. Mein Geburtsort
16

3
Die Welt der Puszta. Das Verhältnis des Gesindes
zum Privateigentum. Die zusammenhaltenden Kräfte.
Zwei aufstrebende Familien
24

4
Zwei Familien – zwei Gegensätze – zwei Pusztas.
Die Religion der Puszta. Die Alten
35

5
Vergangenheit der Pusztas. Bauern, Häusler
und das Gesinde in der Geschichte. Gedanken
der Nachkommen über die Vergangenheit
51

6
Die Leitung der Puszta.
Hirten, Aufseher und Inspektoren
67

7
Wochentag und Sonntag
78

8
Disziplin und Strafen. Arbeitseinteilung
und Gang der Arbeit. Die Gleichgültigkeit
des Gesindes und deren Ursachen
89

9
Pusztabewohner unter sich. Ihre Umgangssprache.
Streitigkeiten. Geschenke. Gelegentliche Vergnügungen
103

10
Ernährung – Einkommen – Deputate.
Ein Gesindehaus
116

11
Erziehung der Kinder, ihre Frühreife
und ihre Beziehungen untereinander. Die Liebe
129

12
Schutzlosigkeit der Mädchen. Moral der Puszta. Die Eroberer
140

13
Kultur der Puszta. Schule und Religion.
Pusztadichter
152

14
Vom Geruch. Fremde auf der Puszta
163

15
Kurpfuscher und Heilkundige. Hygiene der Puszta.
Chirurgen. Natürliche Heilmethoden
172

16
Saison- und Erntearbeiter, Taglöhner.
Ihr Lohn und ihr Leben auf der Puszta
181

17
Der »Appell«. Die die Puszta verlassen.
Pusztaleute in den Dörfern
193

18
Zukunft des Pusztavolkes. Häusler
203

19
Die Emporgestiegenen. Die zweite und dritte
Generation. Der Weg nach oben
217

20
Ausklang
230

Nachwort
von Ernő Kulcsár-Szabó
231